為推進中國特色社會主義理論與實踐作出新貢獻

二〇〇九年八月 王勝俊

中国少年司法

2014 年第 3 辑 （总第 21 辑）

沈德咏 主编

黄尔梅 副主编

最高人民法院少年法庭指导小组 编

人民法院出版社

图书在版编目（CIP）数据

中国少年司法.2014年.第3辑:总第21辑/沈德咏主编.
－北京:人民法院出版社,2014.12
ISBN 978－7－5109－1101－9

Ⅰ.①中… Ⅱ.①沈… Ⅲ.①青少年犯罪－司法制度
－研究－中国 Ⅳ.①D926.8

中国版本图书馆 CIP 数据核字（2014）第 276097 号

中国少年司法 2014 年第 3 辑（总第 21 辑）

主编 沈德咏 副主编 黄尔梅
最高人民法院少年法庭指导小组 编

责任编辑	肖瑾璟	
出版发行	人民法院出版社	
地 址	北京市东城区东交民巷 27 号（100745）	
电 话	（010）67550562（责任编辑） 67550558（发行部查询）	
	65223677（读者服务部）	
客 服 QQ	2092078039	
网 址	http://www.courtbook.com.cn	
E－mail	courtpress@sohu.com	
印 刷	三河市国英印务有限公司	
经 销	新华书店	

开 本	787×1092 毫米 1/16	
字 数	231 千字	
印 张	13	
版 次	2014 年 12 月第 1 版 2014 年 12 月第 1 次印刷	
书 号	ISBN 978－7－5109－1101－9	
定 价	38.00 元	

《中国少年司法》编辑委员会

执行编辑　蒋　明

特约编辑　宋　莹 (北京)　　郝宝利 (天津)　　崔雪芹 (河北)

朱永贵 (山西)　　米继红 (内蒙古)　赵英东 (辽宁)

罗高鹏 (吉林)　　陈国范 (黑龙江)　陈　慧 (上海)

吴万江 (江苏)　　郑晓红 (浙江)　　张　俊 (安徽)

江振民 (福建)　　简贵涛 (江西)　　谢　萍 (山东)

韩　轩 (河南)　　李治国 (湖北)　　钟玺波 (湖南)

莫君早 (广东)　　湛永敢 (广西)　　郑兰清 (海南)

王世樑 (四川)　　石佳宏 (贵州)　　孙　杰 (云南)

关　峰 (西藏)　　黄赋强 (重庆)　　赵学玲 (陕西)

唐建国 (甘肃)　　王新林 (青海)　　许金军 (宁夏)

刘　琼 (新疆)

目　　录

【政策与精神】

在2014 年全国重点青少年群体服务管理和预防犯罪工作

　　推进会议上的讲话 …………………………………… 秦宜智（1）

【理论与实务研究】

论未成年人社会调查报告的法律属性 ……………………… 田立文（9）

寓教于审、预防犯罪的若干思考

　　——以旁听李某某等5 人强奸案一审宣判为切入点 … 吴宗宪（17）

近代中国少年司法改革的进展与高度 ………………… 姚建龙（24）

未成年人刑事案件社会调查的"过"与"不及" ……… 张鸿巍（41）

从刑事诉讼法的革新看未成年人刑事司法制度的完善

　　………………………………………… 赵国玲　徐　然（45）

重建未成年人的避风港

　　——监护失当未成年人监护权转移制度

　　研究 ………………………………… 吴　星　曾雪梅（50）

【改革与探索】

"探望监督人"的创设实践与完善建议 ………… 黄　蓉　施　赟（62）

论少年刑事审判的职能定位

　　——以少年庭法官的"非审判事务"为研究视角 … 陆文奕（71）

抚养费纠纷审理中的难题透视与立法探究 ………… 蔡红梅（82）

在社会化与刑事化之间：未成年人刑事审判权

　　运行机制的合理构建 ………………………………… 侯文飞（93）

【域外考察与借鉴】

内地与澳门未成年人司法保护制度之比较 ················ 王伽西（104）

日本少年事件审前调查制度及其对我国的启示 ··········· 刘　佳（109）

【调研报告】

关于未成年人刑事诉讼程序相关制度运行情况的调研
　　——以江苏法院少年审判工作为视角
　　················· 江苏省高级人民法院刑一庭课题组（117）

青岛法院依法审理性侵害未成年人犯罪和建立预防性侵
　　犯罪长效机制的调研报告 ················ 刘　伟　马　新（139）

【规范性文件】

北京市海淀区委政法委　北京市海淀区人民法院
北京市海淀区人民检察院　北京市公安局海淀分局
北京市海淀区司法局　北京市海淀区教育委员会
共青团北京市海淀区委员会
北京市海淀区未成年人保护委员会办公室
　　关于北京市海淀区涉诉未成年人信息限制公开的
　　　　工作办法（试行）················（145）
江苏省综治委预防青少年违法犯罪工作领导小组
江苏省高级人民法院　江苏省人民检察院
江苏省公安厅　江苏省司法厅　江苏省民政厅
江苏省教育厅　江苏省人力资源和社会保障厅
江苏省社会管理综合治理委员会办公室
共青团江苏省委员会　江苏省妇女联合会
江苏省关心下一代工作委员会
　　江苏省未成年人轻罪犯罪记录封存工作实施意见
　　　　（2013年2月22日）　················（151）

【统计分析】

2013 年度北京市法院未成年人案件综合审判工作情况

　　……………………………………… 北京市高级人民法院（156）

未成年罪犯量刑规范化样本分析

　　……………………… 厦门市中级人民法院刑一庭课题组（175）

【会议综述】

少年司法与预防青少年犯罪交流会综述 ………………… 韩　鹏（197）

【政策与精神】

在 2014 年全国重点青少年群体
服务管理和预防犯罪工作推进会议上的讲话

秦宜智*

（2014 年 8 月 19 日）

同志们：

近几年来，按照全面摸排、试点先行、渐次推开的工作安排，重点青少年群体服务管理和预防犯罪工作稳步推进。去年 8 月，中央综治办、共青团中央在四川遂宁召开推进会，全面总结试点经验，就在全国范围内分三轮推开试点做法作出部署。一年来，在各级综治组织的领导下，共青团组织联合公检法司、教育民政等职能部门，依托综治委"预青"专项组平台，埋头苦干，狠抓落实，第一轮推开工作取得了阶段性成效。刚才，6 位同志从不同角度作了发言，有经验交流，也有意见建议，比较好地反映了大家对推开工作的认识和取得的成绩。在此，我代表中央综治委"预青"专项组、共青团中央，向大家的辛勤付出表示衷心的感谢！

关于做好下一阶段的重点青少年群体工作，训秋同志还要作重要指示，希望大家认真学习领会，抓好贯彻落实。下面，我就第一轮推开工作的总结和第二轮推开工作的安排，讲几点意见，与大家交流。

一、认真总结第一轮县级地区推开工作

遂宁会议后，各地按照省级指导、市级统筹、县级铺开的要求，在

---

* 共青团中央第一书记。

1085个县级地区启动了第一轮推开工作。前不久，在省级自查、专项组审核的基础上，中央综治办、最高人民法院、最高人民检察院、教育部、公安部、民政部、司法部、团中央等8部委组成检查督导组，由司局级同志带队对21个省级地区的推开工作进行实地抽查。总的来看，主要有四个方面的特点。

1. 注重争取党政支持。各地及时向党委政府汇报遂宁会议精神，切实推动重点青少年群体工作进入党政领导视野、纳入整体工作格局。工作部署方面，全国32个省级地区都制定了具体实施方案，确定了逐步推开的县级地区名单及时间表、路线图。山西、上海、江苏、浙江、江西、河南、广东、重庆、四川、贵州、云南、甘肃、青海、宁夏、新疆等15个省（市、区）主要领导或分管领导作出专门批示，或出席会议对推开工作进行部署。第一轮推开工作中，有709个县级地区制定了实施方案，其中以县委、县政府或县"两办"名义发文的69个，以县综治委或综治办名义发文的189个，有力推动了县级地区的推开工作。组织保障方面，大部分省、市两级"预青"专项组注重加强组织领导，完善制度建设，推动解决县级推开工作中遇到的难点问题。第一轮推开工作中，有62%的县级地区成立了专门负责重点青少年群体工作的领导机构，制定了相关工作制度。经费保障方面，广西等地推动将省、市、县、乡四级"预青"工作经费纳入同级财政预算；安徽、江西、四川、云南等地通过增加财政预算或设立专项基金等方式，加大对重点青少年群体工作的经费支持。第一轮推开工作中，有74%的县级地区"预青"工作经费得到有效落实，其中55%的县级地区将重点青少年群体工作经费单列。

2. 注重整合各方力量。各地充分发挥综治平台优势，统筹各方资源和力量，围绕重点青少年群体的工作目标定位，综合施策、共同参与。协调职能部门方面，各级"预青"专项组普遍建立部门协作机制，明确成员单位的职责任务，加强协调配合，形成齐抓共管的工作合力。第一轮推开工作中，有98%的县级地区明确了任务分工，确定了每类重点青少年群体的牵头部门和参与部门。动员社会力量方面，各地积极运用社会化动员机制，广泛调动社会各方力量，形成青少年事务社工、志愿者、"五老"、爱心人士积极参与关爱帮扶重点青少年群体的良好局面。强化专门力量方面，福建、贵州、陕西等地出台了加强专门学校建设的政策文件，不少地方开展了实质性的建设工作。各地综治、教育、公安、司法等部门积极探索专门教育的有效形式，湖南益阳、广西玉林、海南海口、陕西西安等地建立了未成年人法制教育中心、未成年人教育矫治中心；江西、重庆等地在中职、高职院校开设专门班级，接收有严重不良行为的学生。

3. 注重创新工作机制。各地在推广试点经验做法的同时，注重把握规律，积极探索创新，建立和完善行之有效的工作机制，为县级推开工作提供有效的制度保障。数据摸排方面，大部分省级"预青"专项组协调成员单位，明确每类重点青少年群体数据摸排的牵头单位和报送流程，切实做到分类摸排、数据共享。特别是浙江依托综治信息系统，建立重点青少年群体数据管理平台，覆盖省、市、县、乡四级和80%的村（社区），实现了网上录入、动态监测、实时管理。考核督导方面，各地将重点青少年群体工作纳入综治考评体系，完善考评指标，细化考评办法，充分发挥考评的杠杆作用。浙江、江西、贵州、广西、新疆等地通过建立联系点、分片督导、评估通报等形式，对县级地区推开工作定期开展督查，努力做到不留死角。工作激励方面，江苏、陕西等地将重点青少年群体工作与"青少年维权岗"创建活动结合起来，调整管理办法，细化创建标准，引导各系统、各行业基层创建单位结对帮扶重点青少年群体。

4. 注重提高工作科学化水平。各地结合实际，深入研究当地重点青少年群体的状况和特点，注重总结基层一线的经验做法，不断提高工作的针对性和实效性。推广工作模式方面，很多地方重视梳理总结具有普遍性和推广价值的工作模式。江苏等地积极构建覆盖城乡、条块结合的重点青少年群体服务管理网络。四川全面推广"摸情况、建台账、结对子、勤帮扶、常回访"五步工作法。拓展服务领域方面，不少地方在5类重点青少年群体的基础上，结合当地实际，拓展工作对象和覆盖范围。新疆增加"进城务工人员随迁子女""讲学经未成年人""未受处理的危安团伙组织成员""刑释青少年"，天津增加"困难残疾青少年"，福建增加"失亲青少年"，四川、云南增加"受艾滋病影响的儿童"。应用信息化手段方面，各地大力加强共青团网络宣传员队伍建设，其中浙江等地建立青年舆情监测网，密切关注重点青少年群体的思想动态，及时帮助他们解决学习生活中的实际困难。一些地方还尝试利用微信、移动客户端等新型网络工具设计工作项目，加强对重点青少年群体的联系和服务。

通过各地的努力，第一轮推开的县级地区重点青少年群体工作取得了实实在在的成效。同时，我们也要清醒认识到，随着工作横向的铺开和纵向的推进，工作难度将不断加大，一些深层次问题也会逐渐显现。一是工作进展不平衡。各地工作推进存在较大差别，不平衡、不协调的问题比较突出。从这次评估结果看，浙江、江苏、上海、广西等地县级地区合格率达 100%；而一些省的县级地区合格率尚不足 70%。二是工作信号逐级衰减。中央层面释放的工作信号持续、强烈，但是在传递过程中出现逐级衰减的问题，特别是一些县级地区在把握工作进度、落实工作要求等方面存在理解上的偏差和认识上的不足。三是工作深度不够。有的地方避重就轻，只选择人数较少、相对简单的流浪乞讨未成年人、服刑人员未成年子女开展工作，而对人数较多、问题突出的有不良行为青少年、闲散青少年、农村留守儿童没有开展工作或较少开展工作。有的地方工作流于形式，只是出台实施方案、成立领导机构，没有真正开展数据摸排、服务管理等实际工作。四是基层工作基础薄弱。从全国 1/3 县级地区的推开情况看，基层人员力量薄弱、经费保障有限等问题依然比较普遍。这些问题的出现，一定程度上是受各地经济社会发展水平、专项组职能发挥及原有工作基础等客观因素的影响，但是根本原因还是在于思想认识不到位，缺乏攻坚克难的责任感和担当意识，这都需要在下一步工作中予以加强和改进。

二、深刻把握做好重点青少年群体工作的新要求

把重点青少年群体工作全面推开到县级地区，是一个不断深化的动态过程。去年遂宁会议上，训秋同志就做好重点青少年群体工作的重要意义、任务举措、组织领导等作了 7 个方面的部署。这些工作思路和要求都不变，希望大家继续抓好落实。与此同时，大家也要深刻认识到，一年来形势的发展变化对工作带来了新机遇新挑战，特别是要主动把握中央一系列重要决策部署对工作提出的新要求新期待，自觉在工作中贯彻好落实好。

1. 深刻把握深化平安中国建设的新要求。习近平总书记在今年中央政法工作会议上深刻指出："平安是老百姓解决温饱后的第一需要，是极重要的民生，也是最基本的发展环境。"当前，我国处于刑事犯罪高发期，重大恶性案件频繁发生，冲击社会心理，危及群众安全。重点青少年群体大多处于失学失业、缺爱缺管的状态，如果我们工作做得不到位，很容易受社会负面影响，甚至被敌对势力利用而走上违法犯罪道路。近期发生的一系列暴力恐怖事件中，有相当一部分涉案人员属于重点青少年群体工作应该覆盖的对象。刚才，新疆自治区团委代表自治区综治委"预青"专项组所作的发言，

就是介绍如何围绕社会稳定和长治久安这个新疆工作的总目标，找准切入点、结合点，主动做好新疆重点青少年群体工作。大家都要有高度的政治敏感性，切实把重点青少年群体工作作为平安中国建设一项源头性、基础性工作，抓紧抓好、抓出实效。

2. 深刻把握全面推进依法治国的新要求。依法治国，是坚持和发展中国特色社会主义的本质要求和重要保障，是实现国家治理体系和治理能力现代化的必然要求。日前，中央已决定今年10月召开十八届四中全会，重点研究全面推进依法治国重大问题，对在全面深化改革进程中，更好地统筹社会力量、平衡社会利益、调节社会关系、规范社会行为，发挥法治的引领和规范作用作出全面部署。大家要把加强法治建设贯穿于做好重点青少年群体工作全过程，自觉运用法治思维和法治方式谋划、推进工作，切实提高工作的法治化水平。在县级地区推开工作中，各地要自觉贯彻执行国家现行法律法规对重点青少年群体的有关措施及其责任规定。今年以来，团中央配合全国人大常委会开展未成年人保护法执法检查，推动《刑法修正案（九）》中增加未成年人附编，接受国家互联网信息办公室委托起草《未成年人网络保护条例》初稿，在完善未成年人法律体系方面做了不少推动、配合工作。各地特别是省级团委应加强这方面的调查研究，及时提出建议，推动完善地方配套法规和实施细则。

3. 深刻把握创新社会治理体制的新要求。党的十八届三中全会对创新社会治理体制作出战略部署，提出要"加强党委领导，发挥政府主导作用，鼓励和支持社会各方面参与，实现政府治理和社会自我调节、居民自治良性互动"。这为深入做好重点青少年群体工作，提供了新的理念和思路；也为切实提高服务管理和预防犯罪工作水平，指明了努力的方向。在县级地区推开工作中，要坚持综合治理，健全综治委"预青"专项组的组织体系和工作机制，有效整合成员单位力量，充分发挥"四两拨千斤"的作用；要坚持服务为先，以加强基层服务型团组织建设为契机，落实"提高团的吸引力和凝聚力""扩大团的工作有效覆盖面"两大战略性课题要求，强化服务功能，拓展服务内容，寓管理于服务之中，融教育于预防之中；要依托社会力量，注重激发社会组织活力，加强青少年事务社会工作专业人才队伍建设，更好发挥青少年事务社工在青少年成长发展、权益保护、预防犯罪等领域的作用。

4. 深刻把握社会主义核心价值观建设的新要求。今年"五四""六

5

一"，习近平总书记专门就青少年培育和践行社会主义核心价值观作出深刻阐述，提出明确要求。青少年处在价值观形成和确立的时期，抓好这一时期的价值观养成、树立正确的理想信念十分重要。这是党对共青团工作第一位的要求，是共青团全部工作的灵魂。做好重点青少年群体的教育引导，是全团开展社会主义核心价值观主题教育实践活动不可分割的重要组成部分。要把加强青少年思想教育和法制教育，作为做好重点青少年群体工作的治本之策。各级团组织要充分发挥家庭教育、学校教育、社会教育的作用，根据不同类别重点青少年群体的特点和工作目标定位，通过"预青"专项组平台开展分类别、分层次的教育引导。针对有不良行为青少年，要加强规则意识教育，注重守法习惯养成；强化法制底线教育，反对唯利益化、暴力倾向。针对闲散青少年，要坚持分类服务管理和教育引导，对有实际困难的，在提供物质帮助、就业扶持的同时开展教育引导；对有思想和心理偏差的，提供专业的心理援助服务，帮助逐步适应和融入社会。针对农村留守儿童、流浪乞讨未成年人、服刑人员未成年子女，要在动员社会力量给予更多帮扶的同时，加强爱的教育，从爱亲人、爱周围人的教育着手，引导他们养成良好道德品质、培育社会责任感。

三、全面做好第二轮县级地区推开工作

经请示中央综治委，我们决定从现在起再用一年的时间部署开展第二轮县级推开工作。下面，我就做好第二轮推开工作，再强调几点工作要求。

1. 争取党政支持，优化基础保障。党委领导、政府主导的工作格局是共青团工作的基本依靠。事实证明，在之前的全国试点、第一轮推开工作中，凡是工作扎实、成效明显的试点城市或县级地区，首先都是因为当地党政高度重视，政策保障、人员经费保障到位。我们已经连续五年召开全国性的重点青少年群体工作会议，目的也是向地方各级党政传递中央精神，不断强化工作信号，为各级"预青"专项组争取更大的政策空间。大家要始终坚持围绕党政工作大局，设计重点青少年群体工作项目和载体，推动纳入本级党政工作规划，出台相关政策文件和制度安排，积极争取各项保障配套。

2. 依托综治平台，形成工作合力。重点青少年群体工作涉及部门多，工作任务重，专业要求强，单靠共青团组织或某个部门难以完成，必须充分借助各级综治平台的组织协调力量。中央综治委"预青"专项组层面，要认真研究第一轮推开工作中出现的普遍性困难和问题，加强统筹规划和顶层

设计，推动跨部门、跨领域深层次问题的解决。当前，首要任务是要推动相关部委研究制定重点青少年群体数据摸排机制的政策文件，依托全国综治基层综合服务管理平台，及时汇总政法、教育、民政、人社、计生等部门的相关数据，建立动态管理、实时监测的信息平台，切实为重点青少年群体工作提供信息支撑。各地"预青"专项组层面，有条件的要学习浙江等省做法，依托综治基层综合服务管理平台，整合各方面力量和资源，实现对重点青少年群体数据摸排、联系帮扶的整体工作格局。条件尚不成熟的要借助综治网格化管理的载体，加强对重点青少年群体的数据摸排、动态管理等工作。

3. 加强工作督导，确保取得实效。随着重点青少年群体工作在县级地区的逐步推开，工作重心前移至基层，工作方式也将由专项组成员单位的横向沟通协调为主向专项组层级间的纵向督导为主转变。省级专项组处在承上启下的关键位置，向上能够第一时间学习领会中央精神，接受统一工作信号、工作部署；向下能够指导市级、县级工作，掌握全省推开工作的实际情况。因此，要特别强调省级专项组对下的工作督导，要常态化深入基层一线，检查、督促重点青少年群体工作在县级地区的落实情况，指导基层解决推开工作中遇到的困难和问题。目前，专项组办公室正在梳理第一轮推开工作中具有推广价值的县级经验做法，组织编写简单易懂、程序清晰、操作规范的县级工作指导手册。也鼓励省级专项组以此为基础，结合本地实际情况，增加有特色、有新意的工作案例，形成具有地方特色的工作指导手册；同时，通过组织开展业务培训、工作交流等方式，帮助基层掌握工作方法、提高工作能力。

4. 用好考核激励，推动工作落实。考核激励是推动各地工作、促进解决重点难点问题的有效手段，在争取各级党政重视支持、整合各部门力量齐抓共管等方面发挥着重要作用。要推动重点青少年群体工作纳入综治考评，会同综治组织研究考评细则，既要体现阶段性工作目标，重点考核县级推开进度和力度；又要突出对工作成效的考评，将青少年（未成年人）涉罪、犯罪数据及未成年人涉及命案数据作为考评的重要指标。推动重点青少年群体工作与"青少年维权岗"创建挂钩，激发相关系统、行业基层单位做好重点青少年群体工作的积极性、主动性。今年将继续开展2014～2015年度全国"青少年维权岗"创建活动。各地要适时完善"青少年维权岗"创建体系，围绕重点青少年群体工作的目标定位修订创建标准，引导"青少年维权岗"及其创建单位开展好相关工作。

关于工作力量建设方面，21日上午，会议还将专题部署青少年事务社会工作专业人才队伍建设工作，着重研究解决青少年事务专业社工队伍的成长发展、管理使用、教育培养等重大问题。各地要抓住契机，科学规划，建立一支服务于广大青少年、服务于重点青少年群体成长发展的专业社工队伍。

同志们，做好重点青少年群体工作在全国县级地区的推开，任务艰巨，困难很多。我们既要看到困难的一面，也要看到第一轮推开工作中有相当数量的县级地区，面对挑战，迎难而上，敢于实践，勇于创造，工作取得明显成效的一面，这是我们继续做好工作的信心所在。我们相信，再难的工作，有党政的坚强领导，有综治组织及相关职能部门的大力支持，各级团组织和广大团干部只要真正在"实做"上下功夫，久久为功，持之以恒地抓下去，就一定能取得应有的成效。

【理论与实务研究】

论未成年人社会调查报告的法律属性

田立文*

2012 年 3 月 14 日，第十一届全国人民代表大会第五次会议通过了《关于修改〈中华人民共和国刑事诉讼法〉的决定》，修改后的刑事诉讼法第二百六十八条规定："公安机关、人民检察院、人民法院办理未成年人刑事案件，根据情况可以对未成年犯罪嫌疑人、被告人的成长经历、犯罪原因、监护教育等情况进行调查。"确立了在我国刑事诉讼未成年人特别程序中实行的社会调查制度。但是，关于社会调查的开展程序、社会调查报告的属性以及社会调查结果的运用等方面都还没有具体规定，社会调查制度在实务操作中也存在诸多问题。因此，本文以新刑事诉讼法确立未成年人社会调查制度为切入点，拟从证据的属性特征对未成年人社会调查报告的法律属性（主要指是否为法律意义上的证据）进行探讨，以求为司法实践中正确认识和运用社会调查报告提供参考。

一、理论纷争：基于未成年人社会调查制度定性模糊的必然结果

《联合国少年司法最低限度标准规则》即《北京规则》第 16 条第 1 项规定："所有案件除了涉及轻微违法行为的案件外，在主管当局做出判决前的最后处理之前，应对少年生活的背景和环境或犯罪的条件进行适当的调查，以便主管当局做出明智的判决。"我国是《北京规则》的缔约国，应当

---

* 作者单位：河南省高级人民法院。

履行条约义务。早在1995年10月，上海长宁区法院就已经将社会调查报告引入到未成年人刑事案件开庭审理中。随后，全国各地法院相继开展了未成年人社会调查制度的探索工作。但由于长期以来我国立法未予明确此项制度，导致未成年人社会调查制度虽然试行多年，却仍然没有明确的法律地位。刑事诉讼法的修改，以立法形式对《北京规则》进行了转化，明确确立了我国未成年人刑事案件社会调查制度，为未成年人刑事案件社会调查工作提供了法律依据。但是，对于社会调查报告的法律属性，修改后的刑事诉讼法并未予以明确，理论界与实务界也一直存在分歧与争议。

一种观点认为，未成年人社会调查报告不具备证据的属性特征，它不能作为证据来使用。理由是：（1）证据是可以用于证明案件事实的材料。未成年人社会调查报告反映的是未成年人犯罪嫌疑人、被告人的成长经历、犯罪原因以及监护教育等情况，证明不了案件事实。（2）我国刑事诉讼法第四十八条规定的证据种类有八种，未成年人社会调查报告不符合这八种证据的形式。（3）证据应当有相应的收集和固定程序，证据的审查与认定在《最高人民法院关于适用〈刑事诉讼法〉的解释》（以下简称《刑事诉讼法解释》）中也都有专门的章节规定，但未成年人社会调查报告没有规范的收集程序，怎样审查与认定也没有具体规定。

另一种观点认为，未成年人社会调查报告虽然不属于刑事诉讼中的证据，但是可以作为法庭对涉案未成年人进行法庭教育和量刑的参考。除了作为法庭量刑参考之外，调查报告对司法机关对于涉案未成年人作出恰当处遇决定，例如检察机关对情节轻微的涉案未成年人作出不起诉决定、提出适用缓刑、从轻处罚等宽缓的量刑建议，以及采取适当的帮教矫治措施、参与预防未成年人犯罪的社会治安综合治理等工作也具有重要的参考价值。①

还有观点认为，在办理未成年人刑事案件中，应当把未成年人社会调查报告作为证据来使用，在法庭上出示并进行质证、辩论。理由是：（1）从审判实践看，可作为证据材料乃至定案根据的不只限于法律明确规定的八类证据，如破案报告尽管不在八类证据之列，但无疑也是证据的一种。社会调查报告与公检法机关、辩护律师提取的其他证据具有相同的形式要件，且是量刑的重要参考材料，也应属于广义证据的一种。（2）为落实量刑公开原则，社会调查报告应当在庭审中出示，并根据案件情况，由调查方宣读报告

---

① 王新环、郑圣果：《未成年人社会调查报告的法律属性及其运用》，载青少年维权网 http://www.chinachild.org/b/yj.

内容，或者摘要宣读其中主要内容。控辩双方对社会调查报告所反映的、对定罪量刑有影响的有关事实问题存在异议的，法庭应当组织双方对报告进行质证、辩论。（3）如果在量刑时以报告所反映的情况作为依据或者参考的，在裁判文书中，还应当对报告的采纳情况及其理由作出相应说明。①

二、应然分析：基于社会调查报告对于办理未成年人刑事案件的重要意义

一项制度能否建立、完善，并在实践中彰显出强大的生命力，离不开孕育它的基础。未成年人刑事案件社会调查制度之所以能够在中国自下而上的少年司法改革实践中萌动、破土、生长、成熟，以呈星火燎原之势，并被修改后的刑事诉讼法所正式采纳，正是因为这项制度有着丰厚的理论基础、社会基础，并充分考虑了未成年人身心发育的阶段性特征。而作为社会调查制度的结论性意见，社会调查报告在公、检、法三机关办理未成年人刑事案件过程中，以何种身份、何种面目出现，显得尤为重要。笔者认为，社会调查制度存在的根基，实际上也就是社会调查报告作为"证据"面目出现的根基。

1. 刑罚个别化原则——社会调查报告作为"证据"的理论基石。刑罚个别化的核心在于"区别对待"，强调将法律以一般的方式规定的抽象的罪刑关系适用于具体犯罪案件时，根据犯罪行为和犯罪人的具体情况加以个别化、具体化、现实化，进而给予犯罪人以最恰当的处遇。根据这一理论，人民法院在决定对被告人是否科以刑罚，以及具体科以何种刑罚时，就必须分析探究被告人人格的形成过程，分析其潜在的社会危险性，评判其复归社会的可能性。具体到未成年人犯罪案件而言，要综合考量上述因素，则要对未成年被告人的个人情况、成长经历、家庭环境、一贯表现、犯罪背景等进行全面考察，在此基础上，形成最有利于教育、改造、挽救失足未成年人的刑罚措施或者方案。这样的处遇，才是最科学、最合理的处遇。从这一点上讲，继续完善社会调查制度，充分发挥社会调查报告在审理未成年人犯罪案件中的作用，就必须赋予社会调查报告以"证据"的法律地位。

2. 以"宽容"为核心的人文关怀——社会调查报告作为"证据"的社会基础。我国古代社会虽然没有刑事责任年龄的概念，但有"恤幼"的传

① 周加海：《刑事特别程序若干问题解读》，载《新刑事诉讼法法官培训教材》，法律出版社2012年版，第88页。

统。《礼记》记载："八十、九十曰耄，七年曰悼。悼与耄，虽有罪，不加刑焉。"① 《法经·律减篇》中规定："罪人年十五岁以下，罪高三减，罪卑一减。"② 现代文明社会强调以人为本，其核心是理性、宽容和关怀。基于这样的视角，越来越多的公众认为，未成年人犯罪是一种复杂的社会现象，从浅表层分析，是个人、家庭、学校、社会四方面因素共同影响的结果；从深层次上考量，暴露出社会转型过程中所呈现的内在结构性矛盾以及社会资源整合机制的缺位。从某种程度上来讲，失足未成年人本人也是不良外部环境、特殊生活阅历的受害者。因此，不应当用充满鄙夷、厌恶的眼光来看待他们，而是应当倡导一种人道的关心、人性的关爱和宽容的胸怀，即便是在未成年人被置于司法程序中时，也应当尽力为他们未来回归社会留下足够的空间。应当说，我国的刑事立法、司法制度，对未成年人的关怀是全面的、系统的。社会调查制度的确立，既顺应了社会对未成年人犯罪从宽处理的合理诉求，更为对失足未成年人从宽处罚提供了理性的、可行的路径。将社会调查报告作为"证据"，不会背离社会公众的价值取向，也不会超越社会公众的预期可能。

3. 未成年人身心发育的阶段性特征——社会调查报告作为"证据"的现实依据。14 至 18 周岁的未成年人处于身心发育的特殊阶段，在生理方面，步入青春期以后，身体发育速度加快，各种器官功能渐趋成熟，特别是性成熟所产生的性别日益明显；在心理方面，对父母等成年人的依赖、依恋逐渐淡化，角色意识、自我中心意识不断增强，有强烈的表现欲、渴望实现自我价值，情绪波动大、遇事好冲动，一旦遭遇挫折，逆反心理强，容易走极端。这样的身心发育特点，决定了未成年人较之于其他年龄段的人群，更容易走上犯罪道路。笔者所在的法院曾经做过一项调研，在接受调查走访的112 名未成年罪犯中，为满足上网、购物等消费实施犯罪的 72 人，为逞强好胜、江湖义气、帮同伴撑腰实施犯罪的 19 人，为对他人的先行行为实施报复实施犯罪的 4 人，其他出于恶作剧、找乐子、好玩等，无明确犯罪动机的 17 人。详细比例见下图：

---

① 张晋藩主编：《中国法制史》，中国政法大学出版社 1999 年出版，第 39 页。

② 《十三经注疏》，中华书局 1987 年影印本，第 880 页。

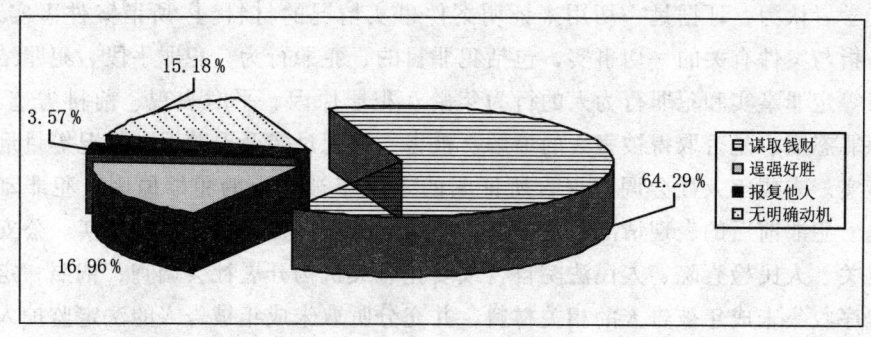

通过调查可以发现，大多数未成年人犯罪的动机较为简单，有的甚至显得有些"幼稚"。笔者也曾经调阅过一些未成年人刑事案件的庭审录像，不少孩子在接受法庭教育后痛哭流涕，有的甚至下跪认错，其场面令人揪心、震撼。上述数据以及庭审中失足未成年人的悔过表现说明，绝大多数失足未成年人大脑思维相对简单，不具备较强的反社会性和偏执的犯罪人格，对这部分人，如能及时、有针对性地加以改造，是能够教育、挽救他们重新步入正常生活轨道。而完善社会调查制度，赋予社会调查报告以"证据"的法律地位，在此基础上，进一步规范司法机关、辩护律师以及社会团体调取社会调查报告的行为，有利于深入了解未成年被告人特殊的犯罪心理和成长经历，更加科学地开展教育，更加准确地裁量刑罚，最大限度地实现教育、感化、挽救目的。

三、追根溯源：基于未成年人社会调查报告证据属性的法理分析

未成年人刑事案件社会调查报告具备了证据的客观性、关联性和合法性，应当视为证据。①

1. 未成年人社会调查报告具备证据的客观性属性。刑事诉讼法第四十八条规定："可以用于证明案件事实的材料，都是证据。"这一关于证据的定义修改表明，我国刑事诉讼中证据的概念已经由过去的"事实说"改为"材料说"，把证据界定为证明案件事实的材料。英国证据学家摩菲提出，证据是能够说服法官认定某个案件为真实或者可能的任何材料。在我国，亦

① 张静、景孝杰：《未成年人社会调查报告的定位与审查》，载《华东政法大学学报》2011第5期。

有学者认为,证据是一切用来证明案件事实情况的材料。① 所谓案件事实,是指与案件有关的一切事实,包括犯罪目的、犯罪行为、犯罪手段、犯罪结果等定罪事实和犯罪行为人的行为年龄、犯罪原因、平时表现、前科劣迹、悔罪态度、是否取得被害人的谅解、被害人有无过错及退赃退赔情况等量刑事实。未成年人社会调查报告所证明的未成年被告人的犯罪原因、犯罪动机、犯罪前后的表现情况、监护教育等量刑事实,显然属于案件事实。公安机关、人民检察院、人民法院自行或委托有关机构开展社会调查,依照一定程序收集未成年被告人的相关材料,并充分听取未成年被告人的法定监护人或其他近亲属、同学、同事、辩护人和其所在学校、社区等单位有关人员的意见,在此基础上形成调查报告,其反映的内容经法庭查证属实,可以作为量刑和法庭教育的参考,显然具有客观性。

2. 未成年人社会调查报告具备证据的关联性属性。证据的关联性是指证据对案件事实有证明作用,与案件事实有关联关系,也称为证据的相关性。美国的乔恩·R. 华尔兹教授认为,关联性是实质性和证明性的结合。② 我国刑事诉讼法对于证据的关联性没有作出具体的规定,理论界与实务界对于证据关联性的理解与认识也不尽相同。

证据的关联性主要体现在与案件事实有客观联系。《刑事诉讼法解释》第十一条规定:"对未成年罪犯量刑应当依照刑法第六十一条的规定,并充分考虑未成年人实施犯罪行为的动机和目的、犯罪时的年龄、是否初次犯罪、犯罪后的悔罪表现、个人成长经历和一贯表现等因素。对符合管制、缓刑、单处罚金或者免予刑事处罚适用条件的未成年罪犯,应当依法适用管制、缓刑、单处罚金或者免予刑事处罚。"由此可见,未成年人社会调查报告的内容与未成年人的成长经历、一贯表现、犯罪后的悔罪表现等案件量刑事实存在实质上的客观联系,可以对这些案件量刑事实予以证明,说明其具备证据的关联性特征。但基于未成年人社会调查报告作为量刑证据的自身特点,法官在运用的时候应当与其他证据相结合,并需要结合自己的理解和经验常识加以判断。

3. 未成年人社会调查报告具备证据的合法性属性。证据具有合法性才具有证据能力。证据能力是证据可以在诉讼中使用的资格,这种资格并非是

---

① 应松年主编:《中国行政诉讼法讲义》,中国政法大学出版社 1994 年版,第 136 页。
② [美] 乔恩·R. 华尔兹:《刑事证据大全》,何家弘等译,中国人民公安大学出版社 1993 年版,第 64 页。

指事实层面所讲的哪些证据对案件事实具有实质的证明价值，而是源于法律的规定，是一种法律上的资格。① 我国刑事诉讼法第二百六十八条规定："公安机关、人民检察院、人民法院办理未成年人刑事案件，根据情况可以对未成年犯罪嫌疑人、被告人的成长经历、犯罪原因、监护教育等情况进行调查。"此条规定明确了未成年人社会调查的调查主体、相关内容等，赋予了未成年人社会调查报告作为证据的法律资格。

证据的合法性还体现在形式上。我国刑事诉讼法采取了列举的方法确定了八种证据类型，但也有学者对此提出质疑。"中国司法实践中得到广泛运用的那些证据形式，如搜查笔录、扣押清单、提取笔录、情况说明等，为什么就没有被列入法定证据种类呢？这些证据形式难道仅仅因为没有被列入法律之中，就要被排除证据资格了吗？其实，立法者在成文法中要想穷尽证据的所有表现形式，这几乎是不可能实现的目标。"② 立法都有相对的滞后性。我国 1979 年刑事诉讼法规定了六种证据类型，1996 年刑事诉讼法增加了视听资料，将证据类型扩大为七种，修改后的刑事诉讼法又增加了辩认、侦查实验笔录、电子数据等证据类型，将证据类型扩大为八种。根据实践的需要，证据的法定种类范围在不断扩大。侦查机关出具的被告人到案经过、抓获经过等材料，同样被排除在刑事诉讼法第四十八条规定的八种证据种类之外，但在司法实践中一直被作为证据使用。《刑事诉讼法解释》第四章第九节"关于证据的综合审查与运用"一节里，明确规定对于侦查机关出具的被告人到案经过、抓获经过等材料，应当进行审查，有疑问的，应当要求侦查机关补充说明。这一规定，是司法解释对于法律规定的证据类型以外的材料赋予证据身份的明证。2010 年 9 月 13 日，最高人民法院、最高人民检察院、公安部、国家安全部、司法部联合下发了《关于规范量刑程序若干问题的意见（试行）》，其第十一条规定："人民法院、人民检察院、侦查机关或者辩护人委托有关方面制作涉及未成年人的社会调查报告的，调查报告应当在法庭上宣读，并接受质证。"该意见也明确未成年人社会调查报告应当作为证据在法庭上宣读并质证。立法机关之所以未把未成年人社会调查报告列入刑事诉讼法第四十八条规定的证据类型之中，是因为未成年人社会调查报告是未成年人刑事诉讼特有的证据类型，并不适用于一般刑事案件，故只能在未成年人刑事诉讼特别程序中另行规定。因此，仅以未成年人社会调查

---

① 孙远：《刑事证据能力导论》，人民法院出版社 2007 年版，第 7 页。
② 陈瑞华：《证据的概念与法定种类》，载《法律适用》2012 第 1 期。

报告未被列入刑事诉讼法第四十八条规定的八种证据类型就排除其形式合法性的认识是错误的。

综上所述，未成年人社会调查报告的法律属性为证据。但由于我国法律对未成年人社会调查报告的收集、制作、审查、认定等程序没有明确具体的规定，在司法实践中，有的实务人员对未成年人社会调查报告作为证据使用的意义认识不够深刻，对社会调查工作不够重视，社会调查制度往往流于形式，发挥不了其应有的作用。这就需要我们在司法实践中继续深入探索研究，进一步规范未成年人社会调查报告的内容形式、制作主体、审查认定的程序等，使其切实发挥作为未成年人刑事诉讼特有证据的作用，实现其证明案件事实、为法庭教育和对未成年人量刑提供参考、有效保护未成年被告人合法权益的重大价值。

寓教于审、预防犯罪的若干思考

——以旁听李某某等5人强奸案一审宣判为切入点

吴宗宪*

一、引言

2013年9月26日上午，受北京市海淀区人民法院未成年人审判庭的邀请，笔者作为两名专家之一，在该院第十七审判庭旁听了对李某某等5被告人强奸案的一审宣判。下面以这次旁听经历为切入点，探讨如何进一步寓教于审，增强预防犯罪效果的问题。

本文所讲的"寓教于审、预防犯罪"，是指在办理未成年人犯罪案件的过程中，将教育与审判相结合，使被告人和其他相关人员在审判中受到教育，从而增强预防犯罪效果的做法。

由于未成年人犯罪案件的审判是不公开进行的，对于审判的情况也不能进行详细的报道，因此，这里的"教育"主要是针对参加审判活动的未成年被告人及其法定代理人、监护人和亲属的，① 所预防的"犯罪"主要是指未成年被告人以后可能进行的重新犯罪行为。换言之，就是在法庭审判过程中进行的教育活动能够产生切实的效果，使被告方特别是未成年被告人确实从法庭教育中受到触动，对教育的内容有了清楚的认识和真正的认同，从而吸取教训，在以后的行动中避免重蹈覆辙、再次犯罪。

二、已有的良好做法

在李某某案件的宣判过程中，已经很好地进行了"寓教于审"的活动。

---

* 北京师范大学刑事法律科学研究院教授、博士生导师，中国预防青少年犯罪研究会副会长，主要研究刑事执行法学、犯罪学。

① 为了行文的方便，下文中将未成年被告人及其法定代理人和近亲属等称为"被告方"。

第一，判决书大大增强了说理性。在旁听过程中深切地感受到，该案的判决书说理的内容大大增强，不仅对法庭认定的案件事实做了细致地阐述，而且对不同被告人的辩护人提出的主要辩护意见做了是否采纳的回应：如果采纳，讲明采纳的理由；如果不予采纳，也给出不予采纳的原因。

第二，公诉人的法庭教育。在宣读判决书后，公诉人进行了法庭教育，从公诉人的立场谈了未成年被告人应当吸取的教训。

第三，审判长的当庭教育。在公诉人进行法庭教育后，审判长结合案件审理工作，讲了案件审理过程中的感受，回顾了每个未成年被告人的成长情况，分析了他们犯罪的情况和应当从中吸取的教训等；审判长的当庭教育中还包括了有关为什么要对未成年被告人判处具体刑罚的进一步解释。审判长的当庭教育，不仅是法庭教育的重要方面，也是对判决书中说理内容的重要补充。

第四，陪审员的法庭教育。在审判长进行当庭教育之后，人民陪审员做了系统的法庭教育，其内容包括大量的未成年被告人及其法庭代理人、监护人等应当从本案中吸取的教训，例如，家长的过分迁就和溺爱的后果等。陪审员特别根据本案的情况讲到了这样一个观点：家庭教育是预防未成年人犯罪的基石。这是十分有道理的，可以说切中要害，发人深省，而且，在当下的中国具有普遍意义。

从上述内容来看，这次宣判不仅是审判该案的重要环节，也是一次很好的法制教育活动，对于参加宣判的所有人都产生了不同程度的教育作用。

三、未来的相关建议

（一）继续增强判决书的说理性

增强判决书的说理性，是进行预防犯罪方面的法制教育的最有效方法之一。通过判决书中对于案件事实和判决理由的阐述，不仅有助于被告方和其他人了解犯罪与刑罚方面的法律规定，培养他们的守法意识，而且能够产生其他任何文字都难以比拟的预防犯罪教育效果。这是因为，判决书是直接决定被告人未来命运的法律文书，在一定程度上也是决定被告方未来生活的法律文书，他们收到判决书后，必然会反复阅读、仔细研究、深入思考判决书中的内容；判决书中包含的依法查处案件事实、准确定罪量刑等方面的信息，必然会对被告方产生直接的、深刻的预防犯罪方面的教育作用。

（二）继续坚持法庭教育

尽管法庭教育活动要占用不少时间，检察官、法官和人民陪审员在准备法庭教育的内容方面要花费巨大的精力，但是，应当看到，法庭教育具有十分重要的以案说法和预防犯罪的教育效果，应当继续坚持。

为了更好地坚持进行法庭教育，应当重视以下方面：

首先，充分认识法庭教育的重要价值。在未成年人犯罪案件中，进行法庭教育具有重要的价值。第一，法庭教育内容是对判决书的重要补充。特别是审判长和法官进行的法庭教育，包含对案件事实的更细致的认识，对量刑和其他案件处理措施的更详细解释等，这些方面的内容可以很好地补充判决书的不足，有助于更好地理解判决书的内容，有利于促进未成年被告人认罪服判。第二，法庭教育活动体现了办案人员对于未成年被告人的真诚关怀。无论是检察官的法庭教育，还是法官的法庭教育，往往都包含了对犯罪原因的深入分析，对未成年被告人罪错行为的痛惜之情，对未成年被告人弃恶扬善的真诚祝愿，这些内容反映了办案人员对于未成年被告人的善意，使得严酷的审判活动具有了温馨的色彩，散发出人性的光辉，有利于消除未成年被告人与办案人员之间的心理对抗，能够增进社会和谐。第三，法庭教育活动有益于预防重新犯罪行为。法庭教育中对于犯罪原因的剖析，对于犯罪危害性的阐述，有关改恶从善的建议等内容，能够帮助未成年被告人更加清楚地认识犯罪行为的产生与危害，更加理性地看待遵纪守法的重要性，更加清楚地看到变为守法公民的途径。这些方面的内容，可以很好地发挥预防他们重新犯罪的作用。

其次，全面推行法庭教育活动。应当在所有未成年人犯罪案件的审理中，都进行法庭教育工作。这是因为，每一起未成年人犯罪案件都有其发生的具体原因和特殊情况，都有各自不同的未成年被告人及其亲属等相关人员，都有可以进行法庭教育的内容和对象。对于法官而言，法庭教育工作可以具有一定的重复性，但是，对于所办理的未成年人犯罪案件及其当事人和相关人员而言，是没有重复性的。

再次，重视恰当评价法庭教育。应当把法庭教育的质量作为工作考核的重要指标，在对未成年人犯罪案件的考核工作中，都应当把法庭教育的质量作为重要的考核指标，对检察官、法官和人民陪审员都进行这方面的考核，表彰、奖励进行了高质量的法庭教育工作的检察官、法官和人民陪审员，督促、引导他们关注这方面的工作，花费时间和精力做这方面的工作，通过法庭教育发挥审判工作在预防犯罪中的重要作用。

实际上，撰写一份高质量的法庭教育文字是很不容易的事情。好的法庭教育文字，就是一篇内容具体、针对性强的个案研究报告。在撰写过程中，不仅要对所办理的案件有系统深入的了解和中肯恰当的态度，还要有广博的知识。在法庭教育文字中，不仅有对于法律的阐释，要有深厚的法学造诣，还要具有广博的相关知识，包括犯罪学、犯罪心理学、社会学、教育学、伦理学、传统文化与时代精神等方面的知识。高水平的法庭教育文字，应当是"情、理、法"的有机结合，不仅要对案件事实进行法律方面的解释和评价，还要用"情"与"理"的尺度进行衡量。因此，仅仅具有法律专长而其他知识不足、思想视野狭窄、研究能力不强的人，是很难写出这样的文字的。撰写出高质量的法庭教育文字，是办案人员专业化、高素质的重要体现；要撰写出这样的文字，所付出的精力绝不比撰写判决书少。可以讲，准备和进行法庭教育的工作，应当是未成年人犯罪案件审判工作的重要组成部分，是在审判环节进行刑事诉讼法第二百六十六条第一款①规定的"教育"的具体行动，将其纳入正常的工作考核指标，是理所应当的。

（三）法庭教育书面化

将法庭教育的内容落实到文字上，形成法律教育文书，随判决书送达被告人，从而延伸法庭教育的内容，增强法庭教育的效果，使法庭教育的内容切实发挥预防犯罪的作用。

首先，法庭中的气氛不利于法庭教育的效果。尽管在未成年人犯罪案件的审理中，法庭的凝重、肃穆气氛大大减弱，一些地区对于未成年人犯罪案件的庭审改革中也试图创造出宽松的环境气氛，但是，即使实行圆桌审判，即使法官与被告方坐在一起，也不能改变法庭的性质，不能从根本上改变法庭给被告方造成的压抑、焦虑、紧张等气氛，而这样的环境气氛会使被告方的情绪处于不同程度的抑制状态，这会严重制约被告方对于法庭教育信息的有效接受。情绪心理学的研究发现，积极的感情对于学习和知觉是很重要的，而消极的感情具有干扰性的、压抑性的作用。② 如果将法庭教育文书送

---

① 刑事诉讼法第二百六十六条第一款规定："对犯罪的未成年人实行教育、感化、挽救的方针，坚持教育为主、惩罚为辅的原则。"
② ［美］K. T. 斯托曼：《情绪心理学》，张燕云译，辽宁人民出版社1986年版，第174页。

达他们，使他们能够在法庭审判活动结束后再看法庭教育文书，就可以增强法庭教育文书对他们的影响作用。

其次，被告人的情绪会妨碍法庭教育的效果。在庭审阶段，特别是在宣判阶段，被告方（被告人及其监护人等）最关注的是审判的结果，对审判结果的高度关注伴随着强烈的情绪激动状态，这种状态可能不利于他们仔细聆听法庭教育的内容，会妨碍法庭教育的效果。这是因为，法庭宣判的结果，直接关系到被告人的命运，法庭宣判的任何结果都会引起被告方的情绪激动：

——如果法庭宣告的判决结果与被告方的预期相吻合，会使他们产生肯定的激动情绪，感到法官的判决确实公正，被告人受到了公正、公平的对待，因此，内心会充满快乐、兴奋等激动情绪。

——如果法庭宣告的判决结果轻于被告方对判决结果的预期，例如，被告方预期可能会被判处实刑，但是，法官却在判处实刑的同时宣告了缓刑；被告方预期可能判处三年有期徒刑，法官却判处了一年有期徒刑等，都会使他们产生强烈的积极的激动情绪，甚至会欣喜若狂。

——如果如果法庭宣告的判决结果大大重于被告方对判决结果的预期，例如，被告方预期会宣告缓刑，结果法官却宣布判处实刑；被告方预期会判处一年有期徒刑，结果法官却宣布判处三年有期徒刑等，都会使他们产生强烈的消极的激动情绪，包括沮丧、愤怒、绝望等，甚至会对检察官、法官等产生仇恨等心理。

在所有这些情况下，被告方的激动情绪状态，都会造成他们心理关注点高度集中的现象，从而会严重影响他们对于教育信息的接受。无论听到什么样的宣判结果，被告方的心理关注点都会高度集中于所宣判的刑罚或者其他处理结果，头脑中不断涌现的都是判决结果及其相关的内容，例如，听到宣告缓刑后，会产生对于缓刑情况的联想；听到宣告剥夺自由的实刑后，会产生对于监狱生活的联想，等等。在这种情况下，他们很难将注意力分配到其他的事情上，很难将注意力集中到法庭教育上，很难有心思聆听检察官在讲什么，法官在讲什么。检察官和法官等进行的法庭教育，很难"入耳入心"，真正影响到他们的内心深处。因此，如果将法庭教育的内容变成书面文字，随判决书送达被告人，他们会在情绪激动状态结束后，有可能在平静的心理状态中阅读法庭教育的内容，思考法庭教育的内容是否合理，然后再决定对待法庭教育的态度：心悦诚服地接受和遵从，吹毛求疵地辩解和抗拒，等等。如果他们在冷静状态中认真阅读了法庭教育文书，并且心悦诚服地接受其内容的话，就有可能按照法庭教育的内容去做，法庭教育的内容就能够发挥最大的预防犯罪的效果。

再次，信息的接受方式会制约教育效果。心理学的研究发现，人们对于信息的接收方式及接受效果是有差异的。一些人善于通过聆听接受信息，另一些人善于通过阅读接受信息。对于那些善于通过聆听接受信息的未成年被告人而言，在宣判过程中进行的法庭教育活动，有可能对他们产生实际的影响作用；但是，对于那些善于通过阅读接受信息的未成年被告人而言，在宣判过程中进行的法庭教育活动，就难以对他们产生实际的影响作用，如果将法庭教育文书送达他们，就可以解决这方面的问题，使其对这部分未成年被告人也能够发挥积极影响。

第四，听觉的疲劳现象会影响教育效果。一般而言，法庭教育是法庭审判的最后环节，在是进行了很多审判活动之后才进行的活动。在这个阶段，未成年被告人往往会体验到程度不同的听觉疲劳现象，即在声音刺激长时间连续作用之后出现的听觉感受性显著降低的现象。[1] 听觉疲劳现象是听觉器官在受到较长时间的连续刺激后发生的生理抑制现象，在产生听觉疲劳的情况下，未成年被告人的听觉感受性显著降低，会出现"听而不闻"的现象：尽管表面上在"听"办案人员的教育，甚至是努力在"听"办案人员的教育，但是，实际上"听不进去"。因此，在长时间的庭审活动之后进行的法庭教育，其效果是有问题的。如果能够将法庭教育内容转变为文字，让未成年被告人在庭审之后阅读，也许效果会有改善。

最后，记忆时间的有限会淡化教育效果。记忆和遗忘是一对矛盾，也是日常生活中十分普遍的现象。对于任何事物的记忆，都会随着时间的流逝而逐渐被遗忘。对于法庭教育的内容也是如此。尽管在进行法庭教育的当时，科学的法庭教育会对被告人产生深刻的影响效果，甚至会使他们痛哭流涕、痛心疾首，但是，随着时间的流逝，这方面的记忆会逐渐淡薄甚至会被彻底遗忘，法庭教育的延续效果也会随之发生相应变化。如果间隔的时间很长，这一次法庭教育在预防犯罪方面的效果就可能大大减弱甚至完全消失。但是，如果将法庭教育文书随判决书送达给被告人，就可以使法庭教育文书起到"提醒物"的作用：只要被告人看到这样的文书，就会唤起他们的记忆，

---

[1] 叶奕乾等主编：《普通心理学》，华东师范大学出版社2010年版，第80页。

就能够再次让他们回忆起法庭教育的场景，从而延长法庭教育的效果，使法庭教育的效果能够在更长的时间中发挥预防犯罪的作用。

（四）法庭教育延伸化

"法庭教育的延伸化"是指不仅在宣判时对未成年被告人进行法庭教育，还要让法庭教育的内容延伸影响到其他相关人员和其他相关机构。未成年人审判庭应当将法庭教育文书的副本转交、移送给这些人员和机构。

首先，法庭教育的内容要延伸到其他相关人员。这里所讲的"其他相关人员"，是指未成年被告人的法定代理人和近亲属，未成年被告人所在学校、单位、居住地基层组织或者未成年人保护组织的代表（参见刑事诉讼法第二百七十条第一款的规定）。犯罪学的研究表明，未成年人犯罪并不仅仅是未成年人自己的问题，而是未成年人及其家庭内外相关问题的综合性的、集中的体现。要准确认识未成年人犯罪案件，必须了解这些方面存在的问题；要帮助未成年犯罪人弃恶从善变成守法公民，更需要这些方面的努力与配合。因此，不仅要让未成年被告人及其参加庭审的其他相关人员接受法庭教育，也要让那些未参加庭审活动的其他相关人员了解法庭教育的内容。

这里所讲的"其他相关机构"主要是指在判决后执行刑罚和判决的刑罚执行机构。这样的刑罚执行机构主要是指执行监禁刑的未成年犯管教所、执行非监禁刑的社区矫正机构以及对未成年犯罪人执行短期自由刑的看守所。高质量的法庭教育文书实际上是一份类似于医学诊断书的文书，其中包含了比判决书更具体、更深入、更丰富的信息，既有对犯罪原因的深刻分析，对案件事实的详细介绍，又有对预防重新犯罪的思路、方法等的建议。这些方面的内容，十分有利于刑罚执行机构快速准确地了解案件事实、未成年犯罪人及其相关信息，对于有效做好刑罚执行工作具有重要的价值。因此，应当将法庭教育文书一并移送刑罚执行机构，让法庭教育的内容在刑罚执行阶段继续发挥作用。

近代中国少年司法改革的进展与高度

姚建龙[*]

一、清末少年司法改革

清末法律变革时期，国际少年司法改革趋向即引起了清廷的高度关注与推崇。早在 1910 年，清廷派员参加第八次国际监狱会议（即近代所称"万国监狱会议"）时，国际社会对少年犯罪的特别关注即引起了清廷的注意。在会后形成的《考察司法制度报告书》[①] 总结了对各国感化制度的考察成果，并设计了参考借鉴的方案。以今日观点来看，清末法律变革能借鉴和吸收西方国家司法改革的最新成果，实属不易。虽然当时尚未使用"少年司法"一词，但其对感化制度的理解大体相当于今天所谓"少年司法制度"。

（一）感化院与少年监的推崇与引进

《考察司法制度报告书》注意到了 1899 年以来美国设置少年法院的改革，并高度评价认为："美国……特设幼年裁判所，重在预防犯罪，其法尤善"。《考察司法制度报告书》还以专门篇幅介绍了当时方兴未艾的感化制度，并注意到了感化教育制度的"以教代刑"本质：

感化院之制，所以预防犯罪。与其惩治于事后，不如防范于事先。盖教育以正其本，刑罚仅齐其末……要之，感化院性质与监狱迥异。无论男女是否经裁判入院者，概以学生资格待遇之，养其性天，重其廉耻，纯然道德上之事，非刑罚上之事。此则各国所同也。

《考察司法制度报告书》在推崇国外少年司法改革最新制度的同时，还

---

* 上海政法学院教授、全国青少年犯罪与司法研究及服务中心主任、法学博士，主要研究刑事法学、未成年人法学。

① 汪庆祺编、李启成点校：《各审判厅判牍》，北京大学出版社 2007 年版，第 461～472 页。

拟定了引入试行的方案：

第一，种类宜分别也。幼年之应受感化教育者，大别为三种，一、弃儿及迹近遗弃者。如不知父母之姓氏，或知姓氏而不能引交，或父母俱亡，贫困不能自存，或因父母疾病，或失业，或犯罪入监不能教养，或父母虐待，阻害其发育，或父母不能管教，流为游荡乞丐者之类。二、有不良行为者。如游荡懒惰及家庭学校不能矫正其恶习者之类。三、有犯罪行为者。即有违犯刑法之行为，因未达责任年龄，不为罪者。凡此皆犯罪之种子而为社会未来之隐忧，所急宜教养者也。

第二，法制宜规定也……立法之始，自宜博采众长，以臻完密。一、经费宜预算也……二管辖部宜商酌也……狱院管辖，宜一不宜二，宜合不宜分矣。

令人赞赏的是，清末通过考察各国司法制度对感化教育制度的推崇，并不只是停留在口头上，而是进行了将计划付诸实践的改革。

事实上，早在1908年安徽巡抚札饬藩司即已经向朝廷奏设创立感化院："盖国家无不可化导之人民，家庭无不可教育之子弟。本部院师前贤之遗意，仿列国之成规，拟创办感化院一处，附设于工艺厂，以为倡导"。① 同时，安徽还议订了感化院章程，明确了收容范围、程序、管理及经费等这一章程的基本规定如下：（1）感化院暂就工艺厂附设一处，为各府厅州县之模范；（2）感化院经费暂由司库筹拨；（3）感化院专收在皖本省或外省幼年子弟入院；（4）凡幼年子弟其年龄在13岁以上、20岁以下而有下列事由之一者得令入院：由地方官或警察官调查该管内有并无亲长及家族管理之人，而以又有游荡及乞丐或滥交之行为呈送院者；由亲长或家族呈送入院者，但由家族呈送必经该管地方官之认可始令入院；由地方官或警察官裁判该管内犯轻罪以下之幼年子弟，原令入习艺所而该管地方或未设习艺所，或已设习艺所未设伦理各科因呈送入院者；由习艺所期满而呈送入院者；（5）凡幼年子弟不过20岁但入院后始过20岁者仍得留院；（6）凡在院者由感化院长随时指定规约，通知该管地方官或警察官得令出院及退假出院，及退假者如违背指定规约仍得由该管地方官或警察官复送入院；（7）感化院长有管理在院者及退假者之权，除刑罚不适用外，察其行为何如得随时处以相当之管束；（8）在院者之亲长及家族对于在院者不得更行管理之权，但在

① 参见《安徽感化院之创立》，载《东方杂志》1908年第9期，转引自张东平：《近代中国少年感化院的创设》，载《青少年犯罪问题》2012年第2期。

院者所有财产应由呈报目录于该管地方官或警察官，仍得令妥善管理；（9）地方官或警察官如遇该管内有本章程第四条第一项之幼年子弟得随时留置之，但留置期不得过5日，以上必须呈送入院；（10）凡有教养在院者责任之人应随时缴纳在院教育、医药、饮食、衣服等费，倘不按期缴纳得由感化院长通知该管地方官或警察官按数征收在院等费，若由该管地方官或警察官调查为无故不缴纳时得处以相当之罚，但实系不能缴纳者，亦得由感化院长免除其半数或全数；（11）在院者之亲长或家族得随时呈送出院愿书于感化院长，若亲长或家族呈送出院愿书而感化院长不认者，必经过半年以后始令出院。①

除了引入感化教育制度外，清末还提出了设置少年监的设想。例如，清政府聘请日本监狱学家小河滋次郎于1910年完成的《大清监狱律草案》第二条规定：未满十八岁之处徒刑者，拘禁于特设监狱，或在监狱内区分一隅拘禁之。但刑期不满二月者，不在此限。在该条的立法理由书中，小河博士进一步说明了少年监设立之原因、宗旨及设置方法：监狱之设，为改良犯罪之性质。而幼年犯罪之人，血气未定，往往一入监狱，传染种种恶习，不惟不能改良，且愈进于不良。如此则与国家设立监狱之目的相背驰。故国家欲使不良少年改恶从善，当设特别之监狱。

尤其可贵的是，清末还在刑法、刑事诉讼法中对少年犯罪及特别程序进行了规定。1911年《大清新刑律》第十一条规定："凡未满十二岁人之行为不为罪，但因其情节得施以感化教育。"沈家本就在关于《大清新刑律》编辑宗旨的奏折中，较为系统地阐释了引入感化教育制度，推动少年司法改革的设想：

夫刑为最后之制裁，丁年以内乃教育之主体，非刑罚之主体，如因犯罪拘置于监狱，熏染囚人恶习，将来矫正匪易，如责付家族，恐生性桀骜，有非父兄所能教育，且有家本贫寒，无力教习者，则惩治教育为不可缓也。按惩治教育，始行于德国，管理之法略同监狱，实参以公同学校之名义，一名强迫教育，各国防之，而英尤励行不懈，颇著成效。兹拟采用其法，通饬各直省设立惩治场，凡幼年犯罪改用惩治处分，拘置场中，视情节之轻重，定期限之长短，以冀渐收感化之效，明刑弼教，盖不外是矣。

尽管沈家本在这份奏折中使用了"惩治教育"而非"感化教育"一词，

---

① 参见《安徽感化院之创立》，载《东方杂志》1908年第9期。转引自张东平：《近代中国少年感化院的创设》，载《青少年犯罪问题》2012年第2期。

但是近代少年法院的观念与理想已经跃然纸上，成为《大清新刑律》的立法指导思想。例如，"夫刑罚为最后之制裁，丁年以内乃教育之主体，非刑罚之主体"此教育主义思想的生动阐述。"夫刑者，乃出于不得已而为最后之制裁也。幼者可教而不可罚"，此以教代罚原则的阐述。"盖以未满十六岁者，虽有触罪行为，不应置诸监狱，而应置诸特别之学校。至感化场规则，当另行纂定。不在刑律之内。所谓情节者，非指罪状轻重而言，乃指无父兄或有父兄而不知施教育者。感化教育者，国家代其父兄而施以德育是也"，此国家亲权理论的近代阐述。

1911 年《刑事诉讼律（草案）》中还设置了"特别诉讼程序"（第五编），并以第二章规定了"感化教育及监禁处分程序"，此类似于 2012 年刑事诉讼法特别程序篇第一章的"未成年人刑事案件诉讼程序"及第四章的"依法不负刑事责任的精神病人的强制医疗程序"。该章第四百七十二条规定："刑律第十一条之感化教育及第十二条之监禁处分，审判衙门所有管辖及程序，准用刑事诉讼程序。"清末在刑法、刑事诉讼法中对少年犯罪进行立法的模式，与今天刑法、刑事诉讼法的立法内容虽然多有不同，但是这种分章立法模式与立法思路却是一致的。①

（二）幼年审判庭的试办

除了建设感化院、设置少年监、在刑法与刑事诉讼法中设置少年司法的专门条款外，清末还实际进行了试办少年法庭的改革。清末称少年法庭为"幼年审判庭"，幼年审判庭的创建与法院制度的创办同步进行，也就是说，在清末引入近代司法制度创建近代法院的同时，幼年审判庭的试办即为改革重要内容之一。

光绪三十三年（1907 年）5 月 27 日，清廷颁布《各直省官制先由东三省开办俟有成效逐渐推广谕》。按照这个谕旨，各级审判厅由东三省先行开办，"俟著有成效，逐渐推广"。② 清末，东三省的司法改革是最具成效的地区，其中尤以奉天为最。宣统二年（1910 年）朝廷派人到各地考察宪政筹备情况，其中负责东三省一路的是陆宗舆，据陆宗舆考察奉天的报告，奉天省城的司法审判改革是相当有成效的。报告中说，此前他见过英、法、德、

---

① 当然，需要指出的是，近代少年司法改革发展到 20 世纪 40 年代时，已经走到了制定独立少年法的阶段。

② 参见俞江：《清末（1907－1911）奉天各级审判厅考论》，载《华东政法学院学报》2006年第 1 期。

俄和日本的法庭，但此次他到奉天考察，觉得奉天省城的审判厅并不比各先进国家的法庭差多少。①

从少年司法改革的视角来看，陆宗舆的评价是客观的。因为1899年由美国伊利诺斯州而发起的少年法院运动，仅数年即在清末创建审判厅改革中得以借鉴，而试办所选之地即为奉天。

奉天专门拟定了《奉天高等审判厅幼年审判庭试办简章》，此简章共十条，从其内容来看，清末少年司法改革足令后人倾佩。

1. 明确了幼年审判庭的设置与收案范围。试办的幼年审判庭设置于承德地方审判厅，暂借高等审判厅的未用法庭，专门受理十六岁以下未成年人犯罪案件。

2. 幼年审判庭的法官选任已经有了特殊要求，虽然仍然是由其他推事兼任，但必须"通心理学，并熟悉社会情形之推事"。

3. 幼年审判庭的审理形式采取合议制，并且已经采取了不公开审理原则："禁止旁听，并不得以判词宣示于众"。

4. 幼年审判庭已经开始采取社会调查制度。要求"审问幼年者，须详细调查其家庭状况及其个人关系之事情"，同时法官还可以请医生诊断幼年人犯罪的原因，供裁判时参考。

5. 审理未成年人犯罪案件已经开始遵循与成年人分开原则，包括分别审问（"如系与成年者共犯之案，非必不得已时，不得同庭审问"，"审判时须与成人距离"）、分押分管（"在待质室或未决监或押送时，须与成年犯分隔"，"判决后，除死罪外，均应送入感化院。唯感化院并未筹办，应仍送模范监狱或习艺所。但监所内应划出一部分，为收容之地。并应峻墙严绝，不得与成人犯接触。"）

6. 已经采用了未成年人权利特殊保护原则。例如审理未成年人案件时"无论被控案情若何，不得使幼年人跪供"。

奉天高等审判厅幼年审判庭的实际运行情况以及幼年审判庭是否得以在其他省市推广，因为资料有限，尚无法考证。但仅从《奉天高等审判厅幼年审判庭试办简章》来看，清末少年司法改革已经较为系统的接受了国外少年法院运动的最新成果，少年司法的核心内容均已移植和借鉴。在当时的历史条件下竟能有如此改革的意识和成果，实属不易。

---

① 参见杨清林：《清末民初司法改革 奉天建制成果最大》，载《辽宁法制报》2011年6月9日。

二、民国时期的少年司法改革

遵循清末移植西方少年司法制度的改革思路，民国也"接受现代少年法之理论，逐步付诸行动"①。需要注意的是，民国时期少年司法改革的基本走向是制定独立的少年法和建立专门的少年法院。

(一) 少年司法实体规则的建立

民国元年 (1912 年) 3 月 10 日，临时政府明令宣示《大清新刑律》除与民国国体抵触的外，其余的均暂行援用。4 月 30 日，又公布删修《新刑律》与国体抵触各章、条及文字，并撤销暂行章程五条，改名称为《暂行新刑律》。同时，司法部通告各省施行。《暂行新刑律》基本上沿用《大清新刑律》，所增删者少。民国三年，法律编查会将《暂行新刑律》加以修改，并于民国四年二月完成《修正刑法草案》。民国七年，修订法律馆又将《修正刑法草案》加以修订，是为《刑法第二次修正案》。民国十六年四月，司法部依据《第二次刑法修正案》，略加增删，编成新的刑法典，提经中央常务会议通过，并于民国十七年四月十日公布，七月一日施行，这就是1928 年《中华民国刑法》。这部刑法典延续总则、分则体例，"认刑罚个别主义，而犹不脱事实主义之旧思想"。② 由于 1928 年刑法典存在与其他法律之间的矛盾颇多等弊端，民国二十年十二月，又由刘克俊、郗朝俊等人组织刑法委员会，以宝道和赖班亚为顾问，对其进行修订。民国二十三年十一月，立法院制定新的《中华民国刑法》，由国民政府于二十四年一月一日公布，同年七月一日施行，此即 1935 年《中华民国刑法》。③

从民国时期刑法典的发展来看，少年司法的实体规则初步成型。其最大的进步不仅仅是逐步提高了刑事责任年龄，更重要的是在刑法典中确立了以刑罚之外的方法处理少年犯罪的实体规则。

我国古代刑法中的"幼年犯罪，向分七岁、十岁、十五岁为三等"④。

---

① 参见朱胜群编著：《少年事件处理法新论》，台湾地区三民书局 1976 年版，第 46 页。
② 王觐：《中华刑法论·上卷》，北平朝阳学院 1933 年增订 7 版，第 33 页。
③ 关于民国时期刑法典的沿革，参见谢振民编著：《中华民国立法史》，中国政法大学出版社 2000 年版，第 881 页。
④ 语出沈家本关于《大清新刑律》编辑宗旨的奏折。参见谢振民编著：《中华民国立法史》，中国政法大学出版社，第 886 页。关于我国古代刑法中有关少年刑事责任制度的沿革，国内学者多有论述，例如赵秉志所著《犯罪主体论》（中国人民大学出版社，第 65～73 页）等，在此不再赘述。

根据这一历史背景，清末刑制改革之时，沈家本在《大清新刑律》原订草案中将刑事责任起点年龄规定为 16 岁，以 20 岁①未满为减轻责任时期，并指出"夫刑为最后之制裁，丁年以内，乃教育之主体，非刑罚之主体"②，这是了不起的进步。但遗憾的是，"草案成，发交各部省签注，各省认为未满十六岁人所为之行为，概不处罚，涉于过宽，群起反对，法律馆鉴于各方面反对空气之浓厚，乃加以修正，改为十五岁，嗣宪政编查馆，改为十二岁，而以未满十六岁者，另订专条于第八章宥减之内，后资政院议决时，复依法律馆修正案通过，至宣统二年冬，颁布，奉上谕，依宪政馆议奏，仍以十二岁为刑事任责年龄。"③《大清新刑律》以 12 岁为刑事责任起点年龄，12～16 岁应当宥减的规定，为民国初年《暂行新刑律》（1912 年）所承袭。

针对《暂行新刑律》所草拟的《刑法第二次修正案》（民国八年，1919年）认为"前清资政院决议之《刑律草案》本定为十五岁，嗣经内阁奏请改为十二岁，暂行律因之，揆之刑事政策，未为得当。故本案参酌多数国立法例，改为十四岁。十四岁以上，未满十六岁，得减轻其刑，并于感化教育之外，增入由监护人等缴纳保证金自行监督品行一法。"④

民国十六年四月，时任司法部部长的王宠惠在《刑法第二次修正案》基础上拟出了《刑法草案》，伍朝枢等人审查该《刑法草案》后提出："草案第三十条第一项未满十四岁改为未满'十三'岁，其第二项十四岁以上改为'十三'岁以上。因各国法例，关于幼年人犯罪，多以年龄分别责任之有无，其年龄之标准，各视其国普通之知识发达而定。我国幅员辽阔，其知识发达之程度，因各人各地之遗传禀赋气候教育及其他原因，而有发达之程度迟速不同，是以只能就一般普通之实验，据以年龄之标准。但草案以未满十四岁为限，在实验上观察，尚嫌过宽，故拟改为十三岁，以朝适中，而杜流弊。"⑤ 这一意见最后为 1928 年《中华民国刑法》所接受，但不乏批评之声。如王觐就曾言"国民政府，制定新法，较之旧律，仅提高一岁，定为十三岁，是不可谓非遗憾！"⑥

1928 年刑法因为制定仓卒，存在条文繁复等不足，对其修改很快提上日程。少年刑事责任年龄，再一次成为争论的焦点。《刑法修正案》于民国

---

① 大约源于传统中国以 20 岁为弱冠之年的传统。
② 参见谢振民编著：《中华民国立法史》，中国政法大学出版社，第 886 页。
③ 参见王觐：《中华刑法论·中卷》，中华书局 1933 年增订 6 版，第 216～217 页。
④ 参见谢振民编著：《中华民国立法史》，中国政法大学出版社，第 896 页。
⑤ 参见谢振民编著：《中华民国立法史》，中国政法大学出版社，第 905 页。
⑥ 参见王觐：《中华刑法论·中卷》，中华书局 1933 年增订 6 版，第 217 页。

二十三年十月完成，该修正案提高刑事责任年龄 1 岁，于第八条规定："未满十四岁人之行为不罚"。在立法院三读会讨论修正案时，针对该修正案中的刑事责任制度发生了激烈争论：刘盥训认为处罚年龄不应提高，因人一生行动，多由少年养成习惯，不得不慎之于始。盛振为反对这一观点，认为以前视察各地监狱，设备不周，每有少年因小偷犯罪判处徒刑，出狱反变成强盗，但少年犯罪者，又不能不处罚，故修正案较现行法提高 1 年，其未满 14 岁而犯罪者，依保安处分分章之规定，得令入感化教育处所。郗朝俊认为，少年犯罪以施感化教育为善，我国尚无少年法，修正案一部分多采取各国之少年法以规定之。其他立法委员也发生了激烈争论。最后立法会主席提付表决，该修正案这一规定获得通过。①

1935 年刑法的进步不仅仅是提高了刑事责任年龄，还对少年刑罚制度进行了重大改革，规定对于少年犯的不罚、减轻处罚及不得处死刑或无期徒刑外。而最大的进步莫过于以感化教育及保护管束等保安处分，取代或补充刑罚的不足。

感化教育是一种行政性、非刑罚处分，而保护管束则是具有替代感化教育的社区性处分。这些规定表明，"在法制上言之，已演进至以刑罚以外之方法处遇少年犯之阶段，可谓距现代少年立法，虽不中亦不远矣"。②

（二）少年司法程序规则的建立

除了在实体法规则上发展到以刑罚外的方法处遇少年犯罪，民国时期在少年司法程序改革上，也达到了一定的高度。1935 年 7 月 1 日所颁行的《审理少年案件应行注意事项》③，已经较为系统地对少年司法程序规则进行了规定。在当时，《审理少年案件应行注意事项》属于重要的规定，法律汇编一般均会收录，其适用具有普遍性。

从《审理少年案件应行注意事项》（以下简称《注意事项》）的内容来看，较之清末《奉天高等审判厅幼年审判庭试办简章》内容更为丰富和完善，已经具备了现代少年司法程序的基本内容：

1. 社会调查制度，并且社会调查的核心要素均确立：（1）明确社会调查为审理少年案件的必经程序；（2）社会调查的内容是"事件之关系，少年之生活状况与社会环境"；（3）社会调查员和采取的方法是"斟酌情形，

---

① 参见谢振民编著：《中华民国立法史》，中国政法大学出版社，第 924 页。
② 参见朱胜群编著：《少年事件处理法新论》，台湾地区三民书局 1976 年版，第 47 页。
③ 1951 年 8 月，台湾地区国民党政府对这一注意事项进行了修正。

委托当地感化机关，为必要之调查及辅助"，还可以在必要时"延聘心理学或教育学专家为辅助，于特别情形，应使医师祥为检查"。从上述内容来看，民国时期的社会调查制度较之今日并不逊色。

2. 审判不公开原则。《注意事项》规定"审判不予公开，但得许少年犯之成年家属，与少年感化机关人员，到场旁听"。

3. 审理程序的弹性化。《注意事项》规定："讯问少年犯罪时，毋须用普通开庭形式，法官亦无须穿着制服，法庭设备，力求简单、整齐、务使少年犯不甚感觉犯罪讯究之意味。"当时虽然没有"圆桌审判"的提法，但已经具备今日圆桌审判之精髓。

4. 与成年人分开原则。具体规定在以下几个方面：（1）分别讯问，"讯问少年犯时，应防止其与成年人犯接触"；（2）分案审理，"少年犯犯罪事件，与成年人犯罪事件相牵连时，于不妨害审理之限度内，应分别审理之"。

5. 非监禁化原则。具体规定在以下几个方面：（1）尽量适用非羁押性强制措施，"对于少年犯，应力求避免羁押，如不得已而必须羁押时，应注意刑事诉讼法第一百十五条及第一百十六条之规定（按即责付及限制住居之规定）"；（2）尽量适用缓刑，"少年犯有合于刑法第七十四条之情形时，应尽量宣告缓刑"；

6. 司法分流原则。（1）"拘提少年犯，限于不能用其它较善方法时，始得为之"。（2）"检察官对于少年犯，应注意刑事诉讼第一百三十二条之规定。（按即微罪不检举之规定）。"

7. 特殊保护原则。具体规定在以下几个方面：（1）"讯问少年犯时，遇他人陈述足以引起其恐怖者，应令其退庭"，（2）从速通知法定代理人，"院对于少年犯，实施刑法第八十六条规定之处分，（感化教育处分）应从速通知其法定代理人"。（3）"解送少年犯，所用之方法及强制之程度，应为慎重之注意"。

8. 少年司法官的特殊选任。"以本院推检中之经验丰富，性情和厚，而于犯罪学心理学社会学教育学有深刻之研究者充之，仍先将推检官姓名，预行指定，报部备案"。

9. 少年司法事务的特殊考核。"各法院院长分配少年案件。得不依司法年度分配事务"，"法院应于每司法年度终了时，将处理少年事件，造具总报告，呈由司法行政部转呈司法院考核"。

这些规定对于今天仍然有很大的参考和研究价值。《审理少年案件应行注意事项》虽然颁布于近 70 年前的旧中国，但那时候即"有此类之进步之规定，立法者勇于进取之精神，殊令人钦佩也"。①

（三）少年司法矫正体系的建立

在清末少年司法探索的基础上，民国时期的少年矫正制度有更为深入的发展，感化学校和少年监均得以建立，还产生了类似社区矫正的"保护管束"制度。

（四）感化学校

延续清末建立专门感化教育制度的改革设想，1922 年 2 月国民党政府颁行了《感化学校暂行章程》②，同年秋天北平香山慈幼会创设了香山感化院。1923 年，司法部筹设感化教育机构，在香山感化院基础上建为北京感化学校。

北京感化学校，校址在宣武门外下斜街，占地 14 亩，全国各省新监幼年犯一概移送该校施行感化，德智兼施，教以普通小学课程与工业训练。根据该校章程规定，感化学校设立之目的在于"预防幼年犯罪或再犯"。未满16 岁之幼年犯而被认为可施感化教育者，以及未满 12 岁不守家规，经其父母请求入校者（此项学生应由其父母缴纳补助费），经司法部核准皆得收入感化学校。感化学校设校长 1 人，教员 4 人，医士 2 人，工师每科 1 人，每50 名学生设保姆 1 人，并设庶务、会计各 1 人。感化学校学生每日受教不得少于 4 小时，作工时间亦同，并且设定 4 年毕业，但成绩不良认为应延长学期者，或者品行极坏认为不能感化者得延长期间。男子年龄已满 18 岁，女子已满 16 岁者，或者学生系由其父母送入感化学校，后经其父母请求领回者，得先令其出校。③

民国时期对于感化教育十分推崇，要求各省市建设感化学校。根据赵琛所著《少年犯罪之刑事政策》记载，1935 年司法行政部统计室关于各省保安处分执行处所的调查，全国感化教育机构已有 44 所，其中公立 25 所，私立 19 所。

---

① 参见林纪东：《少年法概论》，台湾地区国立编译馆 1972 年版，第 79 页。
② "感化院实系一种特殊教化机关，但一般民众多视之为儿童的特殊刑罚，故近世以来，各国的感化教育机关，多废弃感化院名称，而改称学校，以避免一般误解。"马宗荣：《"感化院"的实际设施》，载《教育与民众》1931 年第 4 期。
③ 张东平：《近代中国少年感化院的创设》，载《青少年犯罪问题》2012 年第 2 期。

1935 年全国各地感化院统计表①

省份	性质	数量	所在地
江苏	公立	1 所	淮阴县政府
	私立	18 所	上海第一、二特区法院 5 所；上海地方法院、吴县地方法院、镇江地方法院、江都地方法院、松江地方法院、铜山地方法院、句容地方法院、南汇地方法院、海门县政府、如皋县政府、淮安县政府、丰县县政府、邳县县政府各 1 所
浙江	公立	1 所	新昌地方法院
安徽	公立	4 所	怀宁地方法院、凤阳地方法院、凤台地方法院、望江地方法院各 1 所
福建	私立	1 所	安候县政府
河北	公立	5 所	北平地方法院、盐山县政府、吴桥县政府、故城县政府、井陉县政府各 1 所
河南	公立	6 所	开封地方法院、郑县地方法院、宁陵县政府、柘城县政府、永城县政府、阌乡县政府各 1 所
山东	公立	4 所	青岛地方法院、章邱地方法院、城武县政府、文登县政府各 1 所
江西	公立	4 所	高等法院第一分院、南昌地方法院、九江地方法院、上饶县政府各 1 所
总计			公立 25 所，私立 19 所

（五）保护管束制度

保护管束是 1935 年刑法所规定的具有替代感化教育的社区性处分措施。1935 年 11 月 9 日，司法行政两部联合公布了《保护管束规则》②，对保护管束的具体执行作出了详细的规定。

根据《保护管束规则》的规定，保护管束是"按其情形，交由受保护管束人所在地或所在地以外之警察官署、自治团体、慈善团体、本人最近亲属或其他适当之人执行之"的措施。

《保护管束规则》对于执行保护管束者的职责做了详细明确，主要有：执行保护管束者，对于受保护管束人，除应负责管束外，并应按其情形分别负感化、监护、禁戒、强制工作及其他职业上指导之义务。执行保护管束

---

① 赵琛：《少年犯罪之刑事政策》，商务印书馆 1939 年版，第 197～198 页。
② 本规则版本，引自戴鸿映：《旧中国治安法规选编》，群众出版社 1985 年版。

者，为履行前项义务，对于受保护管束人，得发命令或申诫，不服命令或申诫时，并得限制其自由。执行保护管束者，应将受保护管束人感化、监护、禁戒或工作及其他关于身体、品行、生计等情况，报告于有监督权之检察官，每三个月并总报告一次。其有刑法第九十二条第二项或第九十三条第三项①情形时，应列举事实立即报告。执行保护管束者，如因移居或其他情形不能执行管束时，得请求有监督权之检察官另交管束，其系机关团体，因有变更不能执行管束时亦同。执行保护管束者，于受保护管束人管束期间届满时，应报告于有监督权之检察官。执行保护管束者，遇受保护管束人逃亡时，应即报告有监督权之检察官，除警察官署执行者应自行追缉外，并应就近报告警察官署先予追缉。执行保护管束者，遇受保护管束人死亡时，应即报告有监督权之检察官。

《保护管束规则》规定，对保护管束执行的监督由受执行保护管束地之法院检察官监督。指挥执行保护管束之检察官，应将受保护管束人连同必要书类，交付执行保护管束者。有监督权之检察官，对于执行保护管束者，关于保护管束事务，有随时调查督促之义务，必要时得发布命令，不遵守命令者得予以申斥，并得将受保护管束人另交管束。保护管束非由警察官署行之者，有监督权之检察官得按其情形，委托警察官署代为监督。代为监督之警察官署，应将监督之必要情形及所接受之报告，随时报告于委托之检察官。

《保护管束规则》对于受保护管束人的义务也做了规定。例如明确要求受保护管束人，非经执行保护管束者许可，不得离开受保护管束地，其离开在十日以上时，应经有监督权之检察官核准，并不得逾一月。

（六）少年监

除了感化学校外，民国时期还进行了建立专门少年监，作为少年犯罪的刑罚执行机关。1913 年 1 月，北京政府监狱会议通过了《对于幼年犯之处置案》，其议决的幼年犯处遇包括：所习工艺以不伤害其身体为必要；待遇囚人而施宽严互用；教育用普通小学教科书；与成年犯严隔拘禁；出监无家可归者，如有出狱人保护会即请托该会设法安置。同年 12 月司法部公布的《监狱规则》规定，未满 18 岁者监禁于幼年监，但满 18 岁后 3 个月内刑期既可终结者，其残刑期间仍得继续监禁之。并且，未满 18 岁的囚犯不适用

---

① 此两项全文分别为："前项保护管束期间为三年以下，其不能收效者得随时撤销之，仍执行原处分。""前二项情形，违反保护管束规则情节重大者，得撤销缓刑之宣告或假释。"

停止发受书信接见及阅读书籍、每餐减食五分之一或五分之三、停止运动、暗室监禁的惩罚规定。这些内容明确了少年司法保护的规范。[①] 北洋政府颁布的《监狱规则》第三条也已经明确规定："未满十八岁者监禁于幼年监"。由于条件的限制，当时的这些规定并未能切实施行。直至 20 世纪 30 年代，中国近代意义上的少年监才正式筹建和运转。

筹设少年监在 20 世纪 30 年代正式进入议程。民国十九年（1930 年）《训政时期之司法行政工作大纲》具体规定了筹建方案：

第一年 （一）预定本年内全国共筹设少年监二十八所，（二）督促各省司法长官，依照筹设法院监所工作等有所列次序地点办法，将上开各少年监，实行设立。

第六年 （一）预定本年内全国共筹设少年监一十九所，（二）督促各省司法长官，依照筹设法院监所工作等表所列次序地点办法，将上开各省少年监，实行设立。

由上可见，《训政时期之司法行政工作大纲》拟在六年来建立 47 所独立少年监，但实建 2 所，即 1933 年建于济南的山东少年监和 1934 年建于武昌的湖北少年监。

民国时期的少年监与成年监相比，在管理、教育上均有一定的区别。对少年犯的管理，采用阶级制。依据每个少年犯的恶习程度，分为三个级别：恶习严重者，编入强制级；恶习一般者，编入训练级；恶习轻微者，编入自治级。编入的级别不同，待遇也不一样。"在强制级者，拘禁于独居间；在训练级者，拘禁于夜间独居间；在自治级者，拘禁于杂居间。"其他入参加劳役、给予偿金、接见亲人等，也有所区别。对少年犯的教育，采用课程制。课程为学课和实课，所谓实课主要从事生产劳动，其项目有缝纫、藤竹、土木、印刷等。所谓学课，主要实识字和训练，如学习语文、公民道德以及军训等。据湖北少年监 1944 年资料统计，实有少年犯 78 人，入监时，不识字的 40 人，小学一年的 20 人，小学二年至年的 17 人，初中 1 人。出监时，小学一年的 40 人，小学二年的 22 人，小学五年的 16 人。监内有五个工场，即缝纫、藤竹、土木、畜牧等，作业时间平均每天八小时，收入略有盈余。[②]

总结少年监筹建的经验，1946 年公布的《监狱行刑法》对少年监的设

---

① 张东平：《论近代中国少年监的感化教育》，载《青少年犯罪问题》2012 年第 2 期。
② 潘君明编著：《中国历代监狱大观》，法律出版社 2003 年版，第 194～195 页。

置、个别处遇的实行、保护教育的加强等都作出了不同于成年受刑人的更为详细的规定：首先，少年监附设于监狱时应严为分界。受刑人未满 18 岁者应监禁于少年监，监禁中满 18 岁而其余刑期不满 3 个月者得继续监禁于少年监；对于 18～20 岁的受刑人，依其身心发育状况如认为必要时亦准用上述规定。其次，少年受刑人的犯罪原因、动机、性行、境遇、学历、经历、心身状况以及可供行刑参考的事项，均于其入监时由指挥执行官署通知监狱，并且少年受刑人入监后应先予以 3 个月的独居监禁。①

（七）呼之欲出的少年法院

在 20 世纪 30 年代以来，已多有建立少年法院的论证与呼吁。1934 年（民国 23 年）2 月 3 日，上海律师公会常务委员陈霆锐、沈均儒、王维桢联名呈文立法院，吁请制定保障儿童法律以培国本：

国家之要素为人民、土地、主权三者。人民之强弱与国家之盛衰有密切关系，人民之强弱与否与儿童又成正比。故有健全之儿童，始有健全之国家"。提出国家对培养儿童应尽保护之职。

1. 防止儿童之犯罪；

2. 注意异常儿童之教育；

3. 研究贫儿扶助计划；

4. 矫正有害儿童身心健康之事情；

5. 组织儿童裁判所及保护释放后儿童。

呈报还列举了日本、美国等国儿童保护法的制定情况，并指出民国有关儿童保护立法仍然十分落后，恳请立法院从速立法。②

这一呼吁中使用了建立"儿童裁判所"的提法，这可能是受到日本当时所建立的少年裁判所的影响。无论用于如何，这一呼吁已经明确提出了建立少年法院的建议。

除了社会呼吁外，学术界也多有建立少年法院的论证。例如赵琛在《少年犯罪之刑事政策》一书中已经指出："我国少年犯罪渐见增多，证以各国采行少年法院制度以纠正少年犯罪之成效，实已有急切成立少年法院之需要。少年裁判制度之重要意义，在乎打破责罚观念，代以慈爱精神，其性质半为法律机关半为社会组织，与普通法院诸多不同。"

---

① 张东平：《近代中国监狱的感化教育研究》，华东政法大学 2010 年度博士论文。
② 金大陆主编：《上海青年志》，上海社科院出版社 2002 年版，第 1166 页。

赵琛进而指出，参考国外设置少年法院的经验，建立少年法院应依照下列原则：

1. 少年法院应与普通法院分离，成为独立之社会组织的司法机关。少年法院之建筑布置，不同普通法院，宜与社会机关仿佛，审判与庭丁概不必穿着制服，使少年犯不觉在法庭受审，而将真情吐露。

2. 少年法院之审判官，固应精通法律，洞彻少年犯罪心理，对于少年之保护与教育，更须具有充分之智识经验与兴趣，而又热诚慈爱者充任为相宜。必有是项人员充任审判官，始能本其慈爱观念以为国家感化儿童，而少年法院制度之真实价值，方能表现。

3. 少年审判之手续，以不妨害少年之保护教育为本旨。一般的刑事案件，程序繁重，其审判多属公开且使多数被告可以同席，而少年审判则应与其他被告隔别讯问，使其不得闻知犯罪手段之供述以煽动其模仿性也，又以不公开审判为原则，以保存其羞耻心，荣誉心，且使其不至为公众所不齿也。故各国少年审判法，大多禁止新闻杂志为关于少年犯审判事项之记载。而少年法院之旁听者，应以少年犯之法定代理人，成年家属及感化机关之人员为限。少年犯出庭以由法定代理人带领为宜，不应使法警拘提。审判官讯问时须用温和态度浅显语言，说明其被控之事实，而后逐一讯问之。

4. 对于少年犯之保护处分，各国法令所采之普通手段，大约如下：（1）送还少年于其家庭，使为更适当之监督。（2）少年家庭腐败或不适宜于少年之教育时，则委托于其他适当之家庭或保护团体，使其为保护监督。（3）少年堕落之程度甚深，认为前项处分不能收效者，则收容于施以一定的矫正或感化教育之处所。（4）如因精神上之缺陷，而为犯罪或有犯罪之虞者，为施以治疗得送于适当之病院。

尤其值得肯定的是，赵琛特别指出："少年法院惟依法律为相当之保护处分，以矫正少年犯之性格，而其事业之收效，则有待于从事于保护事业慈善事业多数有志者之援助，否则虽有少年法院之设置，徒存躯壳而已。"同时，赵琛还呼吁："故欧美各国少年法院之运动，多由社会有识之士，制造一般舆论，依社会上热烈的请求，始见诸立法上与司法上之实施，盖时机如未成熟，即不易贯澈少年法院之目的也。愿社会上有志之士及为民众喉舌之新闻纸，极力鼓吹提倡各种保护儿童之事业，使少年法院之成立，得早日见于事实也。"[1]

---

[1] 何勤华、姚建龙编：《赵琛法学论著选》，中国政法大学出版社2006年版，第303页。

　　建立少年法院不仅仅停留在理论研究阶段，从当时的司法改革内容来看，逐步建立专门的审判机构，直至建立少年法院，一直是民国时期司法改革的一项重要内容。

　　早在 1912 年（民国元年），时任司法总长的许世英在其《司法计划书》中已有设立审理幼年犯罪之法庭，建立幼年犯特别审判制度的考虑。1929 年，司法院院长王宠惠在国民党三届三中全会上所作的《关于司法改良计划事项十八年三中全会大会之司法院工作报告》提出了 13 项司法改良计划，其中第七项为"筹设少年法院"。①

　　1930 年（民国十九年）制定的《训政时期之司法行政工作大纲》则更为明确地提出了增设少年法庭的方案。② 具体设想是："第一年，厘定增设少年法庭办法，第二年，督促司法长官依照釐定办法，于各省省会原有地方法院内，增设少年法庭。第三年，扩充少年法庭，即于各省商埠及其他地方原有法院内，增设少年法庭，以适合需要为度。"

　　1935 年 9 月 16～20 日司法院召开的全国司法会议是南京国民政府时期第一次也是最重要的全国性司法会议，代表提交 472 条议案，最后通过 45 条，修正通过 23 条，原则通过 37 条，其中最主要之一即为"设立少年法院及少年监案"。③

　　1936 年，司法行政部又通令各法院慎重审理少年犯。"少年犯之心理，究与成年犯有别，若审判时不加注意，予以同一处置，殊失保护少年之旨"，因此"通令各省法院，嗣后对于少年案件，务须择法官中之经验丰富，性情和厚，且于心理学、教育学有相当研究者，分配审理，至审理该项案件，其形式尤宜力求简单，勿过严厉。"④

　　抗战胜利后，制定专门的少年法即列入民国立法的重要计划。1948 年，民国政府专门邀请美国著名法学家访问中国，并征求其起草少年法的意见。1948 年 9 月 20 日，庞德就中国起草少年法专门写了一封题为《中国制定少年法应请注意之事项》的函件给南京国民政府司法行政部部长谢冠生。⑤ 这封信中虽然中文译本将 juvenile court 翻译为"少年法庭"，但综合此信内容，庞德所建议的少年审判机构实主要是指独立的"少年法院"。

---

① 参见张仁善：《司法腐败与社会失控》，社会科学文献出版社 2005 年版，第 3 页。
② 参见赵琛：《监狱学》，上海法学编译社 1933 年版，第 86 页、144 页。
③ 参见张仁善：《司法腐败与社会失控》，社会科学文献出版社 2005 年版，第 5 页。
④ 《法部通令各法院慎重审理少年犯》，载《法律评论》1936 年第 29 期。
⑤ 参见庞德：《中国制定少年法应请注意之事项》，载王健编：《西法东渐——外国人与中国法的近代变革》，中国政法大学出版社 2001 年版，第 268～269 页。

在这封信中，庞德提出了六点建议：

一是提醒中国，以美国的经验，司法机关与各方的合作及各种特别规定至为重要。也即提醒应重视少年司法的社会支持体系建设。二是提醒制定少年法应注重中国社会的实际。三是少年法要注意中国地方差异。四是特别提醒少年法非以设立少年法庭及其他服务机构为已足，还要注意预防犯罪和感化措施。五是少年法制定后必然要修改刑法、刑事诉讼法、法院组织法，修改法律应该详细研究，比如少年法官的任用条件。六是少年法庭要配监督人员、心理学家、监禁场所等，经费耗用较大，应该事先详细规划。

从这封信的内容来看，民国时期的少年司法改革已在 20 世纪 40 年代后期走向了制定专门少年法的预定轨道，少年法院及独立少年司法制度呼之欲出。遗憾的是，这一少年司法改革的进程因为历史的原因而告中断。

结　语

滥觞于清末的少年司法改革取法美日，奠定了中国少年司法的司法模式走向。至 20 世纪 40 年代，中国的少年司法已经发展到以刑罚之外的方法处置少年犯罪、制定独立少年法的阶段，并已经开始进行了建立少年法院的论证与准备，现代少年司法制度可谓呼之欲出。当代中国的少年司法改革不应该割裂这一历史，并应充分予以注意、借鉴和尊重。

未成年人刑事案件社会调查的
"过"与"不及"*

张鸿巍**

当你把所有的错误都关在门外，真理也就被拒绝了。

——（印）泰戈尔

《论语·先进》记载这样一则典故，"子贡问：'师与商也孰贤？'子曰：'师也过，商也不及。'曰：'然则师愈与？'子曰：'过犹不及。'"故事是说，子贡问孔子，诸弟子之中，子张（师）与子夏（商）谁更为贤明一些。孔子回道，子张做得超出周礼要求，而子夏则往往达不到。子贡接着追问，这是不是说明子张更好一些？孔圣人于是便给出神一样的答案，"过犹不及"。看似滴水不漏的中庸回复，实则是说超过和达不到的效果是一样的。

被遮裹的"过"与"不及"，如同被火山岩层层遮蔽的熔岩，一旦喷涌而出，瞬间将冲毁我们对客观、真实与公正认知的底线。

对涉案少年进行较为详实的社会调查并据此提交社会调查报告，已然成为我国少年司法诸多必选动作之一，其合理性与正当性似乎不容置疑。新刑事诉讼法第二百六十八条特别规定，"公安机关、人民检察院、人民法院办理未成年人刑事案件，根据情况可以对未成年犯罪嫌疑人、被告人的成长经历、犯罪原因、监护教育等情况进行调查"。尽管法条本身并未冠以"社会调查"字眼，但一般认为这是对未成年人刑事案件进行社会调查的主要依

* 项目基金：2013 年国家社科基金青年项目资助课题《未成年人附条件不起诉的社会支持机制实证研究》（13CFX059）、英国救助儿童会资助课题《儿童监护的司法干预机制与配套儿童福利制度研究》及广西壮族自治区人民检察院检察理论研究资助课题《未成年人刑事检察工作有关问题研究》阶段性成果。

** 广西大学法学院教授，美国山姆休斯敦州立大学刑事司法学博士，日本龙谷大学犯罪矫正博士后，主要研究少年司法制度。

据来源。而在正式宣判前对未成年人背景进行细致分析，亦已成为国际惯例。如据《北京规则》第16.1条，"所有案件除涉及轻微违法行为的案件外，在主管当局作出判决前的最后处理之前，应对少年生活的背景和环境或犯罪的条件进行适当的调查，以便主管当局对案件作出明智的判决"。

正是在外有国际公约及司法惯例、内有法律修订及司法实践的情境之下，充分肯定未成年人刑事案件社会调查及社会调查报告"明月如霜，好风如水，清景无限"的同时，我们亦必须正视其所面临进退维谷的尴尬窘境。而这已经、正在或将要对未成年人刑事案件社会调查提出了亟待厘清和解决的诸多问题，如社会调查主体的选聘与回避、社会调查内容的局限与扩展、社会调查报告的证明力与可采性、社会调查报告的共享与保密等等。

这些难处看似纷繁复杂，然拨云见日后，会发现其实则主要涉及5个W，亦即Why、Who、What、When及How，牵扯调查缘由、调查主体及对象、调查内容、调查时机及调查方式等核心内容。

"似花还似非花，也无人惜从教坠"。未成年人社会调查乃基于对其个别化司法（individualized justice）的理念，寥廓而多彩。端本清源，未成年人案件社会调查及社会调查报告实为舶来品。少年司法语境下的"社会调查"及"社会调查报告"实际上是对英文"social investigation"及"social investigation report"的直译，大体相当于刑事（成人）司法量刑中听审阶段的刑前报告（pre-sentence report）。不过，"社会调查"及"社会调查报告"之用法或有"想象的异邦"之嫌。英文文献中实较少出现类似术语表述，而多以"社会研究报告"（social study report）、"社会背景报告"（social background report）、"社会查询报告"（social inquire report）、"社会历史报告"（social history report）、"安置前报告"（pre-disposition report）及"缓刑报告"（probation report）大体等同之，其中尤以"安置前报告"最为常见（为行文方便，以下仍称"社会调查"及"社会调查报告"）。

就调查缘由及内容来说，社会调查本身并不局限于对涉案少年成长情境的探求。作为法官量刑依据之一，社会调查重要意义在于全方位了解和还原案情，以求更加精确地实现对被害人、未成年犯罪人及社区三者的司法公正，而这一切的有序实现仍须以司法规律为依托和导向。以美国为例，随着对被害人保护力度的加大，联邦及一些州近年来明确要求社会调查报告应当涵盖"被害人影响陈述"。① 此举目的在于了解被害人因未成年人罪错所遭遇的身体与精神损伤及经济损害，调查内容包括被害人对该罪错的回溯、被害人损失、被害人所获补偿等等。

从调查主体来说，各法域多由法院委托矫正部门实施社会调查并提交社会调查报告。如美国一些州少年法典规定，少年法院可要求缓刑官、法院工作人员或专业咨询顾问提交书面报告，而实践中又多以缓刑官为操手。与之相类似地，澳门地区《违法青少年教育监管制度》第 14 条第 1 款规定，"社会报告由社会重返部门或少年感化院撰写"。尽管新刑事诉讼法与《关于进一步建立和完善办理未成年人刑事案件配套工作体系的若干意见》等司法解释就社会调查主体界定有些微差异，但这并没有影响各地公检法司及其委托机构甚至是辩护律师在不同诉讼阶段根据需要都可进行社会调查。有时因为害怕落单，相关部门无不使出浑身解数，力倡或力图参与社会调查。但更多时候，社会调查则在不同部门之间的相互推诿中无功而返，相关法律条文在很多地方常常形同虚设。

就调查对象而言，社会调查通常需要对未成年人本人、未成年人所在家庭尤其是父母或监护人、未成年人所在学校或职场、未成年人所在社区及未成年人罪错案件被害人等不同群体进行全面调查。如据美国《怀俄明州少年司法法》（Wyoming Juvenile Justice Act）规定，社会调查对象包括未成年人父母或监护人；未成年人所在学区代表；缓刑部门代表；精神病理医生、心理医生或心理卫生专业人士；地区检察官或其代表、未成年人辩护律师或法庭指定之临时监护人、志愿者及养父母。此外，调查对象还可延伸至未成年人本人及其近亲属、医疗卫生部门代表以及其他具有专业知识或技能的人士。② 相比之下，国内许多社会调查之对象范围较狭窄，并未触及到遭遇未成年人犯罪之害的被害人及其家属；或虽有涉及，但对其重视度远不如对未成年犯罪人来得直接与关切。

从调查时机来说，少年法院的听审阶段通常可分为裁判听审（adjudicatory hearing）及安置听审（disposition hearing）两阶段。问题少年到庭接受聆讯的首要程序便是裁判听审，以判断所控罪错是否成立。一旦涉案少年对指控供认不讳或裁判听审确认相关指控成立，对其安置听审随即启动，以确定何种安置方式对未成年人自新与矫正最为有效。一般而言，只有在法官于

---

① Alarid, Leanne F. and Rolando V. del Carmen. (2011). Community-Based Corrections (8th edition). Belmont, CA: Wadsworth/Thomson Learning, pp. 52~53.

② Wyoming Juvenile Justice Act, §14-6-227.

裁判听审阶段确认涉案少年有罪错事由存在后，社会调查才会随即开展。换言之，类似我国可贯穿于刑事诉讼始终的侦查、审查起诉及审判前的多阶段社会调查，于其他法域少年司法中却可能并不多见。

从方式及程序上来说，承担社会调查的缓刑官或其他法院指定人员大体上需要经过这样的流程：首先是查寻与涉案少年及家庭有关的所有现存信息，紧接着对这些信息去伪存真，之后整合相关数据及资料，在此基础上形成客观性分析报告并提交至法院。[①] 愈来愈多的州在进行社会调查和制作社会调查报告时，益发强调对未成年人人身危险性及归责性的评估。在制作社会调查报告之前，绝大多数州都要求缓刑官进行必要的风险评估与需求评估，以确保相应建议具有现实可操作性。

最后观之必要性，社会调查报告对于未成年人案件亦非一概适用，并非所有的少年法院都会要求提交该报告。如在美国北卡罗来纳州，一旦法院以书面形式确认社会调查毫无必要，其可在无社会调查报告提交情形下进行安置听审。[②] 而对于那些须移送回刑事（成人）司法的未成年暴力犯罪人而言，其在刑事法院将面对类似的"刑前报告"。在美国，刑前调查于许多州仅仅被用来确认是否存在减轻情节或加重情节，甚至在有些州甚至根本不再作为法定要求。

罗曼·罗兰（Romain Rolland）有云，"与其花时间精力去凿许多浅井，还不如花相当多的时间和精力去凿一口深井"。不为已甚，目前未成年人刑事案件或宜由司法行政部门于法院确定未成年涉案人罪名成立后进行调查，并形成书面报告向法院提交，以作为后者量刑参考之依据。在此基础之上，由司法行政部门在警方向检方提交报捕材料一并附上社会调查报告，以便后者结合考虑作为逮捕或起诉参考依据的做法，或有可能成为对国际少年司法理论与实务的中国化贡献，亦未可知。

如是，则未成年人刑事案件社会调查方能"用一之道，以名为首，名正物定"。

---

① Tennessee Department of Children's Services. （2010）. Predisposition Investigation and Report Manual. Nashville, TN: Tennessee Department of Children's Services, p. 3.

② North Carolina General Statutes and Codes, § 7B - 808 （a）.

从刑事诉讼法的革新
看未成年人刑事司法制度的完善

赵国玲[*]　徐　然^{**}

2012 年刑事诉讼法以专章的形式规定了"未成年人刑事案件诉讼程序"，一定程度上较为系统地回应了理论和实务对未成年人利益保护的呼吁，为未成年人司法法典化找到了切入口。尽管如此，由于一方面刑事诉讼法的修改并不是高屋建瓴的未成年人司法顶层设计，一些积习已久的实践问题依然无力解决，另一方面则是刑事诉讼法粗疏的规定，使得新设制度在理解适用上存在偏差，其实际效果仍需考察，因而存在重新检讨的必要。

一、非监禁刑适用

各国普遍对未成年犯广泛适用非监禁刑，以避免监禁刑对未成年人成长产生不良影响，也区别于以监禁刑适用为典型的成人刑法，而我国则与之存在一定的差距。从各地情况来看，未成年犯适用非监禁刑比例相差悬殊，高的能达到 50% 多，低的仅为 20% 左右。① 尽管《量刑指导意见》将未成年犯作为常见量刑情节，比照基准刑按比例从宽处罚，但以湖南省为例，五个试点法院的非监禁刑适用率有升有降，轻缓的实际效果并不明显。②

笔者认为，非监禁刑适用率较低的原因有三重：宏观层面上，未成年人利益优先的理念未在立法和实务中普及，未成年人刑事案件同样适用于成人刑法，因而以实刑和重刑为主导刑罚适用就在所难免。因此，有必要系统地

---

　　* 北京大学法学院教授，博士生导师，主要研究刑事法学、犯罪学。
　　** 北京大学法学院博士研究生。

　　① 林蕾：《未成年人犯罪非监禁刑适用及执行问题的思考》，载《山东少年审判》2013 年第 1 期；张元真等：《未成年罪犯非监禁刑适用问题研究》，载《预防青少年犯罪研究》2013 年第 4 期。
　　② 钟玺波：《公正与功利价值冲突的司法选择——论未成年人犯罪刑罚适用之正当程序的路径尝试》，载《预防青少年犯罪研究》2013 年第 5 期。

设计区别成人司法制度的少年司法制度，强调教育感化而非刑罚惩罚。中观层面上，我国的非监禁刑措施有缓刑、管制、罚金等，但只有缓刑是主要的适用措施。因此，一方面应当扩大各类非监禁刑罚的适用，另一方面也应在立法上增加非监禁刑处置措施以及扩大法院在量刑方面的裁量权。微观层面上，由于检察机关具有附条件不起诉的决定权，因而移送至法院的多是严重复杂或者不具备家庭或社区看管条件的案件，从而影响到非监禁刑的适用率。因此，可以通过完善社区矫正程序，以及成立未成年人保护观察机构等来应对非本地未成年犯的社会内处遇的问题。同时，由于司法救助制度尚未完善，未能获得合理赔偿的被害人往往诉求重刑，法院可能会选择从社会效果出发，减少非监禁刑措施的适用。因此，有必要大力推广司法救助，保障被害人合法权利得到实现，从而从侧面促进刑罚的轻缓化。

二、社会调查制度

刑事诉讼法第二百六十八条是对社会调查的规定，但该条只是明确了社会调查的主体——公安司法机关，以及社会调查的大致内容，而对于调查程序的启动和主导，调查的对象和内容、调查报告的性质和认定，则付之阙如。

首先是调查程序的启动和主导。尽管从形式上看刑事诉讼法赋予了公安司法机关社会调查的权力，但一方面由于公安司法机关面临着案多人少的困境，社会调查任务无疑加重其负担，另一方面多机关均可以主导程序，在导致重复调查的同时，也会出现调查报告之间互相矛盾的情况，从而影响调查报告的认定。我们认为，可以将社会调查的权力区分为启动权和主导权，其中公安司法机关有权启动调查程序，以及时分流案件，而司法行政机关则负责社会调查，既可减少办案机关的压力，又可保证调查报告的中立客观。

其次是调查的对象和内容。现实中，一方面由于"调查材料数量和材料反映的行为事实较少，导致调查内容简单空泛"，[①] 另一方面调查的范围集中在被告人的亲友，造成了社会调查报告的失真，甚至是虚假。[②] 笔者认为，社会调查报告是对未成年人的总体性评价，为了保证其作为司法机关量刑的判断材料，应当从未成年人生活成长背景、个人社会评价、导致犯罪的

---

① 王国栋：《未成年人刑事案件社会调查制度在司法实践中的问题与完善》，载《中国检察官》2014年第1期。
② 张玉英：《广饶县人民法院关于未成年被告人社会调查工作的调研报告》，载《山东少年审判》2013年第1期。

原因以及家庭监管条件等方面统一细化调查内容。同时，结合走访面谈、会见座谈、电话访谈等多种形式，对与未成年人有关的家庭亲属、学校师生、社区居委会和派出所等多方面对象进行调查。

再次是调查报告的性质和认定。刑事诉讼法并未明确调查报告的性质，因而其是否属于证据以及认定的标准都存在疑问。笔者认为，未成年人社会调查报告对法院刑罚选择和具体量刑都有重要作用，属于"可以用于证明案件事实的材料"，因而可以作为证据。而对调查报告的认定，则主要是指对其证据资格的审查判断，可以分为程序审查和实体审查两个部分。

三、合适成年人参与制度

合适成年人参与制度的确立，是我国对未成年人刑事诉讼权利保障的又一大进步。然而该制度在运行过程中存在以下问题：其一，由于刑事诉讼法第二百七十条赋予办案机关相对弹性的通知义务，从而导致办案机关为追求效率，在法定代理人的通知方面不到位，出现"合适成年人参与多，法定代理人参与少"[①] 的情形。当然，法定代理人不愿参与的案件也比较多。其二，合适成年人缺乏参与的独立性和连贯性，其参与讯问多是在办案机关指导下进行，且各阶段的参与人多不相同。其三，合适成年人参与流于形式，这一方面是因某些合适成年人对未成年人及其所犯案件缺乏了解，另一方面也在于法律并未明确参与人的权利和义务。

笔者认为，应从五方面改进该制度：其一，应当明确通知的顺位，法定代理人优先于未成年人其他成年亲属，学校、社区基层代表优于未成年人保护组织。除非先顺位具有法定事由，否则不能直接通知后顺位人参与到诉讼中来。其二，严格不参与的法定事由，增加法定代理人参与的义务。除非法定代理人是同案共犯或患有严重疾病等，否则接通知后均应到场参与。其三，合适成年人应当满足熟悉未成年人、具备一定法律知识和品质、责任感等方面的要求，且不应与办案机关存在雇佣和选任关系。其四，明确合适成年人的权利和义务，权利主要包括安全保障权、案件知情权、到场监督权、建议异议权等，而义务则主要是保护未成年人权益、不干扰合法办案、保守案情秘密等。其五，明确办案机关不仅要尽通知义务，而且应当及时与参与人沟通，协助其了解案情并告知其权利。

---

① 缘杰：《从合适成年人参与看未成年人权利保护的完善》，载《预防青少年犯罪研究》2013年第 5 期。

四、犯罪记录封存制度

根据刑事诉讼法第二百七十五条，对于犯罪时未满十八周岁且被判处五年有期徒刑以下刑罚的犯罪记录应予以封存。除司法机关为办案需要或有关单位根据国家规定可以查询外，不得向任何单位和个人提供。需要看到的是，刑事诉讼法的规定过于原则，对于犯罪记录封存的主体，"办案需要"、"有关单位"和"国家规定"的范围，以及犯罪记录泄露的救济等都未明确，以至于缺乏实践操作性。①

首先，犯罪记录封存的主体。有观点认为根据国际通例和实质裁判权范畴，法院应当成为封存犯罪记录的主体。② 然而现实中，侦查机关、检察机关和刑事执行机关都会保存相关的案件材料，因此，我们认为侦查机关、检察机关、审判机关和执行机关均为犯罪记录封存的主体，并负有保密义务。当然，作出犯罪记录封存决定的主体应当是法院（决定免于起诉记录封存的主体是检察院）。

其次，应当对可以查询犯罪记录的主体加以明确限制。其一，"办案需要"应当界定为需要利用已封存的犯罪记录中的案件线索，去侦查犯罪人遗漏罪行或者与此相关的他人罪行。其二，"有关单位"至少不应该包括犯罪人就业或入伍的单位，因为刑法第一百条第二款免除了犯罪时不满十八周岁被判处五年有期徒刑以下刑罚的人在入伍、就业时的报告义务。其三，"国家规定"应当与刑法第九十六条一致，即限于"全国人大及其常委会制定的法律和决定，国务院制定的行政法规、规定的行政措施、发布的决定和命令"，上述规定中与未成年人犯罪记录封存制度相抵触的应予以修改。

再次，应当为犯罪记录的泄露设定相应的救济程序。犯罪记录封存制度的目标在于鼓励未成年人改过自新，更好地复归社会。若有关机关和个人泄露了未成年人的犯罪记录，将增加其就业、生活的困难，有难以被社会接受之虞。因此，只有通过相应救济措施，才能巩固和保障犯罪记录封存的立法原意和制度实效。救济措施可以是民事的，例如侵权之诉，也可以是行政的，例如国家赔偿、内部处分等等。

---

① 事实上，《最高人民法院关于适用〈中华人民共和国刑事诉讼法〉的解释》和公安部《办理刑事案件程序规定》都只是照搬了刑事诉讼法有关封存的规定，而最高人民检察院《人民检察院刑事诉讼规则》则较为详细地提出了记录保管和查询的程序。

② 青岛市中级人民法院课题组：《未成年人轻罪犯罪记录封存程序的构建》，载《山东审判》2011 年第 2 期。

五、案件分流机制

刑事诉讼法第二百七十一条至二百七十三条规定了附条件不起诉的决定、考察和撤销，这实际上是我国起诉法定主义原则在未成年案件中的例外，在特定情形下赋予了检察官起诉裁量权，从而有效实现未成年人刑事案件的分流转处。同时，根据全国人大常委会 2014 年 4 月的立法解释，这种转处分流排除了刑事诉讼法第一百七十六条赋予被害人的起诉权利，不同意附条件不起诉决定的被害人只能向上一级人民检察院申诉。

然而就未成年人案件的分流机制的完善而言，仅仅于起诉阶段设置附条件不起诉程序是远远不够的。我国当下的未成年人案件分流属于刑事司法系统向非刑事司法系统单方向转处模式，即便如此，依然可有多种途径在刑事诉讼的各阶段进行分流，既可赋予公安机关在侦查阶段的分流裁量权，又可以在审判阶段赋予法院设置考验期从而暂缓判决的权力。从长远来看，我国也可建立以家事法院为转处核心的分流机制，使不同涉法少年都能得到相应的保护。

六、结语

总的来说，刑事诉讼法的修订推动了我国未成年人司法制度的完善，然而这只是万里长征的第一步。小幅度地增设未成年人刑事案件诉讼程序专章，的确对理论和实务中亟待解决的问题作出了原则性规定，但正因为规定的原则性，产生了一些适用上的难题。同时，由于这种小修小补往往缺乏整体性和宏观性，因而使得未成年人司法制度缺乏顶层设计。我们认为，当时机成熟时，应当进行未成年人司法制度的统一立法，确立区别于惩罚理念的未成年人利益优先理念，跳脱刑罚中心主义的思路。同时，改变当下从刑事司法向非刑事司法领域分流的模式，在刑事和非刑事之间设立过渡地带——家事法庭，即建立起家事法庭向少年法庭分流的模式，强化家事法庭的儿童福利机能，尽最大可能实现未成年人案件非刑法化。[①]

---

① 赵国玲、徐然：《我国未成年人审判制度改革之检讨》，载《预防青少年犯罪研究》2012年第 1 期。

重建未成年人的避风港

——监护失当未成年人监护权转移制度研究

吴 星* 曾雪梅**

引 言

近几年，中国社会中未成年人因监护失当遭受侵害的事件接连见诸报端，引发社会各方广泛关注。如何对监护失当的未成年人给予司法保护，既是当前司法实践的一个热点与难点问题，也是事关我国未成年人健康成长、关系国家长治久安的重大问题。现行法律在监护失当的未成年人保护方面，尤其在其监护权的转移方面，立法笼统，内容空洞，没有可操作性，由此导致大量本应受到司法关怀的未成年人始终游离在司法保护之外，监护制度渐成司法盲区。虽然各地也进行了一些尝试，学界也进行了大量的探讨，但是迄今为止此类案件的司法程序、司法标准等一系列相关法律文件尚未面世。[①] 总体来说，未成年人司法领域对未成年人的"特殊保护"原则和"教育为主、惩罚为辅"的原则等核心原则，在监护制度中尚未得到很好的落实。

然而，现实也并非完全无可作为。2013 年，《最高人民法院、最高人民检察院、公安部、司法部关于依法惩治性侵害未成年人犯罪的意见》再次提出了撤销监护权的问题。随着我国监护制度公法化步伐的前进，加之社会对监护失当未成年人关注度的逐步提升，未成年人监护权转移制度获得了一个前所未有的发展契机。

---

* 华东政法大学法学硕士。现任福建省三明市中级人民法院司法与行政装备管理处副处长。

** 厦门大学法学院在职研究生，福建省三明市中级人民法院少年庭助理审判员。

① 据笔者了解，最高人民法院已经就未成年人监护权转移问题开始了意见征集，但正式成文仍需复杂的法律程序。

一、混乱与困境：我国监护失当未成年人保护工作检视

监护失当是指由于监护人未依法履行监护职责或滥用监护职责，致使未成年人合法权益受到或可能受到侵害的状态。当前我国监护人对未成年人的监护质量不容乐观，第三人或者监护人本人侵害未成年人合法权益的事件时有发生。而我国对监护失当未成年人的立法与司法保护在残酷的现实面前却显得苍白无力。

（一）血泪：监护失当的残酷现实

事例一：监护人犯罪。2014 年"六一"国际儿童节前夕，最高人民法院公布了五起依法惩治侵犯儿童权益犯罪典型案：被告人陈孔佺因多次向前妻催讨欠款未果，心生不满，将亲生女儿（时年 5 岁）手脚拎起，头部朝下，连续往柏油路面撞击数下以威胁前妻，致女儿重伤；被告人乐燕将两幼女（时年 2 岁和 1 岁）置于住所内，留下少量食物、饮水，并将房门紧锁，后离家不归，致两幼女饿死家中；被告人廖某某未婚产后弃子，最终致亲生婴儿死亡；被告人王玉贵在与其未成年继女张某生活的四五年时间里，多次对张某实施打骂、用铅笔扎、用筷子捅、用吹风机烫等虐待行为，致张某轻伤；被告人林全水，因怀疑女儿（时年 6 岁）不是自己亲生的，用开水浇淋女儿的身体，致女儿重伤、四级伤残。① 以上五起令人发指的侵犯儿童权益犯罪具有一个共同的特点，即侵权人均为被害儿童的父母（包括继父母）。

事例二：家庭暴力。北京青少年法律援助与研究中心于 2012 年公布了《未成年人遭受家庭暴力案件调查分析与研究报告》，该中心对 2008 年 1 月至 2012 年 6 月期间，媒体报道的 429 件未成年人遭受家庭暴力案件进行了追踪与调研。报告显示，429 个案件中 85.31% 的案件是父母施暴，其中亲生父母施暴占 75.52%，继父母或养父母施暴的占 9.79%。造成的后果中，未成年人身体受到伤害的案件 83 件，占 19.35%；身体、心理受到严重伤害的 31 件，占 7.23%；未成年人死亡的 223 件，占 51.98%；未成年人被卖给他人收养或贩卖的 46 件，占 10.72%；未成年人被遗弃的案件 47 件，占 10.96%。②

---

① 载 http://rmfyb.chinacourt.org/paper/html/2014 - 05/29/content82611.htm，于 2014 年 6 月 4 日访问。

② http://www.chinachild.org/b/yj/4227.html，于 2014 年 6 月 5 日访问。

事例三：遗弃孤残儿童。2013年1月，河南兰考一家居民楼中的一把火，烧出了一个"袁厉害"。她长期收养流浪儿童和弃婴，从1987年起收养弃婴超过百名，医院、公安局、民政局等部门也不断地往袁厉害处送弃婴，2011年曾有记者目睹过袁厉害办理送养手续的过程，一路绿灯办完手续只需要两三个小时。其收养的孩子中，大多数是患有先天疾病的孤残儿童。还有河北的"爱心妈妈"王小芬、山西的杨云仙等等，在全国大约每年有10万名儿童被遗弃的事实面前，"草根慈善"何去何从的问题正在拷问中国良心。

以上案例和数据令人触目惊心，然而这仅仅是被媒体曝光的其中部分案件，在大量的黑数背后，是无数未成年人痛苦的泪水和渴望的眼神。未成年人是国家和民族的未来与希望，如何为他们的健康成长提供一个良好的环境，使他们远离暴力、远离伤害，这是我们国家亟需解决的问题。

（二）空白：监护权转移制度的立法与司法现状

从法律的层面，监护制度是解决上述问题的重要法律制度。一个良好的监护制度能够为未成年人甄别适格的监护人，及时纠正监护失当的问题，为每一个未成年人提供最低限度的生存和发展保障。然而，当前我国监护权转移制度的现状仍然不容乐观。立法层面考察，有关监护权转移制度的立法近乎空白。[①]

我国古代，由于宗法思想严重，家长制极为发达，家族中的未成年人因受家长的管理，而无需设置专职监护人。因此，我国古代并没有形成一定的监护制度。直至清末，清政府仿照西方国家立法，引进了监护制度，但并未得到很好的发展。1986年的《民法通则》第十六条对未成年人监护人的范

---

① 笔者在"中国审判法律应用支持系统"（网络版，更新时间2014年4月11日）中检索包含"撤销监护权"的法律法规现行有效的只有5个，或者确切地说，现行有效的条文只有5个，分别是：《民法通则》第十八条、《民事案件案由规定》第三百八十七项、《关于依法惩治性侵害未成年人犯罪的意见》第三十三条、《关于取得内地法律职业资格并获得内地律师执业证书的港澳居民可在内地人民法院代理的涉港澳民事案件范围的公告》第208项和《关于加强孤儿救助工作的意见》第二条第（一）项。

围进行了具体的规定①，并在第十八条对撤销监护权进行了原则性的规定："……监护人不履行监护职责或者侵害被监护人的合法权益的，应当承担责任；给被监护人造成财产损失的，应当赔偿损失。人民法院可以根据有关人员或者有关单位的申请，撤销监护人的资格。"在此基础之上，《最高人民法院关于贯彻执行〈中华人民共和国民法通则〉若干问题的意见（试行）》第21条、《中华人民共和国未成年人保护法》第五十三条、《关于加强孤儿救助工作的意见》第二条第（一）项、《关于依法惩治性侵害未成年人犯罪的意见》第33条均做了几乎相同的规定，《民事案件案由规定》第十部分"适用特殊程序案件案由"第三百八十七项和《关于取得内地法律职业资格并获得内地律师执业证书的港澳居民可在内地人民法院代理的涉港澳民事案件范围的公告》第208项中规定了"申请撤销监护人资格"的案由。

即便在现有屈指可数的立法规定中，存在的缺陷也是显而易见的。

第一，诉讼主体模糊。在《关于依法惩治性侵害未成年人犯罪的意见》出台之前，已有的规定均表述为"人民法院可以根据有关人员或者有关单位的申请，撤销监护人的资格"，也就是说，从法条分析上看，提起监护权撤销之诉的主体是"有关人员或者有关单位"。《关于依法惩治性侵害未成年人犯罪的意见》第33条略做改进，将诉讼主体规定为"其他具有监护资格的人员、民政部门等有关单位和组织"，套用了《民法通则》第十六条的规定，增加了民政部门作为主体，但仍没有最终明确"有关单位"的具体范围，更没有对各个顺位的主体是否合适进行具体甄别。

第二，适用范围不清。《民法通则》第十八条规定的"监护人不履行监护职责或者侵害被监护人的合法权益"较为宽泛，究竟不履行哪些监护职责、侵害到什么具体程度才能启动监护权撤销程序没有具体规定，不利于司法认定。而《最高人民法院关于贯彻执行〈中华人民共和国民法通则〉若干问题的意见（试行）》第21条规定的"未与该子女共同生活的一方，对该子女有犯罪行为、虐待行为或者对该子女明显不利的"和《关于依法惩治性侵害未成年人犯罪的意见》第33条规定的"未成年人受到监护人性侵

---

① 《民法通则》第十六条规定："未成年人的父母是未成年人的监护人。未成年人的父母已经死亡或者没有监护能力的，由下列人员中有监护能力的人担任监护人：（一）祖父母、外祖父母；（二）兄、姐；（三）关系密切的其他亲属、朋友愿意承担监护责任，经未成年人的父、母的所在单位或者未成年人住所地的居民委员会、村民委员会同意的。对担任监护人有争议的，由未成年人的父、母的所在单位或者未成年人住所地的居民委员会、村民委员会在近亲属中指定。对指定不服提起诉讼的，由人民法院裁决。没有第一款、第二款规定的监护人的，由未成年人的父、母的所在单位或者未成年人住所地的居民委员会、村民委员会或者民政部门担任监护人。"

害"，这两条规定又相对具体，无法包含撤销监护权程序的所有适用范围。

第三，诉讼程序不明。根据《民事案件案由规定》第十部分"适用特殊程序案件案由"中"第三十五、监护权特别程序案件"的规定，申请确定、变更监护人和申请撤销监护人资格的案件，应当适用"特殊程序"或"特别程序"来审理。然而民事诉讼法并没有"监护权特别程序"的相关规定，民事诉讼法第十五章"特别程序"第一百七十七条人民的兜底条款"本章没有规定的，适用本法和其他法律的有关规定"也指向不明。

第四，配套措施缺失。监护权的撤销或者转移诉讼并非最终的目的，将未成年人交到合适的监护人手中，将风雨飘摇的小船带入避风港，这才是制度设计的最终目的。然而，在人民法院根据"有关人员或者有关单位"的申请撤销了监护失当未成年人的监护资格之后，或申请另行指定监护人之后，"有关人员或者有关单位"却选择了"集体回避"，人民法院可以在哪些范围内另行指定监护人、如何评估指定监护的效果、是否可能恢复原有的监护权等等，没有任何的法律予以规定。

司法层面考察的结果更加显而易见，由于立法的不可操作性，导致了司法上的空洞状态。我国在法律上确立强制剥夺儿童监护权制度已经20年，但至今全国没有一例剥夺监护权案件进入司法程序，被称为"僵尸"法条。[①] 从北京青少年法律援助与研究中心2012年公布的《未成年人遭受家庭暴力案件调查分析与研究报告》来看，竟然没有一个案件的处理结果中包含了撤销监护权。这其中可能有传统文化、人伦纲常等因素的影响，但更重要的是制度规定的原因。随着我国社会主义法治国家建设的逐步发展，工业化、城镇化和现代化的逐步推进，随着大量"留守儿童"、"孤残儿童"等问题的出现，为了未成年人的最大利益，为了我们国家的未来和希望，监护权转移制度改革亟待破冰。

二、反思与探寻：未成年人监护权转移制度改革的价值定位

（一）价值导向："儿童最大利益"原则

儿童最大利益原则，是近年来国际人权公约和相关国家立法确立的一项旨在增进儿童保护的首要原则。这一原则是从17世纪开始，在启蒙运动的

---

① 《民政部：将开展未成年人监护权转移个案实践工作》，http://money.163.com/14/0622/17/9VC2QOK600254T15.html，浏览时间：2014年6月22日。

推动下，逐渐随着资本主义的勃兴和"童年"（childhood）观念①的发展而确立起来的。儿童最大利益原则，意味着国家机关和社会各界在处理一切亲子关系或社会关系中涉及儿童利益的问题时，应当给予儿童首要的优先考虑。②大陆法系的亲权制度经历了从"家族本位"到"亲本位"、再到"子本位"的变化过程，③ 在这个过程中，未成年子女个人利益逐渐被强化。而由于未成年人没有独立的经济地位，心智水平、行为能力亦有欠缺，必须辅之以监护人的良好照顾才能将被强化的利益落到实处。这就决定监护立法必须以儿童最大利益为价值导向，以确保未成年人的人身、财产及其他合法权益得到充分保障。在监护人不履行监护职责，或滥用监护权而使未成年人的合法权益受到或者可能受到侵害的情况下，转移监护权可以为未成年人提供及时、有效的救助，从而避免更大伤害。

（二）制度选择：国家亲权之下的国家监护优于个人监护

监护制度是指依照法律规定，对特定自然人的人身权益和财产权益进行监督和保护的法律制度。④ 这种在宗族制和家长制基础上产生的制度，在进入到现代社会以后，逐步呈现出"公法化"的趋势，⑤ 从"父母亲权"脱

---

① 施慧玲：《家庭法律福利国家——现代亲属身份法论文集》，台湾元照出版公司 2001 年版，第 303～304 页。

② 王新新：《论亲子法中的儿童最大利益原则》，载陈苇主编：《家事法研究》（2009 年卷），群众出版社，第 482 页。

③ 监护在大陆法系和英美法系有着不同的概念。在大陆法系，监护制度与亲权制度并列，对有亲权保护的未成年人不设监护人。在英美法系，则亲权与监护不分，采取统一的监护制度。我国没有专门的亲权制度，而是统一设立监护制度。

所谓"家族本位"就是家族最大利益，子女无人格，被视为家父的财产，家父享有绝对的权威；"亲本位"乃是父母最大利益，子女享有独立人格，但是父母与子女间的权利义务不平等，子女在成年或亲权未解除前均处于父母权力之下；"子本位"乃是儿童最大利益，强调父母对子女的抚养、教育和照顾义务。见高伟：《未成年人监护制度之公法化变革趋势》，载陈苇主编：《家事法研究》（2009 年卷），群众出版社，第 311 页。

④ 杨大文主编：《亲属法与继承法》，法律出版社 2013 年版，第 216 页。

⑤ 第一阶段，为了家族利益而设立的代行家长权、具有家长辅佐人、代表人性质的一项民事制度；第二阶段，随着宗族制和家长制的逐步瓦解，亲权与夫权逐渐独立于家长权之外。对不在亲权之下的未成年人及不在夫权之下的妻子开始设置监护人；第三阶段，随着资产阶级革命胜利和近代工业化的发展，近现代意义上的监护制度逐渐产生，监护"社会公职"性质逐步明显，未成年人的地位有所提高，男女不平等状况也在逐渐改变；第四阶段，监护制度进一步现代化，大量二战遗孤对推动监护制度向保护儿童和妇女权益方向的前进，自 20 世纪以来，随着"儿童利益最大化"原则的逐步形成，未成年人的利益越来越受到重视，西方许多国家纷纷修订未成年人监护制度，监护制度逐渐走向公法化。见杨大文主编：《亲属法与继承法》，法律出版社 2013 年版，第 216 页。

胎而来的"国家亲权"① 逐渐占据主导地位，认为国家居于未成年人最终监护人的地位，负有保护未成年人的职责，并应当积极行使这一职责，强调国家亲权高于父母的亲权，即便未成年人的父母健在，但是如果其缺乏保护子女的能力以及不履行或者不适当履行监护其子女职责的时候，国家可以超越父母的亲权而对未成年人进行强制性干预和保护，并主张国家在充任未成年人"父母"时，应当为了孩子的利益行事，② 即应以孩子的福利为本位。

监护制度的公法化也同样明确的以"国家亲权"为其基本理念，即"国家是少年儿童的最高监护人"、"国家如同少年的双亲一样，应为缺乏监管和缺乏寄托的少年谋福利，并应对他们尽一定的扶助义务"。③

而我国社会主义国家的属性，贯彻国家亲权的基本理念更是应有之义。社会主义国家注重保障公民的基本人权，注重保护每个公民的生存权和发展权，未成年人的生存权和发展权对于国家来说更加意义重大。对待监护失当未成年人，社会主义国家更应当注重对其进行政策的倾斜，替代原有监护人监护权的不足。

（三）域外借鉴：未成年人监护转移制度设置的主要内容

20世纪以来，以英国、法国、德国等为代表的西方国家修订未成年人监护转移制度，主要表现在界定公权力运行范围、为国家设定作为义务、设立正当法律程序、设定监督与责任机制、设定救济机制等。如英国1989年《儿童法》规定，如果地方当局注意到儿童处于特定危险中，地方当局必须

---

① "国家亲权"是指国家居于无法律能力者（如未成年人或者精神病人）的君主和监护人的地位。

国家亲权是从父母亲权中逐步脱胎而来的，这一过程大体经历了三个阶段：第一时期是绝对亲权时期。在这一时期，家庭事务完全由父母（主要是父亲）负责，父母对子女具有生杀予夺的大权，国家并不予以干预。第二时期是国家亲权辅助父母亲权时期。在这一时期，父母仍然享有对子女的管教权力，但这种绝对的亲权开始受到限制。在父母与国家的关系上，父母亲权居于主导地位，国家亲权只是居于辅助地位。这一时期，虽然已经在一定程度上开始强调对子女的保护，但仍是以父母为本位的，其价值取向仍在于维护父母对子女的权威和控制。第三时期是国家亲权超越父母亲权时期。这一时期，国家亲权获得了对父母亲权的超越性地位，被认为是未成年人的最终监护人，负有保护未成年人的重要职责，在特定情况下可以限制和剥夺父母亲权。这一时期亲权与国家亲权的关系已经转移到子女本位，在父母不能或者不宜行使对子女监护职责时，则由国家代为行使父母的这种监护职责。

转引自姚建龙：《国家亲权理论与少年司法——以美国少年司法为中心的研究》，载《法学杂志》2008年第3期。

② Joseph J. Senna and Larry J. Siege, Introduction to criminal Justice, West Publishing Company, 1996, p. 707. 转引自姚建龙：《国家亲权理论与少年司法——以美国少年司法为中心的研究》，载《法学杂志》2008年第3期。

③ 甘雨沛、何鹏：《外国刑法学（上册）》，北京大学出版社1984版，第577页。

根据《儿童法》第四部分提起诉讼申请照管令和监督令进行干预;①《法国民法典》第 377 条规定:"……如父母明显对该儿童漠不关心、完全不管,或者父母不可能行使亲权之全部或一部时,已经接纳儿童的个人、机构或者省援助儿童社会部门,也可以向法官提出申请,以决定转移亲权之全部或一部"②《德国民法典》第 1666 条第(1)项规定:"滥用亲权,因对子女怠责,因父母非过失地不起作用或因第三人的行为,致使子女肉体上的、精神上的或心灵上的利益受到危害的,在父母不愿意或没有能力免除危险时,家事法庭应采取为免除危险而有必要采取的措施。……只有在其他措施无效时,或在其不足以免除危险时,才可以完全剥夺人身亲权。"③

三、重构与出路:监护权转移制度的构建

当前,在已有制度框架之下,在现行的社会基础上,如何借用先进的少年司法理念和制度成果,最大限度地发挥现有法律制度的正能量,构建未成年人监护转移制度的基本框架,促进未成年人司法保护能力的提升,是现实的方向与出路。

(一)基本框架

1. 监护转移制度的核心:"提升监护能力"

监护权转移制度应当是一个系统工程。从其字面上看,"转移"似乎是整个制度的中心,但是实际上,"转移"仅仅只是制度的一个重要环节,"监护"才是整个制度的核心。整个制度的设计,应当紧紧围绕着"提升监护能力"这个核心问题,而不能单纯为了转移而转移,否则就会陷入一出现监护失当就进入监护转移程序的怪圈,使得大量的未成年人离开亲人的怀抱,有可能违背了儿童利益最大化的初衷,也会增加制度设计的经济成本。

2. 现实考虑:主要依托亲权的制度设计

制度设计离不开现实的土壤。当前我国现行监护制度是广义的监护,仍然包含了亲权的内容,从尊重法律的历史沿革的角度,制度的改革也应当循序渐进。同时,在监护转移制度的草创阶段,各方面准备条件尚不充足、国家亲权原则还在起步阶段之时,现阶段仍应依托和围绕原有的亲权体系进行

① 高伟:《未成年人监护制度之公法化变革趋势》,载陈苇主编:《家事法研究》(2009 年卷),群众出版社,第 318 页。
② 罗结珍译:《法国民法典》,法律出版社 2005 年版,第 370 页。
③ 杜林景、卢堪等译:《德国民法典》,中国政法大学出版社 1999 年版,第 387 页。

制度设计，以家庭监护、原监护人监护为主要方式。因而，在制度设计中，监护权转移的诉讼主体范围仍以《民法通则》第十六条规定的其他有监护资格的人或单位为主，其他社会组织为辅；在监护制度的三个阶段，均允许该阶段的职权部门决定，将其认为仍然符合监护条件的人继续保留监护权；即使是在监护人丧失了监护权之后，也仍然能够通过转移之诉重新获得监护权。

3. 基本流程：监护转移制度的"三段式"模式（见图 1）

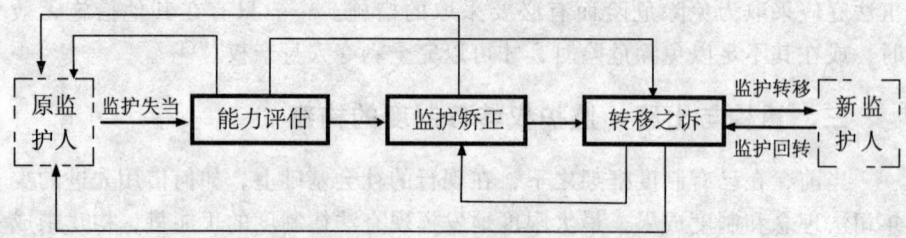

图 1　"三段式"监护转移制度基本流程

一是能力评估，即在职权部门在发现监护人可能存在监护失当的情形时，对监护人的监护能力进行评估。经过评估，如果认为不存在监护失当的情形，或者情形轻微不需要进行监护矫正的，则终止评估程序，并由监护人继续行使监护权。如果认为确有监护失当的情形，应当决定将监护人进行监护矫正。如果认为监护失当的情形较为严重，没有必要进行矫正，必须及时进行监护转移，职权部门也可以直接交由相关主体提起转移之诉。

二是监护矫正，即对于职权部门认为监护能力不足，但还没有必要直接进入转移之诉的监护人，进行针对性的监护能力矫正，帮助其提升监护水平，矫正监护中的瑕疵问题，对其客观的困难予以救助，弥补监护能力的不足。经过矫正之后，如果监护人已经能够恢复正常的监护能力，矫正机关应当将未成年人交由监护人继续监护，如果监护人仍然不能正常的履行监护职责，则矫正机关应当将监护人交由相关主体提起转移之诉。

三是转移之诉。监护人的确实存在比较严重的监护失当的情形的，人民法院可以根据有权主体的申请，通过转移之诉将监护权从原监护人变更到新监护人手中。新监护人通过转移之诉，可以获得短期的或者长期的监护权，原监护人的监护权同时被剥夺。当然，转移之诉也是可以回转的。当原监护人认为其恢复了监护能力，仍然可以通过转移之诉实现监护回转。

（二）配套制度

1. 配套原则：政府购买公共服务

首先要明确的是，国家亲权并不代表国家亲自行使亲权，国家监护也并不需要国家机关及其工作人员投入到具体的监护工作当中。在笔者设计的上述监护转移制度中，能力评估、监护矫正和安排新监护人等程序，都需要大量的政府工作。但这些工作如果完全由政府亲自承担，政府必然不堪重负。因此，笔者认为，以政府购买公共服务的形式，引导有能力、有爱心的社会力量进入到监护转移制度当中，建立起政府引导与社会参与相结合的工作机制，是配套工作的基本原则。要让政府部门主要负责政策制定、资金保障、技术支持、监管评估，而让专业社会组织、基层组织和志愿者等社会力量直接参与到监护失当未成年人家庭监护情况调查评估、监护教育指导、替代照料养育、帮扶转介、关爱保护等具体工作当中。

2. 配套机构：三类主要机构

根据制度设计的需要，配套机构主要包括三类：监护能力评估机构、监护能力矫正机构和监护失当未成年人收转机构。监护能力评估机构负责对监护失当未成年人的监护情况进行评估；监护能力矫正机构负责对原监护人的监护失当行为进行针对性的教育和矫正，并有权对其进行救助、资助，帮助其恢复正常的监护能力；监护失当未成年人收转机构负责接收监护失当家庭的未成年人，帮助其寻找合适的新监护人，并对新监护人的监护情况进行跟踪调查，同时还负责对监护回转的收转工作。

政府职权部门应当对这三类机构进行必要的资质评估、教育培训、监督管理。

3. 特别制度：必要而具有特色的独立制度

笔者认为，在监护权转移制度中，有一些特别制度值得分享与探讨，特简单罗列如下：

第一，共同监护。即原监护人转移部分监护权，由新监护人和原监护人共同承担监护责任。这样，在保证补偿原有监护权不足的前提下，也保持了未成年人生活状态的稳定性。

第二，监护权短期转移。对于长期无法正常履行监护权的监护人，如由于身体受到严重伤害、被判处长期徒刑等，确有必要将监护权长期或者永久转移到新监护人手中。而对于由于一般身体疾病、过失犯罪造成的短期徒刑或者短暂的生活拮据，造成暂时性的无法履行监护职责，但是今后仍有机会恢复监护能力，继续履行监护权的，可以对其未成年子女进行短期的监护权转移，待其原监护人恢复监护能力后，再交还原监护人继续履行监护权。

第三，附带转移之诉。当一些法定情形发生之时，如侵害对象为被监护人的刑事案件、认定未成年人的监护人为无民事行为能力人或监护人因吸毒被强制戒毒、因患精神病被强制医疗等，人民法院应当启动附带监护权转移之诉，通知有权主体向法院提出申请，将这部分未成年人迅速的置于有效监护之下。如果有权主体拒绝或者在法定期限内未向法院申请的，人民法院应依职权邀请民政部门等提出申请，并作出裁定将监护权进行转移。

第四，"吹哨人"制度。在现实生活中，未成年人监护失当的情形未必能即时为其他的可能监护人所知晓，相反，却有一些"不相关"的人员，如邻居、村居工作人员甚至过路人发现这些情形，热心的及时向有关机关报告。这些人就是"吹哨人"。吹哨人不能直接启动监护转移之诉，但可以启动监护权调查程序，有权机关应当根据吹哨人的报告，及时介入调查，并对具体情形进行甄别。

第五，慈善机构、个人作为监护人。慈善机构收留弃婴、孤残儿童的历史由来已久，历史上著名的唐玄奘就是由慈善机构收养的弃婴。至今，闽东、闽南一带佛教盛行的地区，寺庙收留弃养的儿童数量仍然不少。个人收留弃婴实际上也不在少数，前文所述的袁厉害、王小芬等"草根慈善家"在全国不在少数。当前国家正在整顿寺庙收养儿童等情形，对袁厉害等，政府对其态度也模棱两可。单纯从社会管理的角度，步调一致、整齐划一的管理模式自然是最清晰明了的，然而，当前国家福利仍然处于初级阶段，国家统一包办已经证明是不现实的做法，骤然要求全部采用同样的模式，而将现存的其他"草根慈善"宣布为不合法，将导致大量原本就失爱的孩子，刚刚找到一个可以依靠的小港湾，又再次回到风雨飘摇的状态。笔者的建议是，在政府能够建立起完善的、统一的、规范的新监护人养成和管理体系之前，有必要保持对现有"草根慈善"的现状，至少采取"默许"的方式，并对其进行必要的、适度的管理，作为当前阶段监护转移制度的必要补充。待今后有能力进行统一化管理时再开始进一步的改革。

(三) 司法程序

如前所述，根据《民事案件案由规定》的规定，申请撤销监护人资格案件的审判程序应当归入到特别程序当中，因而，其主体程序应当有别于普通民事案件审判程序。同时，究其性质，主要是对监护权行使能力的判断，也并不需要非常复杂的审判技术和举证能力，更类似于听证程序。所以，转移之诉从其性质上，不能完全的称之为"诉"。然而，转移之诉还是带有一定司法权的属性，至少其行使裁判权的主体是法院，且以法院主导为宜，部分转移之诉还依附于原有诉讼，因此，笔者仍保留了其"转移之诉"的名称。

1. 提请主体：是原监护人以外的其他监护人，或法律规定的有权部门，如共青团、妇联、工会等社会团体、未成年人救助保护中心或儿童福利机构或其他依法登记的未成年人维权组织。

2. 提请程序：提请主体或"吹哨人"发现监护失当行为，向人民法院提请或报告，人民法院依法启动程序，通知必要的诉讼参加人。

3. 听证程序：由人民法院主导，在必要的情况下，吸收有资质进行监护能力评估和矫正的人员共同参与，邀请必要的监督机构，在原监护人可以到庭时必须到庭（因伤、病、羁押等客观情形无法到庭时除外），人民法院在听取各方陈述和辩解后，在短时间内即行作出裁定。

结　语

与其说家庭是未成年人生活的港湾，不如说监护制度是未成年人人生的避风港。在社会主义法治已取得长足进步、社会财富积累越来越充足的今天，重建 20 年前《民法通则》已有规定但长期被闲置的监护权转移制度，具有很强的现实必要性和充足的客观可行性。笔者对监护失当未成年人监护权转移制度的初步分析与设计较为粗浅，贻笑大方之余，无非以此文略尽菲薄之力，试图呼吁社会仁人志士关注未成年人的切身利益。至于观点及措辞妥当与否，望各位读者多多批评指正。

【改革与探索】

"探望监督人"的创设实践与完善建议

黄 蓉 施 赟*

2013年初，上海市高级人民审委会通过《上海法院审理未成年人探望权纠纷案件的意见（试行）》，该意见第十二条确立了探望监督人制度，①体现了以未成年人权益保护为核心的司法理念，丰富了社会主义儿童福利制度的内涵及外延，解决了司法实践中长期存在的探望权履行障碍。根据该规定，普陀区人民法院在一起缠讼多年的疑难探望权纠纷中，依法设置社会探望监督人及亲属探望监督人，促使原、被告达成协议，被告配合探望，原告主动撤诉，从而将已激化的家庭、社会矛盾妥善化解，切实做到了案结事了。探望监督人制度在探望权纠纷案件中的运用，在全国尚属首例，国外亦无相关机制，是人民法院参与社会管理创新，整合各方资源，借助社会力量，化解案件矛盾纠纷，维护和保障未成年人合法权益的有益尝试，对丰富和发展具有中国特色、上海特点的少年司法制度注入了新鲜的经验。

一、创设探望监督人的必要性

（一）未成年人司法理念的体现

少年司法有一项独特的原则，即以未成年人权益保护为核心，我国签署

---

* 上海市普陀区人民法院少年庭。

① 《上海法院审理未成年人探望权纠纷案件的意见（试行）》第十二条"案件审理中，双方当事人可共同协商确认探望监督人，由其协助监督探望权的正当行使。人民法院可以在裁判文书中指定和写明如探望权行使过程中发生争议，双方当事人可与探望监督人联系。探望监督人可以由当事人的亲友担任，也可以由未成年人就读的幼儿园和学校、居（村）民委员会、妇联、青少年权益保护组织等单位的工作人员等担任。"

的《儿童权利公约》第三条第一款①对此有明确规定。因此，虽然在某些涉少案件如探望权纠纷中未成年子女并非当事人，但案件的处理结果与他们的权益休戚相关，法院绝不能简单遵从当事人主义而任由父母处分权利，有必要引入探望监督人作为第三方力量介入，在探望权履行中持续关注并保护未成年人，监督父母正确履行法定权利及义务，确保未成年人的身心健康。

（二）儿童福利制度的探索

当前，上海法院正与有关部门合作，积极探索建立符合国情市情的儿童福利制度。借鉴世界各国儿童福利制度经验，要真正实现儿童利益最大化，司法机关必须与政府（民政、教育、妇联、共青团等）、社会团体（包括社工、志愿者组织）等加强协作。当前创建的社会探望监督人队伍，就是引入社会力量协助法院化解探望权争议的有益探索，体现了儿童福利制度以社会力量为基础的理念。

（三）优化审判质效的需要

探望权纠纷一直是离婚后涉及未成年子女民事纠纷中审理难度最大的一类案件，原因在于该纠纷的成因异常复杂，往往与离异父母间多年的恩怨情仇交织在一起，还可能与抚养费、抚养关系甚至离婚后财产纠纷等未解决争议有关。法院作出调解或判决后，由于探望权的履行期限直至子女十八周岁止，期间双方对立冲突随时可能再次爆发，给未成年子女造成更大伤害。因此，探望权案件"调查难"、"调解难"、"执行难"的问题长期未解。创设探望监督人后，相关人员凭借当事人的信赖、地位的中立，协助法官积极开展事实调查、诉讼调解、判后执行等工作，节约了有限的司法资源，延伸了案件审判效果，真正实现案结事了。

二、探望监督人化解疑难探望权纠纷的成功实践

原告张某与被告郭某原系夫妻。因张在妊娠期间发现郭与异性有暧昧关系而产生矛盾。后张与郭婚生之女小郭 1 岁时被诊断患有运动发育迟缓，一级伤残，两人矛盾因此激化。

此后，张、郭二人先后向虹口法院起诉离婚，因张处于哺乳期等原因均

---

① 《儿童权利公约》第三条第一款："涉及儿童的一切行为，不论是由公立或私立社会福利机构、法院、行政当局或立法机构执行，均应以儿童的最大利益为一种首要考虑。"

未获支持。期间，郭还以张印制传单在居住小区和单位大量散发为由，向法院提起名誉权诉讼，因证据不足被驳回。

2012 年，郭再次向虹口法院起诉离婚，张同意离婚，法院判决女儿小郭由父亲郭某抚养，考虑到张、郭之间矛盾严重激化，未支持张的探望权请求。一审判决后，张以探望女儿是母亲的法定权利等为由提出上诉，二中院驳回上诉维持原判。

半年后，张再次向法院起诉要求探望，该案移送至普陀法院审理。

该案具有典型性，集中反映了司法实践中探望权纠纷中抽象法律规定与实际履行效果的矛盾。一方面，法律明确规定了不直接抚养子女一方有探望子女的权利，另一方有协助的义务，探望权人因此对法律权利的保护产生很强的正面预期。但是在实际履行中，由于离异父母间多年的积怨与隔阂，互相排斥，互不信任，在直接抚养子女一方拒不配合或者怠于协助的情况下，探望不仅难以顺利实现，还可能引发父母双方新的矛盾冲突，给子女造成更深的伤害。即使探望权人申请强制执行，基于未成年子女利益的考量，法院亦不能对被探望人采取人身强制，探望权人很可能仍无法见到子女，并因此产生法律难以执行的负面情绪。对法律权利的正面预期与履行效果的负面情绪之间的矛盾，使当事人对司法效果产生质疑，进而影响司法公信力。

因此，探望权案件绝不能机械的依照法律一判了之，必须从制度创新入手，引入探望监督人，构建确保探望权履行的沟通协调机制、矛盾化解机制、跟踪回访机制，为探望权的顺利履行提供法律保障与制度保障。

为妥善处理该案，法官根据审理中了解到的情况，选择被探望人居住地社工薛某某及在原、被告心目中均有较强威信的被告阿姨葛某某为探望监督人的候选人。

法官与社工（社会观护员兼探望监督人）一起至小郭住处上门走访，在与被告及家属深入沟通交流后，他们对法院的配合度、认可度大幅提升。对于探望中可能产生新的矛盾的顾虑，法官当即请被告阿姨葛某某表态，其承诺每次探望时都到场监督，及时化解矛盾争议，消除双方矛盾隐患，并与法官一起对被告及家属进行了有效的劝解。社工薛某某也告知被告家属，若结案后出现新的矛盾争议，可第一时间寻求她的帮助，她会利用植根社区、贴近群众的优势，确保矛盾争议第一时间化解。社会、亲属探望监督人的双重设置，彻底打消了原、被告及各自家属的顾虑。

2013 年 6 月，原、被告在普陀法院的主持下达成协议，原告每月第二周周日至女儿小郭住处进行探望，具体探望次数可随着原、被告关系的改善逐步增加。由法院建议，并经过原、被告一致认可的石泉街道阳光青少年社工薛某某、被告阿姨葛某某担任探望监督人，后续探望中若发生争议，由探望监督人协助解决。原告主动申请撤诉，普陀法院裁定准许。

结案后，法官与社工一起上门回访，双方均表示探望权履行情况良好，双方关系大为改善。

三、探望监督人的制度特点

（一）探望监督人的定义

探望监督人，是法院在审理探望权纠纷中引入的社会力量。探望监督人可以是当事人的亲友或未成年人就读的幼儿园和学校、居（村）民委员会、妇联、青少年权益保护组织等单位的工作人员。上述人员在法院的指导下，协助监督探望权的正当行使，维护未成年人的合法权益。

（二）探望监督人的职能

1. 调查职能。探望权案件的事实调查非常重要，这涉及对被探望人生活、学习环境、被探望人与父母的关系，被探望人接受探望意愿等内容的调查，对法院决定是否支持探望以及确定具体探望时间、地点、方式等都起着至关重要的作用。然而，实践中有的父母不配合法院调查，拒不提供真实住址，将孩子藏匿，或者诱使、唆使孩子作出违背其本意的陈述。上述情况都影响了法院对事实的查明，进而影响裁判效果。

引入探望监督人后，法院开展事实调查的手段更为多样，取得的信息也更充分翔实。法院可以选择孩子居住地的青保干部、社工担任探望监督人及社会观护员，以充分发挥他们植根社区、青保经验丰富，便于联系群众的优势，为更好地开展案件调查创造基础。对于家庭矛盾严重对立，当事人对法院、社会工作者缺乏信任的案件，法院可注意搜集在双方当事人中均具有较高威望，得到双方认可的亲朋好友信息，聘请有关人员探望监督人。在询问未成年子女意见时，为避免父母在场对子女形成干扰，亦可邀请探望监督人到场，确保陈述真实有效。

2. 调解职能。探望权纠纷长期存在调解难，原因有两点，一是双方矛盾成因复杂、且情绪对立，协作意识缺乏；二是探望权的行使具有长期性，延续到子女十八周岁止，双方对后续履行心存顾虑。

引入探望监督人后，其基于中立地位、青保经验、社会威望、亲情友情纽带等，协助法院更好地发现父母之间的矛盾根源，动之以情、晓之以理、释之以法，引导双方形成一揽子化解所有矛盾争议的方案，真正实现案结事了人和。

3. 监督职能。探望权纠纷的自动履行率在涉少民事案件中最低，根本原因是离异父母冰冻三尺非一日之寒的矛盾积怨，通过法院几周至几月的调处显然难以完全消解。无论法院作出多么细致周到的判决，在执行中往往因当事人的情绪对抗而无法得到自动履行。

引入探望监督人后，探望监督人利用其深入家庭或植根社区的优势，提升双方对探望的接纳度和配合度，并切实关注被探望人的实际需要，真正实现以亲情交流提升子女身心健康的效果。同时，社工、青保干部或当事人亲友等介入，能持续加强探望权案件的跟踪监督，采用上门、电询、约谈等方式，提示探望权协助义务人履行法定义务，确保探望权人依法、合理履行探望权。

（三）探望监督人制度的特色与优势

探望监督人是我国少年司法的一项创新，在世界范围内尚无类似机制。与美国、法国的相关措施相比，我们创设的探望监督人制度有三项明显优势。

1. 手段和缓有利于矛盾化解。美国科罗拉多州法律规定，对于不执行探视判决的，法院可以进行听证或要求当事人寻求调解。有监护权的一方不允许有探视权的一方探视，情节轻微的，法院可以增加判决内容或执行条件，以保证将来对探视权判决的执行。如拒不执行判决或有藐视法庭情况的，可以处以罚款或监禁。从上述规定看，美国保障探望权履行的法律规定强调刚性，即司法对不履行义务者进行制裁。然而，当前我国目前处于社会矛盾凸显期，片面强调司法制裁不仅无助于矛盾化解，还可能形成新的冲突。因此，基于我国家庭矛盾重调处的传统，引入家庭、社区探望监督人居中调处，用春雨润物的方式逐步消解当事人的对立，才能真正实现矛盾的妥善化解，增加社会稳定和谐因素。

2. 深入家庭有利于子女保护。法国设有儿童福利中心，对于离异父母严重对立及子女不愿接受探望的案件，由社工及志愿者在福利中心协助进行探望，这在一定程度上缓解了探望权履行中互不配合的障碍，但在福利中心的探望既不利于深入的亲情交流，陌生场所也会对未成年子女心理造成不利影响。

对此，我国探望监督人的创设在最大程度上满足了未成年人对家庭安全感的需求，避免了社会机构用刚性方式介入家庭生活对未成年人形成的不利心理影响。亲属探望监督人作为家庭成员，可以直接在家中协助探望，使未成年子女能在熟悉的环境中与父母进行亲情交流。社会探望监督人植根学校、社区，亦来自未成年人熟悉的环境，使未成年人的身心都能更顺利地接受探望，真正实现以未成年人权益为核心的司法目标。

3. 功能全面有利于司法审判。虽然法国、日本等国有社工、志愿者协助探望权执行，但其作用局限在执行阶段，而我国探望监督人全程参与案件审理及判后执行，其功能具有全面性与延伸性，更有利于司法审判及矛盾化解。事实上，探望监督人参与案件事实调查、诉讼调解等审理过程，既有助于其把握矛盾本质，也有利于其与当事人双方共同协商探望方案，为后续履行监督职能构筑坚实的基础，使审判效果持续延伸。

四、审判实践中运用探望监督人的"三个结合"

（一）法院确定与当事人选定相结合

由于探望监督人还在探索完善过程中，当事人对相关机制的了解不足。因此，法院应根据个案情况，依职权合理确定探望监督人的人选。在法院确定一位或数位探望监督人候选范围后，应当征求当事人的意见，征得当事人同意后，作为正式探望监督人。这是由于探望监督人将长期跟踪监督探望权履行，保护未成年子女权益，只有在当事人双方一致同意的情况下，才能切实发挥作用。

（二）社会探望监督人与亲朋探望监督人相结合

从法院审判经验看，被探望人住所地的青保干部、妇联干部、阳光青少年社工，以及关心下一代工作委员会的老干部等，由于其具有丰富的青保经验及社会服务经验，都是良好的探望监督人选。因此，社会探望监督人是法院的首选。同时，考虑到个案情况，若有原、被告有一致认同并尊重的长辈、亲属、朋友等人，则可由上述人选担任探望监督人，利用其了解、熟悉双方当事人的特点，更深入地开展探望监督工作。而且，基于亲朋探望监督人得到双方认可的特殊地位及信誉，在其协助法院开展探望监督的同时，有助于深化司法审判的效果。

（三） 探望监督人与社会观护员相结合

社会观护工作机制是涉少民事审判的一项特色制度，探望监督人则是针对探望权纠纷这一疑难涉少民事纠纷的创新探索。从协助查明案件事实、协助开展诉讼调解、协助进行跟踪回访等基本功能看，探望监督人与社会观护员在作用上接近并有大量重合。而且，从目前探望监督人与社会观护员的主体看，由阳光青少年社工、青保干部亦构成了上述人员的绝大多数。因此，为节约司法资源，提升司法效率，现阶段可将探望监督人与社会观护员相结合，从功能整合上提升两者辅助审判的效果。

（四） 协助审理职能与社会延伸职能相结合

探望监督人的设置，既是为了司法审判中化解矛盾，也是为了判后履行中延伸审判效果。因此，对探望监督人的职能既强调辅助司法性，又强调社会服务性，是司法审判引入社会力量深化办案效果的有益尝试。在案件审理中，通过探望监督人协助调查与调解，在确定探望方式时形成有利矛盾化解及判后履行的长效机制。在判后执行中，探望监督人贯彻深化司法判决内容，督促履行法律义务，确保审判效果的持续延伸。

五、完善制度及推进立法的建议

探望监督人制度是上海法院的创新与探索，依据是《上海法院审理未成年人探望权纠纷案件的意见 （试行）》的规定，具体内容前文已述。该规定比较原则，然而，作为一项特色司法制度，探望监督人的制度规范应进一步深化、细化，并着力推进立法进程，使之成为一项正式法律制度。

（一） 探望监督人的权利与义务应予以明确

《上海法院审理未成年人探望权纠纷案件的意见 （试行）》第十二条仅规定了探望监督人有 "监督探望权正常行使的职能"，然而，监督职能具体包括哪些，探望监督人又有哪些义务，相关规定暂未明确。

通过实践调研，我们认为探望监督人在职能方面可作如下细化。第一，明确探望监督人有一定的调查权，并据此出具书面调查报告，相关材料交法院或相关青少年保护组织留存，供法院强制执行或在新的探望权诉讼中参考；第二，探望监督人有陪同探望的权利，在双方争议较大的情况下，由探望监督人陪同探望，形成缓冲，逐步过渡到单独探望，巩固诉讼效果；第三，对于有矛盾激化现实危险的探望，探望监督人可建议中止或延期，在此期间协同有关组织采取措施化解矛盾，避免冲突恶化造成后果；第四，探望监督人应有报告的权利，发现探望权人或探望协助义务人有不利于子女身心健康的行为，可第一时间向法院及妇女儿童保护组织报告，以便有关机关通过法律及行政手段维护未成年人权益。

探望监督人的义务可在以下几个方面细化。第一，中立的义务。无论社会探望监督人还是亲属探望监督人，都应当恪守中立的原则，不偏不倚，以保护未成年人的利益为其行为准则。一旦发生偏袒一方的情况，探望权人或协助义务人可向法院提出，要求变更探望监督人。第二，保密的义务。探望权的履行涉及家庭生活，与当事人的隐私密切相关，为确保探望监督人得到当事人的信任，并据此高效履行职责，应规定其具有保密的义务，除依有关规定向法院及妇女儿童组织报告外，不得向任何人泄露探望监督过程中获知的信息。第三，勤勉的义务。若探望监督人长期不履行其职责，当事人可向法院提出要求变更探望监督人。

（二）构建探望监督人的管理制度

探望监督人是上海法院引入社会力量深化司法效果的重要尝试，也是长效化解社会矛盾的有效社会管理机制，具有司法及社会双重属性。在探望监督人的主体范围上，"幼儿园和学校、居（村）民委员会、妇联、青少年权益保护组织等单位的工作人员"等社会主体也占据了主要部分。由于上述人员与探望纠纷当事人并无直接权利义务关系，其履行探望监督人职责基于法院的指定，具有社会服务属性，为确保有关人员在长期的探望权监督中依法勤勉履行职责，应制订科学的管理、考核、激励机制。

在管理上，可借鉴较为成熟的涉少民事案件社会观护员制度，由政府关工委、妇联、团区委等部门牵头组织，法院与政府联动，共同聘任具有青保工作经验与热情的关工委、妇联、青保、团委干部以及阳光青少年社工等担任探望监督人。由政府创建探望监督人管理机构，统筹管理探望监督人队伍，法院负责开展业务培训，通过司法与行政和社会机构的协作构筑探望监督人队伍基础。在管理上，还要规范探望监督人的变更制度，一旦基于当事人申请或探望监督人自行申请，探望监督人发生变更的，应由探望监督管理机构出具书面材料，确定新的探望监督人。

对于亲属探望监督人，必须畅通亲属探望监督人的情况报告渠道，以便法院或探望监督管理机构在发现矛盾激化或亲属探望监督人无法履职时，第一时间安排社会探望监督人介入，及时消解社会矛盾。

（三）探望监督人的法律地位

根据《上海法院审理未成年人探望权纠纷案件的意见（试行）》的规定，探望监督人可写入裁判文书。但其是否诉讼参与人，写在裁判文书什么部位，是否参加庭审，能否在庭审中发表意见，上述内容尚未明确规定。

我们认为，探望监督人可参照社会观护员的参审模式，作为特殊的诉讼参加人，全程参与案件调解、庭审及执行。经过双方当事人确认的探望监督人，可在庭审中发表与其监督职能有关的意见。在法院的判决书及调解书中，探望监督人身份信息可在当事人、法定及诉讼代理人、社会观护员后单独列明。

同时，今后在修订民事诉讼法时，建议专门规定未成年人特别程序，其中对探望监督人的法律地位等进行专门规定，以提升探望监督人运用的规范性。

探望监督人是对中国特色少年司法制度的创新与探索，是未成年人保护理念在民事司法领域的应用，是儿童福利制度的有机组成及有益探索。在刑事诉讼法已规定未成年人特别程序的情况下，民事诉讼法为未成年人设定特别程序与制度，强化未成年人权益保障，亦应是法律发展的方向。探望监督人制度的提出与实践，将为未成年人民事特别程序的立法提供思路与经验，丰富并完善中国特色社会主义少年综合司法制度。

论少年刑事审判的职能定位

——以少年庭法官的"非审判事务"为研究视角

陆文奕*

引　言

基于"教育、感化、挽救"罪错少年的需要，少年庭法官积极拓展审判延伸职能，将庭内工作逐步向庭前庭后延伸。我国法院积极参与社会综合治理、预防和减少未成年人犯罪的现实追求也使得少年庭法官承担了越来越多审判之外的工作。这些具有社会工作者性质的"非审判事务"使得少年庭法官更像"社会工作者"而不是"司法官"，改变了传统法官居中裁判的消极角色，为少年刑事审判注入了更多的人性之光。但由于这些"非审判事务"并不属于现行法律制度和法院体制所规定的法官职能范围，在其运作过程中遇到了诸多体制上的不畅，并且受到了法律依据上的质疑。因此，如何对少年庭法官依法审判外的"非审判事务"进行评价和规范，进而明确少年刑事审判的职能定位，是当前改革和完善少年法庭工作必须面对的问题。

一、法官抑或社会工作者：少年庭法官职能的检视

自 1984 年 11 月上海市长宁区人民法院首创我国第一个专门审理未成年人刑事案件的合议庭起，我国少年司法制度就确立了"教育为主、惩罚为辅"的基本原则和"教育、感化、挽救"的工作方针。在这种倡导保护和教育为主的刑事理念下，少年刑事司法开始关注个体，关注每一个未成年罪犯的特殊性，并采用个别化的方法处理少年罪错案件，达到成功矫正未成年

---

* 上海市第一中级人民法院研究室助理审判员。

罪犯的效果。经过近 30 年的努力，这种个别化的工作方法已经深入到少年刑事案件的审理过程中，并不断向庭前庭后延伸，成为我国少年刑事审判工作的特色。

（一）"非审判事务"的界定

"非审判事务"区别于以审理、裁判为中心内容的"审判事务"，"非审判事务"泛指一系列的庭前庭后的延伸工作，有学者提出"非审判事务"是指"少年庭法官为矫正罪错少年所进行的个别化矫正工作的统称"。[①] 为有效促进未成年罪犯悔过自新，重新回归社会，并预防其重新犯罪，少年法庭采取了各种有针对性的措施来挽救失足少年。从我国目前的少年司法实践来看，"非审判事务"主要包含以下工作：（1）庭前社会调查[②]；（2）对被判处非监禁刑的罪错少年进行考察帮教；（3）参与未成年罪犯服刑场所对监禁少年犯的教育矫正；（4）对回归社会的失足少年进行辅导和帮助。

（二）少年庭法官之"社会工作者化"倾向

社会工作的本质是一种专业的助人活动，强调在对工作对象综合分析的基础上，运用人性化、个别化的工作方式，为其提供思想教育、心理辅导、行为纠正、生活照顾等，使其改变心理结构，修正行为模式，重新适应社会。[③] 社会工作者所常用的方法主要包括个案工作、团体工作和社区工作。个案工作的特点是通过一对一的直接方式提供帮助，它的核心价值理念是强调每个人的独特性和特殊性，关注人潜能的发挥，相信人的改变。[④]

少年庭法官主张未成年罪犯的可塑性、相信他（她）们是可以教育、矫正的人，并针对每个罪犯的特点，通过开展庭前社会调查、判后帮教等"非审判事务"工作以达到教育和矫正的目标，这种帮助少年罪犯的理念和

---

① 姚建龙：《少年司法与社会工作的整合——以少年法庭法官的"非审判事务"为论证中心》，载《法学杂志》2007 年第 6 期，第 65 页。

② 最高人民法院于 2001 年 4 月 12 日颁布的《关于审理未成年人刑事案件的若干规定》第二十一条规定，"开庭审理前，控辩双方可以分别就未成年被告人性格特点、家庭情况、社会交往、成长经历以及实施被指控的犯罪前后的表现等情况进行调查，并制作书面材料提交合议庭。必要时，人民法院也可以委托有关社会团体组织就上述情况进行调查或者自行进行调查。"庭前社会调查制度已成为少年司法实践中的一项特色制度。近年来，我国一些地方法院还积极借鉴域外经验，如青岛市法院实施的"人格调查制度"，合肥市中院实行的"量刑前人格调查制度"，北京门头沟法院试行的对未成年罪犯人的社会评价报告等。

③ 王丽丽：《社区矫正的社会工作介入》，载《社会工作》2007 年第 12 期，第 38 页。

④ 刘念、卢玮：《浅析个案社会工作方法介入社区矫正》，载《社会工作》2007 年第 7 期，第 18 页。

个别化的工作方式都与社会工作特别是个案工作的理念和方法非常接近。从贯彻教育保护主义的刑事政策与原则来看，少年庭法官的这种深入"社会工作者化"显得十分重要，在实践中也不乏成功矫正的案例。① 但由于这些"非审判事务"工作需要法官付出大量的时间、精力、心血和感情，至少在表面上使得少年庭法官存在偏离"审判事务"的倾向，偏离或冲淡了传统法官的审理、裁判职能，而使其更像是专司矫正工作的社会工作者。

二、两种角色之间的冲突：对"非审判事务"工作的反思

"非审判事务"作为少年法庭的工作特色，在实践中形成了许多有益制度，也证明了其存在的价值和意义。但是，这种自下而上的探索和尝试，也面临着法律依据、现实背景和现行体制等诸多问题。少年庭法官在"扮演"法官和社会工作者角色之间显得难以平衡，找不准自己的位置。

（一）现有立法局限性对"非审判事务"的束缚

少年庭法官进行"非审判事务"面临的最大难题可能就是法律依据问题，法律依据的缺失也导致了少年审判组织职能定位的不明确。纵观涉及少年审判组织的法律法规，如人民法院组织法、刑法、刑事诉讼法、未成年人保护法、预防未成年人犯罪法等法律，都没有对少年法庭的地位作出明确认可和完备性规定，更未对少年审判组织的职能范围作出清晰规定。第一次明确少年庭工作范围的是在 1995 年召开的第三次全国法院少年法庭工作会议上，这次会议对少年法庭的职能进行了定位，"……基本职能是审理案件……适当的使教育、感化、挽救的工作向前延伸、向外延伸和向后延伸……人民法院在相关的工作中，应当注意找准自己的位置……"② 1991 年颁布的《关于办理少年刑事案件的若干规定（试行）》和 2001 年颁布的《关于审理未成年人刑事案件的若干规定》中对少年法庭的职能定位与上述会议

---

① 1987 年 9 月至 2007 年 9 月北京市海淀区人民法院判处的 5200 余名未成年罪犯中，经过少年法庭法官耐心细致的审判延伸工作，有 45 人考上了大专院校，有 3 人考上了研究生，2 人出国留学，有 200 多人考入各类专业院校。详见陈永辉：《功德无量！——少年法庭工作 25 年回眸》，载《人民法院报》2009 年 6 月 1 日。

② 第三次全国法院少年法庭工作会议在福州召开，该会议提出："少年法庭作为人民法院的审判机构，其基本职能是审理案件。人民法院在以审判活动为中心的前提下，应当根据未成年人保护法的要求和当地的情况，适当的使教育、感化、挽救的工作向前延伸、向外延伸和向后延伸，以充分发挥人民法院的优势和特点，积极参与社会治安的综合治理。但是必须明确，贯彻实施未成年人保护法，这是全社会的共同责任。人民法院在相关的工作中，应当注意找准自己的位置，协调好与有关部门的关系，既充分发挥我们的积极性和主动性，也不能超越自己的工作范围，代替其他职能部门行使职权。"

73

的精神也基本一致。由此可以得出少年法庭的职能是：以审判为中心、适当延伸审判工作。但是对于如何理解"适当延伸"和如何开展延伸工作并没有作出详细规定，实践中又存在把主要精力花在或不花精力在"非审判事务"上的现象，导致少年法庭在工作中找不准"自己的位置"。

（二）未成年人刑事案件逐年上升对"非审判事务"的冲击

在未成年人犯罪数量不断增加的现实背景下，少年庭法官面临着极大的办案压力，在忙于办案的同时，很难再有时间、精力去开展"非审判事务"工作，办案数量的增加对延伸工作的投入产生了现实冲击。特别是2003年公安机关、民政部门取消收容遣送制度之后，非本地籍未成年人犯罪出现了急剧上升的现象，给少年庭法官进行延伸工作更是带来了难度。

以上海法院为例。自1998年至2003年，上海每年判决生效的未成年罪犯人数基本维持在800～1150人之间，波动不大。2004年开始增长明显，由2003年1035人上升到1550人，上升幅度达49.76%，2005年递增34.45%，2006年递增17.51%，2007年递增9.51%，未成年罪犯人数已达2682人，2007年底比1998年底增长230.7%。2008年略有下降，同比下降4.14%，2009年至2011年基本保持在2000人左右。另外，从2004年开始，非上海籍未成年罪犯成为占据该市未成年罪犯的主体，由2003年的456人上升到2004年771人，首次超过该市未成年罪犯的50%，2007年非上海籍未成年罪犯占总人数的比例高达68.34%，2008年进一步上升为83.27%，2009年至2011年则略有下降。而上海少年法庭直接办案的刑事法官人数多年来保持相对稳定，约10余人，年人均结案数在100件左右。① 巨大的办案压力以及对非本地籍未成年罪犯进行延伸工作的困难，严重影响了少年庭法官投入延伸工作的时间和精力。

（三）现行法官职能定位和法官评价体系对"非审判事务"的制约

传统司法制度要求法官在裁判中保持中立，消极、被动地行使司法权，认为依法裁判是法官的天职。但少年司法制度因具有教育保护理念而在一定程度上改变了传统司法理念：为实现"教育、感化、挽救"罪错少年的目

---

① 相关数据详见上海市高级人民法院课题组：《政府在预防和控制未成年人犯罪中的职能——以上海法院近10年判处的未成年人刑事案件为例证》，载《人民法院报》2009年5月14日；钱晓峰：《上海少年法庭判后帮教的发展与变革》，载《审判前沿观察》2009年第1辑，第13页。

标，少年庭法官主动参与审判并积极开展"非审判事务"工作，在庭前对未成年被告人进行社会调查，在庭审中注重法庭教育，在庭后积极开展帮教回访，甚至为失足少年提供就业和复学帮助等，少年刑事司法制度表现出了积极、主动、非中立的特殊理念。但在现行法官职能定位还是以成人模式为主导的司法制度下，少年庭法官"社会工作者化"的倾向已受到是否超出法官职能范围的质疑。

另外，我国现有的法官评价体系也是受制于成人模式下的评价体系，强调以"量"为主要考核标准。以上海法院为例。目前上海法院广泛使用的审判管理系统，对法官的工作量进行了数字化的管理，主要量化为审结案件数量。对于法官绩效考核和各类评比等，也都是以案件的审判数量、质量、效率等因素作为考核标准。而少年庭法官所从事的"非审判事务"工作具有相当程度的"后台"性质，在现行法官评价体系中无法予以量化，少年庭法官对少年审判的爱心、热心和投入难以被肯定，在一定程度上也影响了法官对延伸工作的积极性和持续性。

三、独特的少年司法：少年刑事审判职能的双重性

少年庭法官职能定位的不明确和相关配套制度的不完善，导致了"非审判事务"工作在少年审判中的不确定。曾有实务界的同志这样评价到："少年司法机构就像一个总也长不大的孩子，法律上没有地位，职能上难以健全，甚至其存在都受到了威胁。"① 为规范少年刑事审判工作，把握少年法庭的定位和工作方向，必须首先对少年刑事审判的职能进行准确定位。

（一）特殊保护职能

1. 含义及理解

特殊保护职能是指少年刑事审判组织在审理案件时，应在刑事程序、司法处置、法官人选、法庭布置等各方面充分考虑到未成年人身心的特殊性，尽可能保护未成年被告人的利益，并对罪错少年进行思想上的教育和行为上的矫正。自 1899 年芝加哥创设世界上第一个少年法院以来，对于罪错少年的特殊保护就一直被视为少年法院存在的基础。"少年法院的设立是为了防止把少年作为罪犯对待。这曾经是，现在依然是少年法院的第一要义。"②

① 田幸：《建立少年法院的几点设想》，载《青少年犯罪问题》2001 年第 4 期，第 12 页。
② 玛格丽特·K·罗森海姆等编：《少年司法的一个世纪》，高维俭译，商务印书馆 2008 年版，第 172 页。

我国少年司法制度所要求的"教育、感化、挽救"和"教育为主、惩罚为辅"的基本原则也彰显了对未成年人给予特别保护的理念。在特殊保护的理念下，少年司法制度将罪错少年从成人刑事司法体系中解脱出来，并积极能动地处理案件，查找未成年人犯罪的原因，寻找教育的最佳切入点。有学者据此认为，"少年法庭实以审判机关而兼具教育机关之性质"。①

2. 理论基础

（1）生物学基础：未成年人身心的特殊性

未成年人身心不成熟和幼弱性的特点使少年犯罪与成人犯罪之间有本质差异，决定了未成年人需要被给予更多的关注和爱心。未成年人处在从儿童向成人过渡的特殊时期，缺乏完全的认识和控制能力，对犯罪及其后果的认识预见性不足；且易受外界环境的影响，容易发生犯罪和不良行为，有学者甚至认为少年犯罪是成长中的一种自然现象，具有一定的自然性。②

（2）哲学基础：国家亲权理论③

国家亲权理论，是指政府在国家中的家父角色，对本国内没有法律能力者（如未成年人）负有监护责任，国家对失足少年负有不可推卸的教育和挽救责任。据此，少年司法应当是保护和教育性的，在程序和实体设计上都应充分考虑未成年人的身心特点，体现个别化、轻刑化、人性化和特别保护的原则，以实现国家的监护责任。

（3）刑罚基础：教育刑理论

教育刑的基本思想是认为刑罚的本质不是报应而是教育，认为犯罪人是经验人不是理性人，是可以教育、矫正的人，主张以教育的方法矫正犯罪人，并防止其再犯罪。"教育刑所主张的教育思想，与未成年人的可塑性观念相契合；所强调的国家对于医治犯罪人的责任，与国家亲权观念相契合；所主张的祛除刑之报应刑，与保护主义相契合"，④ 由此教育刑理论成为近代少年刑法最重要的价值立场之一。

---

① 林纪东：《少年法概论》，台湾地区国立编译馆1972年版，第137页。

② 姚建龙：《转变与革新：论少年刑法的基本立场》，载《现代法学》2006年第1期，第168页。

③ 有论者认为，国家亲权理论最初源于15世纪前后形成的英国衡平法理论，"国家是少年儿童最高监护人，而不是惩办官吏。"之后，美国对该思想加以继承和发扬，并通过判例（1827年韦尔斯理案和1838年克劳斯案）拓展了国家亲权理论，并因此促成了现代少年司法制度在美国的诞生。参见温小洁：《我国未成年人刑事案件诉讼程序研究》，中国人民公安大学出版社2003年版，第38～39页；曾康：《未成年人刑事审判程序研究》，载中国期刊全文数据库西南政法大学博士论文，于2009年6月3日访问。

④ 姚建龙：《转变与革新：论少年刑法的基本立场》，载《现代法学》2006年第1期，第173页。

（二）司法惩罚职能

1. 含义及产生背景

司法惩罚职能是指少年刑事审判组织负有"通过司法审判给予少年罪犯正当的刑事惩罚的权力与责任"。① 从国际社会的少年司法发展史看，司法惩罚职能属于一种后生性职能，是对 20 世纪 80 年代和 90 年代世界范围内激增的少年暴力犯罪的回应，也是对福利型少年司法模式不能达到政府预期理想目标的反思。在这样的时代背景下，适用于成人刑事司法的一些原则、理念（如责任主义原则、正当程序理念等）也被运用于少年司法制度中，使少年刑事审判同样要遵守司法的基本理念和原则。

我国少年司法制度发展的进程正好与其他国家相反。在建立第一个少年法庭之前，我国对少年和成人的刑事审判基本无区别，两者适用同样的审判组织、遵守同一部法律、追求一致的司法目标。在严厉打击犯罪的刑事政策下，我国长期缺乏对未成年人的保护意识。当青少年犯罪问题逐渐成为我国社会的突出问题，特别是上世纪 70 年代末至 80 年代初未成年人犯罪案件的不断上升趋势，引起了司法界对报应刑刑事司法的反思和批评。为了克服报应功能的弊端，我国少年司法制度开始引入保护和教育理念，并确立了"教育为主、惩罚为辅"的基本原则。

2. 对特殊保护职能的补充

观察国际社会和我国少年司法制度的发展历程，可以发现惩罚职能在产生顺序上有所不同，国际社会是先引入保护职能，再以惩罚职能来规范、补充保护职能，而我国则正好相反。但不同的路径选择指向的目标和定位却"殊途同归"，即都是以特殊保护职能为主、兼顾或以司法惩罚职能为辅。对未成年人这一特殊群体的普遍认同和保护未成年人的共同理念促使了各国少年司法制度追求目标的一致性。在提倡保护职能的前提下，补充司法惩罚职能，使少年司法制度既承认少年犯的不成熟特性，又兼顾了保护社会利益和实现惩罚报应。

（三）双重职能之间的关系

厘清上述两种职能间的关系，不仅将有助于明确少年刑事司法的基本价

---

① 曾康：《未成年人刑事审判程序研究》，载中国期刊全文数据库西南政法大学博士论文，于 2009 年 6 月 3 日访问。

值定位，也会对规范少年刑事审判的工作方向、制度设计等产生积极作用。首先，特殊保护职能为首要职能。考察国际社会和我国少年司法的发展，成立单独的少年审判组织源于对未成年人的特殊保护，如果不是出于对少年的保护，也就没有必要独立于普通刑事司法，浪费司法资源了。从这一点上来说，少年刑事审判的首要职能是实现对未成年人的特殊保护。其次，要兼顾司法惩罚职能，要在遵循司法基本精神和原则的前提下给予未成年人特殊保护。因为过分强调保护职能会忽视正当程序对未成年人的保护作用，容易导致行政化的处理案件方式；而单一的司法惩罚则忽视了未成年人主体及其案件的特殊性。只有将两者融合、统一起来，充分考虑"触法少年的特点给予他们以正当程序的保护，才是少年刑事司法追寻的目标"。[1]

需要指出的是，特殊保护职能的实现方式主要是通过审判来完成，少年审判组织应以审判过程为主要载体来体现对未成年人的保护。笔者认为，少年审判组织所开展的审判之外的工作一般应限于为保证审判结果的准确性和审判效果的实现所必须实施的，而不能无限度的扩展到审判之外。这不仅是由司法审判机构的性质所决定，而且矫正工作的专业性、复杂性和长期性也决定了法官统揽所有工作的不现实。作为国家的司法审判机构，少年审判组织的工作范围、工作方式必然要受制于司法机构的性质，而审判之外的帮教矫正工作一般都是属于行政机构的事务，不属于审判机构的工作范围。我国也规定了对罪犯的改造和管教工作是"由行政机关即司法行政部门或公安机关负责"。[2] 而且，帮教矫正是一项专业性很强的工作，它需要专门的机构、专业人士和充足的物质保障来实施，少年审判组织显然难以承担这些工作。另外，司法惩罚职能所要求的正当程序等基本理念在一定程度上也限定了特殊保护职能的实现要在司法的过程中，不能过分脱离"审判事务"来处理少年案件。

四、法官兼社会工作者：现实语境下双重角色之间的平衡与互补

确定少年刑事审判的双重职能及其关系之后，我们再来重新审视和评价"非审判事务"在少年刑事审判工作中的地位和作用。

---

[1] 王雪梅：《论少年司法的特殊理念和价值取向》，载《青少年犯罪问题》2006年第5期，第48页。

[2] 曾康：《未成年人刑事审判程序研究》，载中国期刊全文数据库西南政法大学博士论文，于2009年7月1日访问。

（一） 对"非审判事务"的重新认识

从我国少年司法制度的发展来看，"非审判事务"的出现直至加强，其目标就是为了实现对未成年罪犯的"教育、感化、挽救"，彰显对于未成年人的特殊保护。但是，如前所述，特殊保护的实现还是应当以案件审理为主，而不能无限度地扩张到审判之外。观察其他国家的少年司法制度，笔者也没有发现有哪个国家是由审判法官直接承担少年犯的个人矫正工作。国际上的一般做法是由专门的行政机构或者社会民间组织负责少年矫正工作，比如美国的少年矫正局、少年司法局、训练学校等行政机构，日本的少年辅导站、兄姐会、更生保护会等民间机构。反观我国的"非审判事务"现象，少年庭法官担当的具有社会工作者色彩的大量的帮教矫正工作，一定程度上扩张了特殊保护职能的涵义和要求，承担了应由专业矫正组织负责的工作。但是笔者认为，从我国当前的现实状况而言，"非审判事务"有其存在的价值和意义。

（二） 现阶段充任社会工作者的必然性和必要性

我国目前的少年司法制度、社会支持体系、社区矫正力量等现实状况都表明，少年庭法官在现阶段兼任"法官"和"社会工作者"有着相当的必然性和必要性。

1. 少年司法制度的不完备：存在的必然性

我国少年司法制度即将走过30年，仍处于制度的建设初期，少年刑事司法的各项制度、各种模式因地方差异而各有不同，对少年刑事审判的职能定位、理念原则、制度设计等都还未统一认识。但教育、感化、挽救少年的目标定位则是我国少年司法制度始终坚持和追求的。在基本理念、各项制度都不完善的情况下，少年刑事审判组织在"非审判事务"中找到了少年刑事审判区别于成人刑事司法体系的特色，并以此证明了少年法庭存在的独立价值和意义。而且我国"长期以来所形成的政治国家包揽社会事务的'路径选择'，也自然地提高了作为国家公权力行使者——法官的功能预期"。① 在内部制度不能达到外部预期目标的情境下，少年庭法官担当"非审判事务"工作具有必然性和现实合理性。

---

① 姚建龙：《少年司法与社会工作的整合——以少年法庭法官的"非审判事务"为论证中心》，载《法学杂志》2007年第6期，第65页。

2. 社会支持体系的不健全：存在的必要性

少年庭法官脱身"非审判事务"的关键在于有专门的机构或社会力量来接手帮教矫正工作，通过转移至专业社会工作者或志愿者达到回归法官职能的定位。西方国家的少年司法制度也经历了一个直接扩充法官职能，由法官承担矫正工作至由专业工作者为矫正工作主角的发展过程。从我国各地的实际情况来看，少年司法制度的运作仍处于公民社会还很不成熟的环境，社会支持体系在短期内还难以建立起配套体系，少年庭法官不得不同时承担"审判事务"和"非审判事务"。

3. "非审判事务"的实现方式：积极、主动、非中立

"非审判事务"的实现要求法院积极主动地行使司法权，在一定程度上体现了司法能动主义的价值取向。从现阶段来看，"非审判事务"的实现主要体现在以下三个阶段：首先，庭前对未成年被告人进行社会调查，全面了解其性格特征、家庭和生活环境、犯罪动机等，为庭审教育、正确适用刑罚打下基础。其次，庭审中积极开展引导教育工作，引导其认识罪错，促使其认罪悔罪。再次，庭后要承担起跟踪、回访、考察、帮教等社会综合防治之责，巩固审判效果和作用。

（三）完善"非审判事务"的未来方向

应当认识到，少年法庭法官直接承担"非审判事务"是在现实语境下的必然选择。随着全国社区矫正工作的深入发展，"非审判事务"正在逐步退出少年法庭的舞台，少年庭法官将重新回归"审判事务"。

1. 以社区矫正工作为契机，依托社会力量进行"非审判事务"工作

自2003年全国开始社区矫正试点工作至今，各地（特别是一些经济发达城市）的社区矫正工作有了长足的发展，为我国少年司法制度的发展提供了良好契机。① 在当前未成年人刑事案件不断上升、办案压力不断增大的形势下，由专业化的社会工作者进行帮教矫正工作，使少年庭法官能够有更多精力集中在"审判事务"上，不断加强和提高少年刑事审判的特点和质量。少年庭法官要抓住这一契机，从大量、繁杂的"非审判事务"中逐渐

---

① 以上海为例。2003年上海采取政府购买服务的形式，即"政府主导推动、社团自主运营、社会多方参与"的形式，建立了青少年事务社工、禁毒社工和矫正社工三支队伍，人数约1500人，分布在全市各个区、县、街道，形成了遍布全市的网络。2004年，民办性质的上海市阳光社区青少年事务中心注册成立，在全市设立184个社工点，建立了一支由507人组成的专业化、职业化的青少年事务社工队伍。

脱身出来，以特殊保护职能为基本原则和要求，更加关注审判程序的制度建设，积极探索有特色的少年刑事司法制度。

2. 加强立法建设，推动少年刑事审判步入正轨

现有立法的缺失对少年刑事司法制度的发展造成了一定束缚，构建一个有特色的少年法律体系已成为理论界和实务界的共识。在刑事实体方面，应明确规定少年司法工作的基本原则与目的，确定特殊保护为主、兼顾司法惩罚的基本原则，并根据未成年人的身心特点改革和完善各项制度，如增加前科消灭制度、扩大非监禁刑处罚措施的适用。在刑事程序方面，应完善对少年法庭庭审方式、法庭布置、审判规则、审判方法和判后执行等的程序规定。

3. 改革法官评价体系，保障少年法庭的稳步发展

未成年人案件的特殊性决定了少年庭法官在审理案件时需要积极主动地参与案件调查，了解未成年人犯罪的原因、侧重法庭教育等，较一般的审判组织要付出更多的精力和时间，特别是"非审判事务"在当前存在的必要性，使得少年庭法官肩负了更多的责任和压力。因此，改革少年法庭和法官的业绩考核、评价体系，确立适合少年法庭特色的考核标准，是稳定和发展少年法庭机构和队伍的必然选择。

结　语

本文以"非审判事务"为切入点，期冀明确少年刑事审判的职能定位，指明少年法庭工作的方向。在少年司法制度不成熟、社会支持体系不健全的环境中，少年庭法官为贯彻对未成年人的特殊保护原则，不得不同时兼任法官和社会工作者，而这种身兼数职的压力也只有少年庭的法官才能够深刻体会到。但如果不去勇敢地面对这样的压力建设少年司法制度，而采用处理成人犯罪案件的方式去处理少年犯罪案件，则有违少年刑事审判工作的本质和独特性，也背离了创设少年司法制度和少年法庭的根本目的。我国少年司法制度的未来只能是在坚持中不断发展，在发展中不断完善。

抚养费纠纷审理中的难题透视与立法探究

蔡红梅*

审判中，目睹了太多的爱恨纠缠，思索了太久的是是非非，有时总会想：纠缠，以爱之名；放手，为爱之名。

——题记

抚养费纠纷，原告是未成年子女，而我们面对的当事人是一对离异的夫妻。子女或许不会在意每个月的生活费、学习费爸爸出多少、妈妈出多少。可是父母一方总会以子女的名义，陈列出种种理由，来要求对方承担甚至是一次次地要求增加抚养费。父母打着爱的旗帜，在法庭上唇枪舌剑，口口声声为了子女，事实上，他们比谁都清楚，五十、一百根本影响不了小孩的生活质量，但是因为两人曾经的爱，如今的恨让他们不愿放手。

伴随着经济的快速发展和思想观念的巨大转变，离婚率居高不下，离异家庭未成年子女的大量出现，滋生了一系列的社会问题，导致了司法实践中离异后子女抚养纠纷的案件源源不绝，这其中包括变更抚养关系以及抚养费纠纷的案件。以某基层法院为例，单就抚养费纠纷，自2008年1月至2014年4月便受理了近300件，大致呈现出逐年上升的趋势。其中有一起笔者最近遇到的案例，具有一定的代表性，反映了当前抚养费纠纷存在的种种问题。

[案例链接]：被告解某系一名现役军人，服役于某空军部队，其与赵某于2006年10月5日登记结婚，2007年1月30日生育一女，名叫解某某。2008年11月4日经法院调解离婚，婚生女解某某由母亲赵某抚养，被告支付每月500元的抚养费。2009年原告起诉至法院要求被告增加抚养费，法

---

* 福建省漳州市芗城区人民法院。

院依职权调查被告每月工资/奖金收入为 5152.4 元，因此作出判决将抚养费变更为 1288.10 元。2014 年 2 月 10 日，原告认为原来的抚养费，已经不能满足其日常需要，故要求被告每月支付 2700 元抚养费。诉讼中，被告提出反诉，请求减少抚养费，改判为每月 600 元。理由是其即将转业，转业后在地方找工作，工资会明显减少；且 2009 年其已组建新家庭，生育了一个孩子，妻子没有工作；父母亲年纪也较大，且体弱多病，父亲在 2014 年 1 月 26 日突发性心肌梗塞，已花医疗费近 20 万元；2009 年判决认定的每月工资/奖金收入为 5152.4 元，实际上不完全是本人个人收入，其中一部分是随军配偶的生活补助费，原判决没有将该部分扣除。

目前该案还在审理中。但从中折射出抚养费纠纷的一系列难题，值得我们深思。

一、困境解读：抚养费纠纷审理疑难之情与法的透视

抚养是指父母对子女在经济上的供养和在生活上的照料。抚养费亦称"抚育费"，有广义和狭义之分。广义上，是指父母对子女在教育、生活等方面支出的花费。狭义上，仅指父母离异后，非与子女生活的一方所应支付的子女生活费和教育费。本文所探讨的是狭义的抚养费。管中窥豹，可见一斑。前述案例为我们呈现了抚养费纠纷中当事人情感与利益的双重纠葛。囿于道德与法律的局限，抚养费纠纷在调解与审判实践中面临的难题主要体现在以下几方面：

（一）离婚矛盾导致调解难度大大增加

通常在经历离婚纠纷后，离异双方会产生一些无法调和的矛盾。报复、不甘的心态导致双方对立甚至仇视，有些人把子女当成摇钱树，以子女为借口无止境地向对方索取，目的只是想让对方不好过。有些人试图隔断对方与孩子的联系，妨碍对方探望权的正常行使，导致对方拒绝支付抚养费。有些不服离婚财产分割，在法院判决应支付对方相应房价补偿款时，以要求增加抚养费甚至是一次性支付全部抚养费的方式予以抗衡，从而使较为简单的抚养费纠纷严重复杂化。庭上的互骂、庭后的中伤是常有的事。对于水火不容的两方，要达成调解协议，希望极其渺茫。链接案例中解某与赵某就是典型的离婚后矛盾不断升级、激化的极端表现。双方纠缠不休、烦不胜烦，因为第三者而离婚，早有心结，财产分割又纷繁复杂。双方在上海有涉及 60 多平方米的房产纠纷，已审结；在漳州又有涉及"公租房"的财产纠纷，刚

立案；仅仅抚养费一项，女方2009年起诉增加，2014年又要求增加，期间强制执行也申请了四次。由于男方军人身份特殊，每次调取工资收入经办人都得大费周章，既要向其所在部队发函，又得要求银行协助查询，即使不厌其烦，由于涉及保密规定，查到的账户明细也未能真实完整显示个人收入。办案人员苦口婆心地劝解，到头来均是徒劳，因为冰冻三尺非一日之寒，矛盾的累积已经到无以复加的地步。还有杨某与吴某抚养费纠纷案，双方离婚也是吵得不可开交，双方家属更是因此交恶，甚至演化到互相泼粪的情境。女方起诉增加抚养费无非是因为离婚判决其应支付男方房价补偿款10万元，其盘算着以抚养费的一次性支付进行抵扣。由于背后的恩恩怨怨，在抚养费诉讼阶段，法院多番调解，仍未见进展。

（二） 立法空白使减少抚养费无法可依

所谓变更，理当包含增加、减少和免除三种情形，但婚姻法只规定，关于子女生活费和教育费的协议和判决，不得妨碍子女在必要时向父母任何一方提出超过协议或判决原定数额的合理要求。上述规定针对的是抚养费的增加。对于能否通过诉讼程序，由法院判决减少或免除子女抚养费，婚姻法、民事诉讼法和司法解释，均未作出规定。在法无明文规定的前提下，如何审理减少抚养费纠纷案件，无疑是一道难题。[①] 如链接案例中的解某反诉案，对于如何界定"收入明显减少"以及如何比较"收入减少"的幅度与未成年子女支出增大的幅度如何比较，在很大程度上只能依靠自由裁量权。

（三） 缺乏限制引发抚养费变更权滥用

当前，有不少当事人为了尽快达到离婚的目的或者为了争夺抚养权，主动不要求对方承担或只承担少量抚养费。一旦达到目的，便以孩子的名义起诉，以物价上涨、教育费、医药费、自身经济困难等等名目为由，要求增加抚养费，无休无止。比如韩甲与韩乙抚养费纠纷案，男方因抢劫罪入狱，女方为了尽快离婚，提出男方无需支付抚养费。2012年6月男方同意离婚后，女方随即于2013年4月向法院起诉要求被告给付抚养费。再如链接案例，解某与赵某自愿达成500元的调解协议，不到一年女方就又起诉增加，增加后的1288元已超过先前的2.5倍，但仍不罢手，执行还未到位就又要求增加至2700元，关键是增加的理由是抽象的"物价上涨"，想当然地认为部

---

① 王强：《浅议子女抚育费的减少和免除》，成都法院网，于2014年4月29日访问。

队工资肯定逐年上升，整个诉讼过程中原告及其律师并未提供任何被告收入增加的依据，也未能提供其本人经济困难或者小孩实际需要超出原定数额的依据，而是一味地要求法院调取被告收入证明，在对方提交部队出具的收入证明之后，仍然质疑证明的真实性。还有上述的杨甲与吴某抚养费纠纷案也是类似情况。2013 年 7 月 19 日刚一审判决离婚，婚生女由女方抚养，男方每月支付抚养费 600 元，2014 年 4 月 1 日女方又以女儿的名义起诉要求增加抚养费。凡此种种，屡见不鲜，笔者经办的抚养费纠纷中有 50% 是距离离婚诉讼、变更抚养费诉讼不到一年又起诉增加的。由于缺乏对起诉增加抚养费的期限限制、举证要求限制，法院只能任由某些当事人滥用手中的权利，徒增讼累。

（四）固定收入的司法界定常诸多疑惑

1993 年《最高人民法院关于人民法院审理离婚案件处理子女抚养问题的若干具体意见》第 7 条规定："子女抚养费的数额，可根据子女的实际需要、父母双方的负担能力和当地的实际生活水平确定。有固定收入的，抚养费一般可按其月总收入的 20% 至 30% 的比例给付……无固定收入的，抚养费的数额可依据当年总收入或同行业平均收入，参照上述比例确定。有特殊情况的，可适当提高或降低上述比例。"该意见未明确"固定收入"到底包含哪些，法律上也无规定，导致实践中当事人互相争执。司法实践中通常作法是将工资、奖金都算入"固定收入"。但是随着经济的快速发展和人们收入的多元化，抚养费的确定标准除了工资、奖金，是否还应当包括较为稳定的投资收益、失业福利、养老福利等？还有不少抚养费给付义务人虽然失业下岗，但其隐性收入如股息、房租等较多，他们为了报复原配偶一方，仅以"固定收入"来支付抚养费，这样是否也是对未成年子女明显不利？另外，基本工资的证明不能全面反映每个月的总收入，当事人完全可以隐瞒真实收入。[①] 如链接案例，在 2009 年变更抚养费诉讼中，被告所在部队出具的仅仅是基本工资数额，数额才 2000 出头，法院依职权调取的账户收入明细，显示其工资/奖金为 5152.4 元，两者差距之大，可见一斑。而对于无固定收入的，如何收集收入的凭证也成为一大难点。[②] 忽略了"灰色收入、投资收

---

① 曾传林：《夫妻离婚后子女抚育费的法律保障研究》，载《法制与经济》2012 年第 1 期，第 86 页。

② 李建明：《我国关于离婚后未成年子女抚养费立法及评析》，载《法制与经济》2008 年第 182 期，第 10 页。

益"等父母的多渠道收入，这样的计算结果，往往导致未成年子女的抚养费数额偏低，甚至根本无法满足子女的生活、教育的需要。未成年子女生活水准大大降低，无法与父母离婚前相比。

二、原则依托：抚养费机制贯穿原则之初步设想

法律不会主动介入"家庭和谐"事务，否则司法机关无异于"道德警察"。① 法律也不可能穷尽所有的情形，详尽规定亲属成员间的权利义务，代之以冷酷无情的法律规范，无异于撕去温情的面纱。通常，原则恰似一条可以贯穿始终的红线，有着具体规定无可比拟的优势，寻找可以依托的原则，以其来指导制度的设立，必将使制度更为完善。因此，立法中、学理上，宏观性地制定或总结一些普适性的原则是可行的，也是应当考虑的。婚姻法第三十七条规定："关于子女生活费和教育费的协议或判决，不妨碍子女在必要时向父母任何一方提出超过协议或判决原定数额的合理要求。"根据该条文中的"必要时"及"合理要求"的字眼，笔者归纳出抚养费制度的两条基本原则，即"符合正常需求原则"及"兼顾各方利益原则"。在此基础上，笔者认为还应加上"子女最佳利益原则"。具体来讲，审理未成年子女抚养费纠纷案件应当以下原则为指导。

（一）子女最佳利益原则

虽然各国的亲子法有不同的发展程度，但一般都经历三个阶段，即父权优先阶段，幼年原则阶段和儿童最佳利益阶段。儿童最佳利益原则的经典表述就是"任何涉及到儿童利益，必须以儿童利益为重"（联合国儿童权利委员会主席汉姆帕格语）。② 目前，两大法系中该原则已然成为指导审理离异后未成年子女权利义务纠纷的最高标准，并且也逐渐在国际人权保护领域受到高度重视，成为《联合国儿童权利公约》明文规定的一项首要原则。人们普遍意识到，当今儿童是未来社会的主人，对儿童权益的重视、保护可以作为尊重人权的标志。我国家庭和婚姻立法应当顺应世界潮流，将其作为基本原则，在婚姻法或未来民法典中规定"在涉及离异后子女的相关民事案件的审理中，应遵循未成年子女最佳利益原则。"

① 雷春红：《抚养期限与抚养费的分担》，载《法学论丛》2006 年第 8 期，第 86 页。
② 吴雪玲：《关于离异家庭子女抚养的若干问题研究》，载《法律文献信息与研究》2010 年第 1 期，第 16 页。

（二）符合正常需求原则

子女的最佳利益与最大利益的重要区别在于一个度的把握，物质上最好的不见得是最合适的，也不见得是可操作的。因此，应增加"符合正常需求原则"，即子女请求增加抚养费的情况应该根据子女生活、学习的正常需求。抚养费是维持子女基本生活、教育、医疗等方面的费用。这类费用的标准应当是大众适用的，是正常情况下的需要。比如收费高的私立学校、贵族学校或者公办学校需要交的择校费、赞助费等，不应属于抚养费的范围。如果一方让孩子读这样的学校，而另一方不同意的话，那么这笔钱就应当由同意的一方负担。对于孩子非必要的花销，比如孩子购买高档玩具、电脑、手机、外出旅游、买商业保险等相关费用，都不应属于法律规定的抚养费的范畴，支付抚养费的一方可以拒绝。①

（三）兼顾各方利益原则

该原则强调的是在保障子女最佳利益和正常需求的基础上，综合考虑离异子女、抚养权一方、非抚养权一方的权益。能否准确地把握子女的日常需要、父母双方的经济能力以及能否有效地权衡子女所需费用与父母必要开支之间的关系将直接关系着对抚养费的确定是否合理、义务是否能得到有效履行。因此实践中仅依据子女的实际需要和父母的经济收入来确定抚养费的做法，是不妥的。笔者认为，除这两方面的考虑外，还应兼顾各方利益，尤其是义务人的再婚情况。义务人再婚，在不违反计划生育的基本国策下又有子女需要抚养的，应考虑再婚人家庭的承受能力，比如再婚人的子女生活和学习的正常需要。一个家庭的破碎不应牵扯出更多家庭的裂痕。尽管在婚姻家庭中，子女的利益优先于父母的利益，但是子女的地位是平等的，其利益也应当得到同样的保护，不能因为支付原子女的抚养费而使后来的子女生活无着。② 因此兼顾原则在强调和谐的当今社会，具有不容小觑的作用。

上述三点原则既紧密联系又相互制约，子女最佳利益原则保障了未成年子女的首要地位，确保了子女的最低生活水平。正常需求原则可以规范抚养费变更的限度，使变更权利不致被滥用。兼顾原则可以平衡各方的利益，在

---

① 王小英：《父母离异子女追索抚养费有关问题的法律思考》，载《山西高等学校社会科学学报》2011 年第 12 期，第 91 页。

② 吴雪玲：《关于离异家庭子女抚养的若干问题研究》，载《法律文献信息与研究》2010 年第 1 期，第 16 页。

满足子女正常需求、保障子女合法权益的基础上，适当考虑义务人的利益，使离异后重新组建的家庭不致被过度影响，同时有效地提高了抚养费被履行的可能性。

三、制度架构：抚养费纠纷制度建构之基本思路

好的制度能管根本、管长远。前述的三个原则相辅相成，将之贯穿于抚养费制度的各个环节，可使制度更具严密性、稳定性和长期性。筑牢制度之墙、织密法律之网，才能真正树立法律的权威，保障法治的严肃性。构建该制度的基本思路有以下几点：

（一）离婚协议或判决进行实质审查

1. 法院的审查

由于立法上我国并未规定对离婚协议中抚养费的负担部分，法院有否审查权；加之，大部分当事人离婚时的主要矛盾在于离婚财产和抚养权的争夺上，因此司法实践中，法院一般不会主动对协议中抚养费部分进行实质性的审查，判决时也通常未说明认定的理由和计算的依据。进而导致离婚时抚养费问题未能得到妥善处理，在离婚目的达成之后，旋即启动抚养费变更之诉。纵观世界主要国家在这方面的做法，我们发现德国的法院在审查离婚协议时，可以为了子女权益否决一项父母一致同意的建议；美国的法院对离婚协议也是承担主动的审查职责，父母在离婚时就子女抚养费达成的协议，必须符合法律规定，不可自行约定，否则法院不予认可。① 可见，法院应审查对子女抚养费的约定是否对未成年子女不利，加强对离婚协议中有关抚养费处置的审查力度。如果有损子女合法权益的话，应要求当事人重新约定。此外，在离婚判决时也应综合考虑个案的情况，包括子女的合理需要、离婚前子女的生活水准、离婚后双方的经济实力及经济负担，然后客观地确定抚养费数额，并说明判决理由。如此一来，既可以避免以损害弱势子女的利益为代价而进行的离婚诉讼，又能大大降低离婚后抚养费纠纷发生的概率。

2. 离婚登记机关的审查

对抚养费的审查，除了法院，还涉及离婚登记机关，民政局也应加大对登记离婚中抚养费协议的审查力度。在离婚登记中，某些人为了抢夺抚养权，即便自身条件不具备，也同意对方不支付或仅支付少量抚养费。这类父

---

① 许婧：《关于未成年子女抚养费纠纷案件的调研》，载《公安法治研究》2009 年第 12 期。

母完全没有考虑子女的最佳利益，往往也导致了后续的抚养费纠纷源源不断。有学者建议："婚姻法再次修改时应当规定在登记离婚时，双方已生有子女的，必须单独签署未成年子女监护协议书，婚姻登记机关要一并进行实质审查，必要时可以进行实地调查，考虑子女抚养教育等协议是否符合未成年子女最佳利益。如果发现在协议书中有违背未成年子女最佳利益原则的，不予登记离婚。"① 笔者认为，这样的建议虽大胆，但不乏较高可行性，且对司法资源的节约大有裨益，因此可以尝试。

（二）增设抚养费正常增长机制

随着经济发展，人们的生活水平不断提高，物价上涨是我们法院系统无法回避的一个现实。无论是否是借口，以物价上涨为由而起诉增加抚养费的案件数量有着较高的增长速度，这使得因物价上涨而起诉增加抚养费的情况已经成为一个我们不容低估的社会问题。因此，为了避免无止境的纠纷导致义务人不得安宁，可以考虑增设"抚养费正常增长机制"。这一机制可以规定，抚养费在离婚判决中或离婚协议书确定的基数上，每几年按一定比例自动增长。增长的时间可以固定，增长的比例可以参考消费者物价指数予以确定。②

（三）司法解释应细化抚养费变更的规定

我国关于抚养费的司法解释最新的是 1993 年的《最高人民法院关于人民法院审理离婚案件处理子女抚养问题的若干具体意见》。该意见不仅出台时间距今久远，很多规定已无法满足当代需求，而且正如前述，有诸多疏漏。笔者认为，补充、完善相关规定，已十分必要。

1. 应进一步明确"固定收入"的含义

收入中稳定的部分不仅仅是基本工资的数额，还有奖金、津贴③和持续性的投资收益（如较为稳定的租金或分红）。建议在未来婚姻法司法解释中，明确规定《最高人民法院关于人民法院审理离婚案件处理子女抚养问题的若干具体意见》第 7 条所称"固定收入"，包括基本工资、奖金、津贴

---

① 李明建：《论离婚后抚养费给付中的未成年子女最佳利益》，载《长沙大学学报》2010 年第 3 期，第 69 页。
② 李明建：《论离婚后抚养费给付中的未成年子女最佳利益》，载《长沙大学学报》2010 年第 3 期，第 69 页。
③ 津贴是指补偿职工在特殊条件下的劳动消耗及生活费额外支出的工资补偿形式。

和持续性的投资收益。

2. 规定增加抚养费诉讼的起诉间隔期限及举证要求

随着时间推移，物价上涨、教育费、医疗费增加已成必然，但这并不代表抚育子女一方就无法继续履行其抚育义务。只有抚育子女一方的抚育能力与离婚时相比确实出现较大变化，如下岗失业、丧失部分或全部劳动能力等，不足以维持子女正常生活时，才应当支持其以子女名义提出的抚养费变更请求。因此，应当在有关规定中强调起诉人的举证责任，其应提交"不足以维持子女正常生活"的相关依据，否则不予支持，这也符合"谁主张谁举证"的一般证据规则。另外，笔者建议，将起诉间隔期限定为两年，因为即使逐年物价上涨，那也是一个循序渐进的过程，而非骤然的、巨大的变化，两年期间往往是一个相对稳定的生活状态，没必要为了一个抽象的不明显的诉讼理由，任由当事人浪费司法资源。即使遭遇突发的重大疾病，假若是短暂性的治疗，垫付人完全可以凭医疗票据以自己的名义提出返还钱款之诉；假若是长期性的治疗，可以在到达变更期限之后，提起抚养费变更之诉。由此一来，既不侵犯到未成年子女的合法权益，又可以防止假借子女名义而恶意进行的抚养费诉讼，避免权利的滥用，维护原先判决或调解的稳定性，提升司法公信力。需考虑的是，如若在离婚判决或调解书中已经确定了"抚养费正常增长"机制，每几年按一定比例自动增长，如果符合起诉期限要求，虽然仍应受理，但对于是否增加抚养费，判决时应更为审慎，如非充分的证据支持原告主张，应驳回其诉讼请求。

建议在未来的民事诉讼法修正案中明确规定："判决或调解中已确定抚育费的，在抚养关系未变更的情况下，抚养一方在二年内又起诉要求增加抚育费的，法院不予受理。"另外，子女抚养问题的相关司法解释中应明确规定："起诉增加抚育费的，应提交原定数额不足以维持子女现有正常生活需求的证据。"

3. 补充抚养费减少的适用条件。立法建议——在子女抚养问题的若干具体意见中明确规定："抚育费给付义务方要求减免抚育费有下列情形之一的，应予支持：（1）义务人丧失部分或全部劳动能力；（2）义务人患有重大疾病；（3）义务人再婚，在不违反计划生育的基本国策下又有子女需要抚养的；（4）其他导致给付义务人给付能力实质性降低或未成年子女正常需求实质性减少的情形出现。"

第一二种情形是基于人道主义的考虑，第三种情形正如前面所述，考虑的是再婚家庭未成年子女的权益。第四点兜底规定，考虑的理由是：（1）

关于"义务人给付能力或经济收入有实质性的降低",应理解为给付义务人给付能力或经济收入的不可逆转的和持续的减少。那种由于某种暂时的因素而导致的给付能力或经济收入的临时下降,不应认定为有"实质性的降低"。正如美国《统一结婚离婚法》第 316 条(a)款规定的变更子女抚养费的标准。其要求变更抚养费的情况必须是"实质性的持续,并使得原有条款的执行成为不可能"①。鉴于此,笔者认为"给付能力或经济收入有实质性的降低"应包含的情况有:抚养费给付义务人因伤残丧失了劳动能力;服刑中而又无财产可用于支付抚养费等情况。在这些情况下,如果仍强制义务人必须按照原定的数额给付子女抚养费,不但给义务人的生活带来极大困难,而且给付事实上已不可能得到履行。(2)关于"子女对抚养费需求的实质性减少"。对于如何理解这种"实质性减少",同理,可借鉴《瑞士民法典》(1987 年)第 276 条第(三)项规定"父母只能在子女依劳动收入或其他所得能够生活自给的限度内,减轻其对子女的抚养义务。"②因此,子女对抚养费给付义务人的抚养费需求的减少应处于持续的、稳定的状态,才能符合减免的实质要件。比如:子女能够依靠自己的劳动获得较稳定的经济收入;原先因特殊情况导致抚养费确定得较高,现特殊情况已经消失;抚养方的抚养能力明显能够保障子女所需费用,不影响子女健康成长的情况下、抚养方愿意负担子女大部分或全部抚养费。

当然,对于"实质性减少"的审查应相当严格。只要给付义务人非持续性地、不可逆转的丧失部分或全部收入能力,就不得以经济条件为借口减免。我国台湾地区就曾在一个著名的判例中确立了类似的原则。在这一案例中,监护人以其离婚后身无恒产,生活困难,无力抚养子女为由,向义务人提起诉讼,请求变更抚养关系。法院认为,监护人年轻体健,纵无恒产,靠劳力亦可维生,不得以此为由而拒绝抚养子女。③ 这一判例虽然明确的问题是抚养关系,但它所确立的"抚养不以父母之经济状况为条件"的理念,可以用来启发抚养费减少之诉的严格审查。

结 语

爱本身没错,只是为了现在爱的和曾经的爱都不应当去苦苦纠缠,放手是智慧,是解脱,更是无言的爱。"父母之爱子,则为之计深远。"对于子

---

①② 王强:《浅议子女抚育费的减少和免除》,成都法院网,于 2014 年 4 月 29 日访问。
③ 林秀雄:《婚姻家庭法之研究》,中国政法大学出版社 2001 年版,第 337 页。

女的爱应讲究方式方法，为人父母，应为子女的长远着想，不应让失败的婚姻蒙蔽了双眼，作茧自缚。对于抚养一方来讲，应敢于担当，既然选择了抚养权，就要担起抚养和教育的本分，学会放手；非抚养一方应尽好为人父母的本分，血浓于水，即使非生活在一起，也应全力履行承诺。每当当事人通过调解或撤诉而握手言和，笔者仿佛看到了放手后的身心解脱和美好幸福。然而更多情况下，调解未果，此时面临的是裁判。虽然道德有着法律无法企及的高度，但法官有责任借助裁判向社会传递出关于是非、善恶、美丑等价值判断的信息，而裁判的优劣有赖于制度的完善与否。"今天的判决将决定明天的对错"。① 笔者相信通过抚养费制度的完善，能更好地定纷止争，能不断地提升人民内心的自觉敬畏，从而使法律效果和社会效果的真正统一不再遥远。

---

① 美国本杰明·卡多佐法官语。

在社会化与刑事化之间：未成年人
刑事审判权运行机制的合理构建

侯文飞[*]

中国少年法庭从创建之始就开始践行刑罚个别化、教育刑理念，除在审理过程中注意对未成年人的教育、感化，还将司法职能延伸至庭前社会调查、庭后回访帮教，采用社会工作的理念和工作方法挽救犯罪未成年人。少年法庭的社会工作在教育、感化、挽救犯罪未成年人方面取得令人瞩目的成就，并因与为人民服务的意识形态和人民司法的传统相契合，得到了社会各界的广泛认可，在尚秀云、李其宏、詹红荔等优秀少审法官的事迹中，社会工作占据了非常重要的位置。但是，我国刑事诉讼法确定的控辩式庭审方式要求法官恪守中立、居中裁判，少年法庭的社会工作又与控辩式审判方式格格不入，社会工作因此常遭误解和质疑。社会化与刑事化之间的两难凸显出构建合理未成年人刑事审判权运行机制的必要。

一、少年司法的社会化与刑事化：一个基本的分析

少年司法工作的社会化是指少年法官像社会工作者那样工作，或者是在法院主导下社会工作者广泛地参与少年司法工作。社会工作是以利他主义为指导，以科学知识为基础，运用科学方法进行助人服务活动。[①] 少年司法的刑事化是指少年法官按照刑事审判程序的规定审理未成年人犯罪案件。在此需要特别说明的是，少年司法的刑事化并不意味着对未成年人权益的漠视，未成年人在刑事程序中不仅享有成年人可以享有的一切权利。为了能够让未成年人能够实际行使法律规定的权利，真正实现正当程序，未成年人有一些

---

　*　四川省成都市中级人民法院。
　①　王思斌主编：《社会工作概论》，高等教育出版社 1999 年版，第 13 页。

特殊的权利，如指定辩护、适当成年人在场等。不仅如此，为了体现对未成年人的特殊保护，未成年人还可能享受一些优待，如对未成年人不适用死刑、不公开审理、犯罪记录封存。

（一）少年司法为什么要社会化

少年司法产生时起就呈现出与成人刑事司法完全不同的风格，法官像社会工作者那样从事少年司法或者社会工作者广泛参与少年司法工作，始终是少年司法一个非常鲜明的特征。在某种程度上可以说，社会工作与少年司法相伴而生。当然，少年司法的社会化有多种形式，早期的少年司法的社会化体现为法官的社会工作者化，现代少年司法的社会化则表现为专业社会工作者对少年司法的广泛和深入地参与。[①] 少年司法的社会化与未成年人犯罪的特点密切相关，并由少年司法理念直接决定。

未成人犯罪与成人犯罪有着根本的不同，很多未成年人犯罪与青春期的叛逆、冲动相关，这是少年司法存在的一个基本前提。"绝大部分少年罪错行为是限于青春期的，也就是说，只要罪错少年能挺过这个阶段，他们未来的生活机会没有被终结，那么，他们就完全有望发展成为一个有益社会的公民（至少不是罪犯）。"[②] 当然，在如何保护未成年人并预防、矫正未成年人犯罪问题上，不同时期有着不同的回答。早期认为未成年人犯罪是因为家庭未尽到抚养和管教责任，"国家亲权"成为少年司法运动的合法性根基。"国家亲权"理论主张，当未成年人的父母不履行或者不适当履行责任时，国家可以随时取而代之。[③] 在这种理念的指导下，早期少年司法普遍采用福利模式，少年法官积极地以个别化的方式介入和干预未成年人的日常生活。[④] 经过矫正失败和"标签理论"洗礼后的少年保护理念认为，不管是严格的惩罚还是过往稠密的国家温情，都不过是一种规训，少年保护的目的不在于决定少年的未来，而在于保障未成年人的自我成长，尽量缩减成人的干预，国家或社会给予适度支持。[⑤] 在新的少年保护理念看来，少年法庭和少

---

① 姚建龙：《少年司法与社会工作的整合——以少年法庭法官的"非审判事务"论证为中心》，载《法学杂志》2007年第6期。
② 参见［美］玛格丽特·K·罗森海姆等：《少年司法的一个世纪》，商务印书馆2008年版。
③ 管士寒、陈春琳：《美国少年司法制度的未成年人保护》，载《云南大学学报》（法学版）2010年第3期。
④ 张鸿巍：《美国少年司法之风雨百年》，载《检察风云》2011年第11期。
⑤ 参见李茂生：《台湾地区新少年司法与矫正制度实施十年的经验与展望》，载《青少年犯罪问题》2010年第2期。

年法官不是家长，应当充分发挥社区、家庭的作用，尽量将犯罪未成年人留在社区和家庭内，由专业的社会工作者通过社区工作、小组工作、个案工作的方式，为未成年人的成长提供适当的支持。

（二）社会化与刑事化之间的关系

少年司法的社会化与刑事化是少年司法发展过程中一对基本矛盾，他们之间是对立统一的关系。

少年司法的社会化往往与对未成年人的保护、少年法官拥有极大的自由裁量权相联系，而少年司法的刑事化意味着少年法官的自由裁量权受到严格限制。在某种程度上可以说，少年司法的社会化与刑事化是两种不同的司法模式，他们之间相互对立。从少年司法的历史发展看也是如此，在过度社会化之后，往往会迎来刑事化的浪潮。与此同时，过度刑事化之后，往往有社会化的运动。当然，少年司法的社会化与刑事化有时会相互纠缠。在各国少年司法的发展历程中，社会化和刑事化往往并不同步，有时甚至截然相反。如美国少年司法是社会化之后再刑事化，我国少年司法则是在刑事化基础上的社会化。当然，我国少年司法非正式制度的社会化探索与正式制度的刑事化之间有着很强的张力。在少年司法开始起步的一段时间内，为了矫正传统刑事司法惩罚与报应的思维定式，少年法庭彰显与成人司法的不同可能更为社会化。在社会化的问题出现后，最高人民法院叫停了暂缓判决、社区服务令等社会化的做法，强调少年司法的规范化，少年司法的实际运作向刑事化回归。

但是，少年司法的社会化与刑事化又相互依存，缺一不可。没有社会化工作，少年司法相较成人刑事司法就没有任何特色，将失去其独立存在的价值，建立单独少年司法机构就没有必要。如果少年法庭不适用刑事诉讼程序的规定，少年法庭将失去"司法"性质，与一般社会福利机构没有区别，也没有单独存在的价值。因此，少年司法的社会化和刑事化就像电池的两极一样，他们虽是两个不同的方向，但又缺一不可。他们之间的张力决定少年司法的存在价值，他们之间的张力一旦失去，少年司法就将出现严重的问题。

二、少年司法社会化与刑事化的历史考察：理想的丰满与现实的骨感

众所周知，少年司法起源于一个世纪以前的美国。少年法官的社会工作

者化是 20 世纪 60 年代以前英美法系少年司法制度的一个重要特征。① 20 世纪 60 年代起,美国联邦最高法院通过高尔特案等一系列判决强调未成年人刑事司法中正当程序的重要性,少年司法出现了"刑事化"的传统回归,少年司法的"司法性质"和特点不断加强。美国少年司法从社会化到刑事化的历史变迁,深刻地反映出未成年人刑事审判权社会化的丰满理想与骨感现实。

(一) 少年司法社会化的理想与现实

1. 少年法官社会工作者化的崇高理想

少年司法兴起的社会背景是工业化、城市化的社会进程,在急遽的社会转型中,传统的稳定的大家庭逐渐解体,不太稳定的核心家庭成为主流。无人抚养、被忽视的未成年人在城市大量出现,进而产生了严重的未成年人犯罪问题。源于英国普通法法的"国家亲权"成为少年司法运动合法性根基,主张当未成年人的父母不履行或者不适当履行责任时,国家可以随时取而代之。② 少年司法运动与国家权力在经济社会中扩张的潮流契合,客观上推动了一场以社会底层为主要控制对象的改革运动。③ 通过对无人抚养、被忽视的罪错未成年人的社会控制,在某种程度上完成了现代大工业必需的劳动力再生产。少年司法也受到了当时兴起的犯罪实证主义的影响。④ 在教育刑理念的指导下,早期少年司法普遍采用福利模式,少年法官改变了传统刑事法官居中裁判的消极角色,积极地以个别化的方式介入和干预未成年人的日常生活。⑤ 以美国科罗拉多州丹佛少年法院"林德赛风格"⑥ 为代表的少年司法程序相当灵活,实行"家长主义"而不是公正程序。少年司法程序明显社会化,少年法庭更接近于社会福利机构而非司法机构,少年法官更像专业性的社会工作者。

---

① 姚建龙:《少年司法与社会工作的整合——以少年法庭法官的"非审判事务"论证为中心》,载《法学杂志》2007 年第 6 期。
② 管士寒、陈春琳:《美国少年司法制度的未成年人保护》,载《云南大学学报》(法学版) 2010 年第 3 期。
③ 王新:《美国少年法院的产生及其历史意义——以社会控制为视角》,载《中国青年研究》2009 年第 7 期。
④ 张鸿巍、韦林欣:《美国少年司法的新近发展》,载《法学论坛》2005 年第 2 期。
⑤ 张鸿巍:《美国少年司法之风雨百年》,载《检察风云》2011 年第 11 期。
⑥ 科罗拉多州丹佛少年法院林德赛法官在少年司法程序方面取得了公认的成就,被称为"少年司法之父",其审判风格被称为"林德赛风格",特征就是极其灵活的程序,极为个别化的处置。

2. 少年法官社会工作者化的骨感现实

少年司法的社会化必然要赋予少年法官根据未成年人的不同情况酌处的广泛自由裁量权,这对于教育、感化、挽救罪错未成年人方面的好处不言而喻。但是,这种自由裁量权行使不当就可能严重损害未成年人的权益。在一些案件中,轻微违法犯罪的未成年人实际上被监禁的期限远远长于犯罪的成年人。与此同时,由于少年庇护机构缺乏经费和专业人员,特殊教育机构的实际状况也难以让人满意,未成年人在这些机构有时遭受到了悲惨地对待。此外,教育和矫正的效果也不够理想,有研究发现,"除了极为个别和罕见的例外,对少年的矫正和再社会化对于再犯没有任何可见的积极影响"。①少年司法社会化的理想与少年司法实际运作效果的巨大差距使少年司法面临着双重压力。强调未成年人权益保护的人指责,少年法官经常以一种任意的、歧视的,甚至是专制的方式行使着家长权威,而强调社会秩序维护的人则以未成年人犯罪没有得到控制为由指责少年法庭过于仁慈。②

(二) 少年司法刑事化的无奈选择

美国联邦最高法院上世纪 60 年代后在肯特案中申明在少年司法中应当对未成年人进行正当程序保障,以及在高尔特案中判定未成年人享有宪法性权利,彻底宣告了美国少年法官社会工作者化的失败。当然,少年司法的刑事化并不意味着少年保护理念和少年司法社会化的消亡,更多的是一种无奈。

1. 少年法官的人性弱点

早期的国家亲权理论认为,少年法官就应当像未成年人的父母那样,拥有根据具体情况酌处的自由裁量权。他们还认为,既然国家干预是因为未成年人的父母不履行或者不适当履行责任。那么,把未成年人从他们所处的存在各种问题的家庭和社区迁移出来,交由少年庇护机构或者少年教育机构管教,是一种克服消极影响并引导少年为社会多做贡献的有益尝试。③ 但是,代表国家干预的少年法官也有人性的弱点,其也可能存在不适当履行职责的情形。特别是在流水型的司法作业下,少年法官对未成年人以及其生活的环

---

① 赵国玲、王海涛:《少年司法主导理念的困境、出路和中国的选择》,载《犯罪学论丛》2006 年。

② 詹姆斯·B. 杰克布斯:《美国少年司法状况的报告》,时延安译,载《法学家》2006 年第 6 期。

③ 张鸿巍、韦林欣:《美国少年司法的新近发展》,载《法学论坛》2005 年第 2 期。

境缺乏充分了解，很容易作出轻率的处理决定。正如美国学者 Edwin lemert 指出的那样：无论是现代国家还是法官都不是一个父亲，中途之家也不是一个温暖的家，感化院的陋室也绝非少年梦中的卧室。① 少年司法的刑事化潮流对人性有更为悲观的看法，当然也是更为清醒的认识。为了防止以干预为名实际损害未成年人权益，强调对未成年人的正当程序保障，如指定辩护、适当成年人在场以及各种成年人应当享有的宪法性权利。正如美国学者 David Fogel 所言，如果我们无法做到对少年进行可靠的改善和教育，我们至少可以在实践中做到公平、合理、人道和和谐。② 重新认识到家庭对未成年人的重要性，国家干预只是对家庭的补充而不是完全替代。因此，不再崇尚将少年从家庭和社区中隔离，主张尽量不干预，即使不得已进行干预，也要尽量将其留在家庭和社区内。③

2. 教育矫正的技术短板

少年刑事审判权的社会化的理论基础是刑事实证主义，早期的少年保护理念将少年犯罪和少年不良行为看做是社会弊病的征兆，将少年犯罪者和不良行为者看做是社会不公和社会弊病的受害者。刑事实证主义强调刑罚的目的在于对犯罪人进行改造，使其人身危险性逐渐消失。如李斯特认为："刑罚的目的在于改造和教育犯人，消除其危险性，使之重返一般市民生活中。"④ 但是，经过多年的实践发现，监狱内的罪犯基本上不会改过自新，累犯问题严重。这就宣告国家改造犯人的乌托邦理想的失败，新古典主义犯罪学取代刑事实证主义成为主流，主张将关注重点从如何改造犯罪转移到如何控制犯罪上。少年法官的社会工作者化的失败的教育矫正技术的不成熟和不专业密切相关。以社会调查、心理咨询和矫正为例，社会调查是实现刑罚个别化的重要技术手段，是判断被告人人格和人身危险性的重要信息来源。但是，社会调查报告要真正实现其功能，应当对未成年人的家庭背景、成长经历和社会关系进行详细地调查，并作出专业的分析，这对社会调查报告有很高的要求。心理咨询和心理矫治犯罪心理学成果的司法运用，也是实现刑罚个别化的重要技术手段。心理咨询的目的是对未成年人的犯罪心理进行分类，然后有针对性采取相应的处置措施。心理矫治的目的是对未成年被告人存在的心理创伤进行一定抚慰，对性格偏执和障碍进行一定的干预和治疗，这同样有很高的技术要求。这些教育矫正技术还不完全成熟，在适用中还有

---

① ② ③　转引自赵国玲、王海涛：《少年司法主导理念的困境、出路和中国的选择》，载《犯罪学论丛》2006年。
④　转引自马克昌主编：《近代西方刑法学说史略》，中国检察出版社1996年版，第196页。

这样那样的争议。要求少年法官普遍具有很高的心理学、教育学水平，与现代社会专业分工的发展相悖。因此，少年法官的社会工作者化必然会遭受专业分工的制约。

三、我国少年司法的社会化与刑事化：基于现实的选择

从历史考察可以发现，在少年司法社会化产生很多负面后果之后，刑事化成为国内外少年司法的普遍选择。在少年司法领域，对未成年人犯罪严罚的呼声日益高涨。少年司法是坚持少年保护理念还是少年责任理念，少年司法还要不要社会工作，都成为有争论的问题。美国甚至有人要求取消少年司法制度，言下之意就是少年司法不需要社会工作，没有单独存在的必要性。就我国而言，长期困扰未成年人刑事司法的一个深层问题始终存在，即公众对于未成年人犯罪从轻处罚是否正义持有怀疑态度，担心会引起被害人和社会公众对国家司法系统的抱怨。① 部分人因此对少年司法和少年司法的社会工作始终持怀疑态度。与此同时，少年法官社会工作者化的主张和实践也普遍存在。我国少年司法在社会化与刑事化之间如何选择，需要综合考虑。

（一）少年保护理念仍然是主流

少年法官的社会工作者化退潮后，对未成年人犯罪严罚的呼声日益高涨。但是，很快就发现，严罚主义不是解决未成年人犯罪问题的灵丹妙药。经过 20 世纪 60 年代以来美国少年司法改革的 4D 运动（非犯罪化、分流、非机构化、正当法律程序），以及恢复性司法的实践探索与理论总结。现今的少年司法理念，形成了少年保护理念和少年责任理念高度融合，以少年保护理念为主流的格局。② 少年保护理念仍然是少年司法理念的主流，有以下两个原因。一是少年司法存在的问题不在于少年保护理念，而是保护的方法出现了问题。未成年人因身心发育不成熟，很多未成年人犯罪与青春期的叛逆、冲动相关，这成人犯罪的确有明显区别，对未成年人进行特殊保护本身并没有错。正如美国联邦最高法院指出那样，少年司法的确存在很多问题，但是错不在少年司法的理念，而是错在理念没有得到切实的贯彻。③ 二是对

---

① 李少平：《论少年司法中协商性司法模式的价值》，载《法律适用》2004 年第 12 期。
② 赵国玲、常磊：《少年司法改革中的法官与公众的认知比较》，载《国家检察官学院学报》2010 年第 1 期。
③ 姚建龙：《超越刑事司法——美国少年司法史纲》，法律出版社 2009 年版，第 184 页。

未成年人犯罪采用严罚主义立场不是解决未成年人犯罪问题的正确方法。有大量的证据证明，严重的暴力犯罪与社会排斥有着紧密联系。① "标签"理论认为，国家机构干预产生后的"标签"会对被干预者的权利和社会认同有消极影响，产生更为严重的犯罪。的确，少年司法的社会化可能加剧那些被称为少年罪错的行为，并导致他们开始走上犯罪生涯。② 避免标签负面影响的正确做法是非犯罪化、分流、非机构化，严罚主义不仅不能避免标签，反而加重了标签对未成年人的负面影响。因此，对未成年人的严罚主义不过平息公众情绪的饮鸩止渴而已，并不是解决未成年人犯罪问题的正确做法。

坚持少年保护的少年司法理念，就要对未成年人犯罪进行与成人有区别的对待，不能放弃对未成年人教育、感化、挽救的理想。要对未成年人实施教育、感化、挽救，就不能像成人司法那样主要将犯罪分子投入监狱，监狱矫正失败的历史已经证明将未成年人监禁的不可取。对未成年人的非犯罪化、分流、非机构化，并不意味着国家和社会的放任不管，而是要尽量不改变环境的情况为未成年人及其家庭提供社会支持。不管是分流还是非机构化，都需要社会工作者的广泛和深入介入。因此，社会工作或者少年司法的社会化不是要不要的问题，而是如何进行社会化的问题。

（二）违法与犯罪分别处理的二元体制

与英、美、日、韩、台湾等国家或地区的少年法庭全面受理未成年人犯罪案件和少年违法事件不同，我国少年法庭只管辖未成年人犯罪案件，未成年人违法事件则主要由公安机关负责。可见，我国少年司法体制实行犯罪和违法未成年人分别处理的二元体制，少年法庭和少年法官的权力范围受到限制。在我国现行少年司法体制之下，少年法庭和少年法官的社会化、福利化空间非常有限。就可能性而言，对于少年违法事件，少年法官做社会工作容易取得成效，而对较为严重的未成年人犯罪，少年法官做社会工作的效果可能就不那么明显。就社会公众的接受度而言，对于未成年人违法事件，分流和转处也比较容易被社会公众接受，社会工作者参与的空间比较广泛。相反，对于相对严重的未成年犯罪，无论是犯罪控制的需要还是被害人和公众情绪的考虑，要完全进行社会化的处理，都将面临着极大的压力。与此同时，大陆法系的传统和社会公平的压力共同决定了我

---

① ［美］埃利奥特·科里：《美国的犯罪与惩罚：神话，现实与可能性》，载［美］戴维·凯瑞斯编：《法律中的政治》，信春鹰译，中国政法大学出版社2008年版，第288页。
② 姚建龙：《标签理论及其对美国少年司法改革的影响》，载《犯罪研究》2007年第4期。

国法官受法律的严格限制，要赋予法官向社会工作者那样的自由处置权，几乎是不可能的。

不仅如此，我国少年司法制度的发展路径与西方国家还有明显差异，我们是在成年人刑事司法程序中加入未成年人保护的相关内容。在少年法庭的发展早期，少年法官也开展了很多社会工作。这些社会工作对于贯彻少年保护理念的重要意义，但是也存在不少的问题。一是少年法官面临着两难处境，不做少年审判特色难以体现，做又可能面临着不像法官的责难。二是案件较多的情况下，大量的社会工作导致少年法官不堪重负。而在目前的法院考核体系下这些工作难以体现，不少法官只是为宣传需要而有选择的、象征性地做一些工作。三是即使少年法官认真做社会工作，因为专业性不足，往往形具而神不至，实际效果有限，成为少年司法反对者的口实。当然，我们也不否认少年法官从事社会工作的现实合理性。因为，对中国大多数地方而言，少年司法的运作都是在公民社会发育很不成熟的环境中进行的。只要少年法庭试图贯彻"教育、感化、挽救"的少年司法政策，那么少年法官就不得不从事社会工作。①

四、少年司法刑事化与社会化的平衡：未成年人刑事审判权的合理构建

前面的论述已经充分表明，社会工作对于少年司法的独立价值异常重要。但是，无论就历史经验还是体制机制而言，少年法庭的社会机构化或者少年法官的社会工作者化，既不现实也不可取，少年司法的刑事化趋势有其合理性。因此，少年司法的发展，既不能完全的社会化，也不能完全的刑事化，而是要在社会化与刑事化之间保持适度的平衡，并在此基础上构建合理的未成年人刑事审判权。少年法庭的社会工作可以分为两大类，一是与定罪量刑相关的社会工作，如社会调查、心理评估；二是定罪量刑之后的教育、矫正，如社区矫正、就业指导。构建合理的未成年人刑事审判权，就是要将与审判相关的社会工作进行证据化改造，以符合正当程序的要求，而与审判关联不大的社会工作则可以交由社会工作者负责，少年法庭和少年法官不必亲自参与。

---

① 姚建龙：《少年司法与社会工作的整合——以少年法庭法官的"非审判事务"论证为中心》，载《法学杂志》2007 年第 6 期。

（一） 对量刑相关的社会工作进行证据化改造

新刑事诉讼法专章规定了未成年人刑事案件诉讼程序，而不是单独制定《少年法》，这意味立法机关仍然将少年司法定位在刑事诉讼框架内，实际上选择了少年司法刑事化的方向和模式。但是，社会工作与刑事诉讼程序如何衔接就是一个非常重要的问题。少年司法的历史已经表明，这些社会工作如果不能与刑事诉讼程序有机融合，不仅难以达到其初衷，反而有可能以保护未成年人为名损害未成年人的合法权益，成为少年司法的历史污点。

就我国少年司法而言，与定罪量刑相关的社会工作集中在庭前阶段，主要有社会调查和心理评估。新刑事诉讼法规定了社会调查，但其性质和作用未作明确。司法实践中，上海、北京地区采用委托社会机构进行社会调查，而不少欠发达地区仍然由少年法官或工作人员进行社会调查，后者也面临着违反中立原则的指责。不管是由谁进行社会调查，社会调查报告如何使用是一个更为重要的问题。对这个问题，新刑事诉讼法及司法解释没有给出明确的说法。有的地方法院将其作为量刑证据使用，有的地方法院则认为作为证据在采信上有诸多困难，只作为量刑参考材料。新刑事诉讼法未规定心理评估，但北上广地区已经进行多年实践，但评估报告的实际作用有限。从理论上讲，社会调查报告和心理评估报告反映了未成年被告人的人身危险性，应当对量刑有影响。随之而来的问题，如果社会调查报告和评估报告对量刑有影响，根据正当程序的要求，应当给予未成年被告人及其辩护人质证和辩论的机会。因此，对社会调查和心理评估进行证据化改造就显得非常必要。证据化改造首先就是要规范调查和评估的主体，对调查、评估的主体有资质上的要求，一般的社会工作者和社会志愿者会被排除在外。

（二） 与量刑不相关的社会工作交由社会工作者承担

与量刑相关的社会工作主要是判后的教育、矫正以及相应的社会支持，这些工作与少年法庭审判工作相的关联性较小，应当交由社会工作者承担。首先，随着控辩式庭审方式和法官居中裁判观念的确立，让少年法官远离法庭，像社会工作者那样从事虽然重要但同时也很琐碎的社会工作，显然不符合社会分工的要求。其次，法院目前面临案多人少的现实，要让法院将大量审判资源投入社会工作中也不太现实。最后法院不可能深入社区建立相应的网络以支持此类社会工作的开展。总而言之，让少年法官从事此类社会工作是社会资源的浪费，同时也难以取得好的社会效果。由于我国公民社会发育不成熟以及社会支持体系不足的情况，少年法官暂时做一些社会工作对推动少年司法的发展有其积极意义。但是，我们也要看到，这种少年法官的社会工作者化不仅面临着体制机制的制约，难以持续，也不太可能复制和推广。解决的办法不是继续进行少年法官的社会工作化，而是要大力培育社会支持体系，让社区工作者或社会志愿者承担此部分社会工作。当然，我们对此也不能撒手不管，而是要积极推动，要将少年法庭建设成社会资源整合的平台，让社会工作者围绕审判工作开展社会工作。

【域外考察与借鉴】

内地与澳门未成年人司法保护制度之比较

王伽西[*]

自古以来，中、西方的政治思想家们都认为，治国之根本在于教育未成年人。本文从刑法、民法的角度，比较内地与澳门未成年人司法保护制度，以期提高对未成年人司法保护的认识。

一、内地、澳门未成年人保护的立法概况

在内地，为保障未成年人的合法权益，1991 年 9 月 4 日，第七届全国人民代表大会常务委员会第二十一次会议，讨论通过了《中华人民共和国未成年人保护法》（以下简称未成年人保护法），规定了国家、社会、学校和家庭对未成年人的保护，这是我国第一部关于未成年人保护的法律。2006 年 12 月 29 日，第十届全国人民代表大会常务委员会第二十五次会议。对 1991 年的未成年人保护法进行了修订。修订后的未成年人保护法，在"家庭保护"一章中，增加了父母或者其他监护人的法律责任。在"学校保护"一章中，增加了学校、幼儿园、托儿所侵害未成年人合法权益的法律责任。在"社会保护"一章中，增加了生产、销售不符合质量标准用于未成年人的食品、药品、玩具、用具和游乐设施的法律责任。增加了在中小学校园周边设置营业性歌舞娱乐场所、互联网上网服务营业场所以及这些场所不得允许未成年人进入的法律责任。增加了禁止向未成年人出售烟酒的法律责任。2012 年 10 月 26 日，第十一届全国人民代表大会常务委员会第二十九次会议，对未成年人保护法第五十六条第一款作了修改，修改为："讯问、审判

---

* 作者单位：四川省眉山市中级人民法院。

未成年人犯罪嫌疑人、被告人，询问未成年证人、被害人，应当依照刑事诉讼法的规定通知其法定代理人或者其他人员到场"。

1971 年，澳门制订颁布了《未成年人司法管辖范围内之教育制度及社会保护制度》，2007 年 10 月，更名为《违法青少年教育监管法律制度》。《违法青少年教育监管法律制度》明确指出，青少年犯罪非单纯的法律问题，它是牵涉到整个社会的问题，需动员整个社会力量，鼓励违法青少年重返参与社会，增加了小区刑罚措施。目前，澳门涉及青少年保护的法律，除了《违法青少年教育监管法律制度》外，《澳门刑法典》《澳门民法典》《非高等教育纲要法》《吸烟的预防及限制制度》、第 24/89/M 号法令、《澳门劳资关系法》等，也有规定。

二、未成年人的刑事法律保护比较

（一）教育为主，惩罚为辅的司法保护

未成年人犯罪问题已成为国际社会普遍关注的问题，与环境污染、毒品泛滥、恐怖活动统称为当今世界的四大公害。在内地，审理未成年人刑事案件，是以"教育为主，惩罚为辅"，对已满 14 周岁不满 18 周岁的人犯罪，有免予处罚、从轻处罚或者减轻处罚的法条。[①] 可见，内地在对未成年人犯罪适用刑罚时，充分考虑到了是否有利于未成年人的教育和矫正，充分考虑到了未成年人实施犯罪行为的动机和目的、犯罪时的年龄、是否初次犯罪、犯罪后的悔罪表现、个人成长经历和一贯表现等因素，从而作出对未成年人犯罪量刑的考虑。对符合管制、缓刑、单处罚金或者免予刑事处罚适用条件的未成年人犯罪，应当依法适用管制、缓刑、单处罚金或者免予刑事处罚。

近年来，澳门在未成年人犯罪方面，呈现出人数增多、涉及罪案面扩大、年龄下降等趋势。据统计资料显示，未成年人的高危年龄是在 14 岁至 15 岁之间，犯罪类型以暴力为主，占 55%。根据《澳门刑法典》第 18 条规定："未满 16 岁的人，不可归责"。即不满 16 岁的人作出任何危害社会的行为，不认为犯罪。对未满 18 岁的人所作出的犯罪行为，刑罚有特别减轻的规定。行为人在满 16 岁不满 18 岁时，犯任何罪，均适用《澳门刑法典》第 66 条 f 款之"刑罚特别减轻"的规定。

---

① 陈欣欣主编：《少年刑事司法制度学术研讨会论文》，澳门青少年犯罪研究学会 2010 年 12 月出版，第 24 页。

从澳门刑法的角度来看，立法者认为，未满16岁的未成年人根本不存在犯罪，因为犯罪的构成必须主观、客观并存，16岁以下的未成年人，应推定欠主观犯罪，仅是一种违法行为。①

澳门规定，年满12岁未满16岁的未成年人，只适用《违法青少年教育监管制度》。主要是通过对未成年人采取相应的教育监管措施，来达到教育的目的。如警方警诫、司法训诫、复和、遵守行为守则、社会服务令、感化令、入住短期宿舍和收容。12岁以下的未成年人，按《违法青少年司法管辖范围内的教育制度》第67条处理，将这些未成年人与受虐待、被遗弃、父母照顾不当、行乞、游荡、卖淫、放纵自己、滥用酒精等未成年人等同看待，由社会保护制度处理，或者按第68条规定，交还父母看管，交托一家庭或者一院舍。

（二）程序法的保护

在内地刑事诉讼中，未成年犯罪嫌疑人、被告人，不仅享有成年犯罪嫌疑人、被告人一般的刑事诉讼权利，还依法享有一些特殊的刑事诉讼权利。对于不满18周岁的未成年人犯罪案件，在讯问和审判时，应当通知犯罪嫌疑人、被告人的法定代理人或者其他人员到场。在辩护制度上，对于审判时，未成年被告人没有委托辩护人的，人民法院应当为其指定辩护人，而且，根据内地刑事诉讼法的规定，被指定的辩护人应当是承担法律援助义务的律师。在审判制度上，根据内地刑事诉讼法的规定，已满14周岁不满16周岁的未成年人犯罪案件，一律不公开审理。②

由于澳门目前没有就未成年人刑事司法问题进行专门的立法，针对未成年人违法而设立的仅有《违法青少年教育监管制度》。在司法实践中，凡涉及未成年人的刑事案件，都适用成年人的刑事法律规定。

三、未成年人的民事法律保护比较

（一）以监护制度为核心的家庭立法体系

监护制度是民事法律的重要制度之一，内地对未成年人的监护制度，主

---

① 陈欣欣主编：《青少年刑事司法制度学术研讨会论文》，澳门青少年犯罪研究学会，2010年12月，第73~76页。

② 陈欣欣主编：《青少年刑事司法制度学术研讨会论文》，澳门青少年犯罪研究学会，2010年12月，第77~83页。

要由民法通则及相关司法解释加以规定，婚姻法和未成年人保护法等法律中也有相关规定，但没有区分监护制度与亲权制度。澳门监护制度规定在《澳门民法典》中，明确区分了监护制度与亲权制度。父母对未成年子女监督和保护，采用的是亲权制度；对不在亲权制度保护下的未成年人的人身和财产权益的监督与保护，采用的是监护制度。对未成年人的监护，澳门明确规定，未成年人监护发生的原因是无父母、父母不能履行亲权、父母被禁止行使亲权等，如《澳门民法典》第 1778 条规定："父母处于下列任一情况时，未成年人须受监护：已死亡、在管理子女人身事宜上被禁止行使亲权、亲权之行使在事实上受阻逾六个月、身份不明"。澳门对于在发生监护前，如何保护未成年人的人身和财产权益，则没有规定。

监护事务包括人身监护和财产监护两个方面。内地根据民法通则的规定，监护人的权利和义务包括：（1）保护被监护人的人身、财产及其他合法权益，除为了被监护人的利益外，不得处理被监护人的财产。（2）监护人依法履行监护的权利，受法律保护。（3）监护人不履行监护职责或者侵害被监护人的合法权益，应当承担责任；给被监护人造成财产损失的，应当赔偿损失。人民法院可以根据有关人员或者有关单位的申请，撤销监护人的资格。（4）代理被监护人参加民事活动和民事诉讼活动。《澳门民法典》规定，在人身监护方面，监护人享有与亲权人一样的权利，除了以下两项权利与亲权人不同，一是对被监护人的命名权；二是代理权。监护人不得以被监护人的名义缔结或者强迫被监护人从事某种行为的合同，除非是为被监护人所必需。在财产监护方面，澳门对财产监护有较为详细的规定，在监护开始时，监护人要会同监护监督人清理被监护人的财产。在监护中，不仅对被监护人的财产处分要取得有关机构的同意，还要按时制作财产清单送交有关机构审查。在监护结束时，还要制作财产清单，明确监护人的权利和对监护人行使权利的限制和许可，以防止利用监护关系而损害被监护人利益。①

（二）未成年人继承权的保护

在继承权方面，根据内地法律规定，公民不仅可以通过设立遗嘱的方式，改变继承人的范围、顺序和继承份额，而且还可以取消法定继承人的继承权，把财产遗赠给法定继承人以外的人，当然，也有一些限制性的

---

① 《澳门民法典》第 1794 条第 1 款 a 项及第 1730 条。

规定。①

由此可见，内地继承法对未成年人合法继承权的保护作出了规定。对于侵犯未成年人继承权的行业，涉及未成年人继承权的纠纷，也有相关规定，以确保未成年人合法继承权的享有和实现。如父母离婚后，未成年子女仍然依法享有对父、母双方的遗产继承权，且该继承权的实现受到法律的保护。

与内地不同，《澳门民法典》的继承制度，没有规定被继承人应当为缺乏劳动能力又没有生活来源的继承人保留必要的遗产份额，而是将特留份规定为法定继承的一种。②《澳门民法典》中规定的特留份是特留给法律指定的继承人而且是被继承人不能处置的那部分财产。特留份的继承人包括配偶、卑亲属，其继承顺序及继承规则与正当继承相同。

---

① 继承法第十九条："遗嘱应当对缺乏劳动能力又没有生活来源的继承人保留必要的遗产份额"。

② 侯放：《继承法比较研究》，澳门基金会出版，第79页。

日本少年事件审前调查制度及其对我国的启示

刘　佳*

从渊源上讲，日本的少年司法来源于美国，但其作为大陆法系在东亚地区移植与吸收的典型代表，经过长时间的司法实践，日本的少年司法已经积累了相当的经验，形成了一套比较成熟、完善的司法制度。其中少年事件审前调查制度，便是日本少年司法制度的特色体现。

一、日本少年事件审前调查制度

审前调查制度，又称为"人格调查制度"，指为了程序上对每个少年都能选择恰当的处遇方法，使法院在确定审理前，对少年的素质和环境作出科学分析的制度。① 家庭裁判所受理少年事件后，原则上要在审前进行调查，该调查放在审前准备手续的位置上，此为"调查前置主义"；且日本认为，为少年选择适合的处遇方式，需保护性的资料是必要的，举凡少年事件均应进行审前调查，因此，该调查又为"全件调查主义"。②

（一）调查制度之法律渊源

日本少年事件审前调查制度主要规定在《少年法》和《少年审判规则》中，此外《少年鉴别所处遇规则》《少年院法》及《少年院处遇规则》等相关少年权利保障法律法规中也有相应规定。③ 日本少年法规定：家庭裁判所的调查官发现应当交付家庭法院审判的少年时，必须报告给法官，调查官

---

　* 北京市朝阳区人民法院少年审判庭。

　① ［日］菊田幸一：《犯罪学》，群众出版社 1989 年版，第 178 页。转引自陈兴良：《刑法的人性基础》，中国方正出版社 1996 年版，第 425 页。

　② 在实际调查中，并非全部案件都进行正式的标准调查。

　③ 吴海航：《日本少年事件相关制度研究——兼与中国的制度比较》，中国政法大学出版社 2011 年版，第 104 页。

在进行前款报告之前，可以对少年及其保护人进行情况调查。进行前条规定的调查，务必要根据少年、保护人及相关人员的品行、经历、素质、环境等，充分利用医学、心理学、教育学、社会学及其他专业知识，特别是少年鉴定所的鉴定结果。

根据日本的少年法，少年事件包括三部分：一是已满14岁未满20岁的少年犯罪行为；二是未满14岁的少年的触法行为，即未达到刑事责任年龄而不予追究其刑事责任的少年的犯罪行为；三是不服管教、具有不良交际、将来有可能发生犯罪或触法行为的虞犯。此三部分又统称为少年非行。少年非行，须经由警察发现、相关人控告或本人自首等方式，移送至家庭裁判所之后，审前调查才得以进行。①

（二）调查制度之基本理念

关于日本的少年司法制度的理念，一直以来有一个基点：在国家亲权主义思想的支撑下，立足于更有效促进少年改善教育的立场，对非行少年选择保护处分和刑事处分，体现其宪法精神——人权保障。国家的介入，是出于对少年的保护，这一理念也被称为"保护主义"理念。② 日本少年法也明确提出，本法的目的是为了促进"少年的健全发展"。

因此，在"保护主义"基本理念下，家庭裁判所调查的终极目的，同样为期待"少年健全发展"，即对各种有非行的少年给予性格上的矫正、环境上的调整等各种处置，并根据少年的个性适当的处遇。因此调查官的调查活动，需在"保护主义"的要求下进行。少年的行为是否构成犯罪，并不是调查的具体目的，而少年非行或犯罪的原因才是重点。非行或犯罪的原因，因个案而异，经常因少年个人的人格、家庭、社会等因素共同造成，即便调查官这样的专业人员不一定能轻易发现，因此调查官在接到案件后，除了研究事件记录、前科材料、询问各相关人员外，还需要与各精神科等科学鉴定机构合作。一方面进行调查，另一方面也是统合所有的资料，对少年应有何种处遇进行专门、综合的判断。

家庭裁判所调查官的调查行为正体现了"保护主义"这一基本理念：一方面，周详的调查，是为了科学地判断保护少年，并妥善确定"少年何去何从"。调查报告，主导家庭裁判所法官能否正确无误地对少年进行判

① 尹琳：《日本少年法研究》，中国人民公安大学出版社2005年版，第115页。
② 刘建利：《日本少年司法制度及其对我国的启示》，载《青少年犯罪问题》2013年第2期。

断；另一方面，调查进行时，调查官对少年、保护人以及其他关系人，对少年的问题、少年新生的意愿等一定程度上也进行了援助，因此调查的过程本身也是教育保护的重要一环。

（三）调查与审判的关系

家庭裁判所受理案件后，首先要做的就是调查。法官根据移送来的证据资料判断审判条件和非行事实存在的盖然性，向调查官下达调查命令。待调查官作出调查报告后，法官参照该调查报告，综合考虑决定审判是否需要开始。调查与审判一样，构成日本少年司法程序的中枢。在形式上，调查官进行调查，而法官只负责亲自审判，两者是分离的。这是日本少年审判所采用职权主义模式的必然结果。

但调查与审判又并非绝对一分为二。调查与审判构成包括个案工作全过程在内的微观世界，是一个复杂的整体性个案工作过程。① 家庭裁判所的法官在承认存在非行的盖然性的情况下，才可以下达调查命令，这也是一种法律上的调查。同时，调查官进行的审前调查是全面的调查，除了包括人格在内的综合判断外，当然也必然涉及对少年非行事实的调查。该调查结果不仅可以成为法律事实审判的重要资料，同时也是作出经验科学判断的重要资料。

（四）调查制度之程序、内容与方法

调查，始于非行原因的探究，终于处遇方式的选择。调查官作为专家拥有独立的固有权限。调查的基本程序有：

第一，调查官的调查从倾听开始。他们先要与少年及监护人等相关人员进行访谈，对少年和监护人进行必要的指导，然后到学校、家庭进行了解，观察具体情况，或调查官以家庭裁判所的名义向学校、单位等提出书面照会。

第二，调查官要听取少年案件中被害人的陈述意见，详细把握被害人的被害的实情，准确判断非行事实的存否。

第三，调查官要对当事人和少年进行心理测试，必要时还可以将少年收容到有科学检查能力及鉴别设备的少年鉴别所，鉴别少年的身心健康状况，

---

① ［日］团藤重光、森田宗一：《新版少年法》，有斐阁1984年版，第192页。转引自尹琳：《日本少年法研究》，中国人民公安大学出版社2005年版，第130页。

科学地判断少年的需保护性。收容到少年鉴别所的时间最长为4周，如果是证据调查需要，可延长至8周。

第四，调查结束后，调查官要归纳总结调查结果，形成书面的调查报告，并提出相关的处遇意见，提交给案件的审理法官。

日本的少年法要求调查官在调查过程中必须灵活运用医学、心理学、教育学、社会学等专业知识。调查内容涉及少年、相关人员的品行、经历、素质、环境等，家庭及相关人的关系、经历、教育的程度与状况，不良化的经过、身心状况等审判及处遇上必要的事项。

一份完整的调查报告，至少需具有以下内容：

第一，告知、解释少年及其监护人，目前的法律规定及其权利。

第二，调查官采用观察法、访谈技巧、自身经验和判断，观察少年及其监护人对问题的面部表情、反应、回答速度等非语言表现。

第三，询问的项目包括：（1）少年的基本资料，包括少年姓名、年龄、住址、职业等，这些基本资料，因卷宗中已有，可以视需要而询问；（2）少年的犯罪行为，包括犯罪罪名、犯罪发生的情境描述、犯罪行为的过程、犯罪行为所造成的结果等与犯罪相关的内容，这类需要详细询问。（3）少年个人及社会背景资料，包括前科资料、身心健康情形、药物滥用历史、家庭情况、住址变动状况、经济条件、就学、就业历史、社会支持系统、未来目标及犯罪后的想法、感受等。

调查的方法有多种多样，实践中特别重要的有案例研究（case study）和计量性危险测定法。前者是溯及调查对象过去的精神发达程度及社会经历，确定非行根源的方法，属于调查方法的主流。后者是普遍调查与非行具有关联性的内、外部因素，通过确定各因素的良否，进行综合测定少年的危险性的方法，每个因素的分量由犯罪统计确定。①

（五）调查官的资格与立场

根据资料，2000年日本的家庭裁判所拥有调查官1528名。② 可见调查官的资格较难取得。首先，日本家庭裁判所调查官，是由大学专攻心理学、教育学、社会学等人文科学又再专攻法律者，通过裁判所职员考试后，方可

---

① ［日］平场安治：《少年法》，有斐阁1987年版，第228页，转引自尹琳：《日本少年法研究》，中国人民公安大学出版社2005年版，第132～133页。
② ［日］寺尾绚彦：《家庭裁判所调查官所看到少年法50年》，现代人文社2003年版，第155页。

成为候补家庭裁判所调查官。候补家庭裁判所调查官接着需到最高裁判所设置的调查官研修所接受 2 年的专门培训，学习法律、人文知识、调查理论及技巧，并在实务工作中积累经验后，才可被正式任命为调查官。

关于调查官在调查中的立场，需要特别说明。与主动发现少年非行不同，家庭裁判所的调查官应当处于被动、中立的立场。但在实践中，调查官对少年进行全面调查时，往往会接触到少年非行之外的资料。调查官是少年进入少年法院第一个接触到，且又愿意与少年及其监护人交谈这么久的人。少年的许多不平及疑惑都希望从调查官口中获得解答，而调查官也总是耐心加以解释，因此少年及其监护人对调查官会产生依赖感，几乎对调查官的询问有问必答。这一方面有利于调查官资料的取得，但另一方面，由于少年自身的揭露，调查官也有其他发现，例如少年的其他犯罪事实或与移送至家庭裁判所不同的犯罪情节等，这时调查官应该如何处置？日本的少年审判规定明确指出了，"调查报告需止于必要的限度，必须注意不要过于深入"。因为调查官的调查活动和实际真正负责搜查的专门警察所进行的调查是不同的。基于调查官的立场，应该特别注意，调查不能过度追求真相，而忽略了少年背后所需要的福利及照顾。调查官在调查时，需紧密围绕"对需保护性的判断"这一核心进行。

二、日本少年法最新修法对审前调查的影响

近年来，日本少年法于 2000 年、2008 年进行了两次重大修法。2000 年的修法对日本少年法有重大影响，在日本被称为"少年法的二次改正"；而 2008 年最新的这次修正，重点是被害人的保护和重视。本文主要概述 2008 年修法对日本审前调查的影响。

2008 年日本少年法增加规定，家庭裁判所调查官需听取被害人、被害人配偶、直系亲属或兄弟姐妹等被害人相关人员的意见。这也是日本重视被害人的修复性司法的体现。对被害人在物质、经济、情感、社会等各方面充分地倾听和理解，以及通过地域、社会性的再融合，促进加害人少年对自己行为的反省、积极担责、防止再犯。

调查官进行被害人调查的过程中，获得关于被害人状况的资料，同时也是在调查中对少年进行保护。借由这样的机会，促使少年进行内省。例如，调查官传达被害人因伤害遭受的疾病或精神伤害带来的痛苦、经济损害等；教导少年道歉、谢罪，使少年了解自己的行为，促使少年能够站在被害人的立场来好好思考自己的行为，对少年的新生、重建良好状态均具有重要意义。

三、我国社会调查制度的发展现状

我国的未成年人社会调查制度，作为西方的舶来品，在我国已走过四分之一个世纪了。在法律上，《联合国少年司法最低限度标准规则》第16条规定："所有案件除涉及轻微违法行为的案件外，在主管当局作出判决的最后处罚之前，应对少年生活的背景和环境或犯罪的条件进行适当调查，以便主管当局对案件作出明智的审判"。为贯彻该规则的规定，我国最高司法机关出台了司法解释，认可了这种社会调查制度。2001年最高人民法院在《关于审理未成年人刑事案件的若干规定》中就对社会调查员制度作了规定："开庭审理前，控辩双方可以分别就未成年人被告人的性格特点、家庭情况、社会交往、成长经历以及实施被指控的犯罪前后的表现等情况进行调查"。2006年《最高人民检察院办理未成年人刑事案件的规定》第十六条第四款规定："审判起诉未成年犯罪嫌疑人，应当听取其父母或者其他法定代理人、辩护人 未成年被害人及其法定代理人的意见，可以经社会调查，通过学校、家庭等有关组织和人员，了解未成年犯罪嫌疑人的成长经历、家庭环境、个性特点、社会活动等情况，为办案提供参考"。新刑事诉讼法第二百六十八条规定，公安机关、人民检察院、人民法院办理未成年人刑事案件，根据情况可以对未成年犯罪嫌疑人、被告人的成长经历、犯罪原因、监护教育等情况进行调查。

尽管社会调查制度在我国若干法律、司法解释中都有所体现，但远未至善。尽管各地积极试点与探索社会调查制度，出台了一系列工作细则和规定，为本地未成年人社会调查制度提供法律基础，但由于没有统一的社会调查规范，各地司法机关仍在"八仙过海，各显神通"地实施，社会调查作为一项制度不能统一、协调乃至可持续发展。社会调查制度亟需由政策要求、实践探索层面，上升至法律规定、法定程序的高度。除了这一问题外，自社会调查制度探索实践以来，影响或制约社会调查制度实效性的主要因素还包括：社会调查主体、社会调查对象、社会调查程序、社会调查时限、社会调查报告的法律定位等问题。①

四、日本少年事件审前调查制度对我国的启示

从上述日本少年事件审前调查制度介绍及我国的社会调查制度现状分

---

① 路琦、席小华主编：《未成年人刑事案件社会调查理论与实务》，中国人民公安大学出版社2012年版，第41页。

析，可看出我国与日本在少年司法上，整体的法律架构上并不相同。日本的审前调查，是为少年是否进入刑事程序把一道关，并对那些无需审判的少年，找出最适合的处遇方式，而我国将社会调查设置在刑事司法程序之中，对已进入司法程序的犯罪未成年人进行调查，无论调查结果怎样，终将经过法庭审判。本文认为，首先，应当明确我们不能直接单纯地引用日本的少年事件审前调查制度。其次，日本少年事件审前调查制度从总体理念到具体的制度运行上，与我国还是具有一定的共通性，且日本的审前调查制度运行多年，积累了相当的先进经验，这些都可以对我国社会调查制度的发展带来一些启示：

一是社会调查应加强司法保护的理念。日本的审前调查制度，是日本少年司法保护主义下的重要部分，除了调查为法官决定少年最终处遇提供了一次机会外，其调查过程也是以少年健全发展为出发点的。我国在设置未成年人司法制度时，将社会调查制度贯穿于未成年人司法过程中，因此该制度更应当立足于最大限度地保护涉案未成年从的合法权益，而不仅仅是为刑事诉讼活动和教育矫正工作提供参考依据。同时，加强社会调查的司法保护的理念，也是教育、感化、挽救和预防未成年人违法犯罪工作的基础和重点。从保护未成年人角度出发，开展社会调查工作，才能更为全面、客观地了解未成年人的作案原因，评估其人身危险性，最大限度地保护涉案未成年人的合法权益，这才是落实未成年人司法保护原则的有力措施。

二是社会调查应注重发挥预防、减少未成年人违法犯罪之功能。日本的审前调查报告，相当重视少年过去犯罪或虞犯的记录，并将其列为调查报告首卷的要项，主要也是希望发现在犯罪学理论中所谓的"慢性犯罪人"。青少年"慢性犯罪人"，由于在各个阶段成长历程中的受限，70% 的可能性会发展为严重的持续犯罪者，80% 的可能性成长为成年犯，50% 的可能性于成年后违法四五次。① 该项统计可能欠缺严谨，但至少可以提醒我们对这类青少年"慢性犯罪人"需引起足够的重视。从事社会调查的社会调查员多为有较高文化知识背景的社会各界人士，他们在调查中深入家庭、学校、社会，对未成年人的各相关方面均进行沟通与联系，是一个对社会资源的充分利用的整合体系。因此，在社会调查中，感化、挽救这类"慢性犯罪人"不惜为一种好方法。通过充分调动社会力量，督导未成年人家庭、学校和有关方面加强和改进教育，增强保护，真正履行法定职责，形成社会合力，有

---

① 许春金：《犯罪学》，台湾地区中央警察大学出版社 2003 年版。

效预防和减少未成年人违法犯罪。

三是社会调查报告应重问题诊断分析。日本的审前调查报告的内容十分重视对非行原因、非行程度的分析，并以此为基础作出少年行为的预测及危险性大小的诊断。目前我国各地实践的社会调查报告，多有对未成年人此次犯罪因素的罗列，在问题诊断及说理方面还应更加充实。需运用专业知识，对收集到的各个维度的资料进行有机整合，对涉罪未成年人违法行为因素进行详细分析，对各因素之间如何相互作用、如何彼此影响，这些因素又如何导致未成年人产生当前的犯罪行为进行具体阐述，并以此为基础从未成年人回归社会的有利因素和不利因素进行最后诊断，这才最后提交给法官的社会调查报告应当有的核心内容。

四是需重视社会调查报告的运用。社会调查报告书或因各地的具体司法实践不同而存在差异，但其基本应当包括未成年人作案前后的表现、生理特征、心理特征、性格品格等特点、生活环境和社会交往等作案背景和人身危险性方面的内容，以及是否具备有效监护或社会帮教条件等内容。这些正是法官合理运用"自由裁量权"，在量刑时从轻、减轻或者免除处罚需考量的内容，是未成年人刑事案件活动和教育矫正工作的重要参考依据，因此，需重视社会调查报告的运用。如果经过法庭的举证、质证，法官将其作为证据采纳，就应当在法院的裁判文书中予以体现。

五是社会调查还需社会支持系统的配合与完善。日本的调查官在调查结束后，可以建议处分的选择较多，在家庭裁判所外，日本也相应也设置了许多安置少年的机构与对应的社会服务方案。[1] 我国目前的社会调查的后续干预措施，还不健全，还需要社会支持系统的配合与完善。对那些人身危险性低，监管条件较好，社会调查员建议并得法官判处非监禁刑的未成年被告人，不能仅仅单一地进行移送社区矫正，而应当充分发挥之前社会调查报告的作用。调查员在调查报告中，应基于个别化的原则，对每个涉罪未成年人的不同成长经历、生活环境、文化背景，制定有针对性、能满足个体的内在需求、有计划且具有实际可操作性干预方案，并能够在社会支持系统中，诉诸青年组织、学校、社区等社会力量的参与支持。

---

[1] 从日本的收容机构上看，可以分为以下四种：（1）初等少年院：收容未满16岁、身心无显著障碍者。（2）中等少年院：收容16岁以上未满20岁、身心无显著障碍者。（3）特别少年院：收容高犯罪倾向、16岁以上未满23岁、身心无显著障碍者。（4）医疗少年院：收容14岁以上未满26岁、身心有显著障碍者。

【调研报告】

关于未成年人刑事诉讼程序
相关制度运行情况的调研
——以江苏法院少年审判工作为视角

江苏省高级人民法院刑一庭课题组 *

  修订后的《中华人民共和国刑事诉讼法》（以下简称刑事诉讼法）及《最高人民法院关于适用〈中华人民共和国刑事诉讼法〉的解释》（以下简称《刑事诉讼法解释》）关于未成年人特色诉讼制度的规定，是对包括全国各级法院在内的司法机关近年来推进涉少刑事诉讼制度改革与创新所取得成果进行总结的结果，是在立法层面对我国未成年人刑事诉讼特色制度的确认和构建。但审视立法及其解释的规定，同时结合我省法院在新刑事诉讼法施行前后的制度执行现状，不难发现仍存在掣肘上述制度有效推进的各方面不利因素，影响了未成年刑事诉讼特色制度作用的有效发挥。因此有必要开展深入调研，并在调研的基础上梳理问题，分析成因，并提出解决对策，以切实将我国未成年人刑事诉讼特别程序相关制度贯彻执行到位，真正将立法对未成年犯特殊保护的立法主旨体现出来

  本课题组重点对未成年人刑事诉讼程序中的未成年人犯罪记录封存制度、合适成年人参与制度、审前社会调查制度以及未成年人心理评估干预制度等四项特色制度的施行情况以及在实践中存在的问题进行实证考察，紧紧立足于刑事诉讼法施行前后我省各级法院实践现状，调取江苏省辖区 13 个地级市两级法院 2011～2013 年的相关数据进行分析，进而总结经验做法，

---

  * 课题主持人：李玉生；课题组成员：刘亚军、陈晓钟、吴万江、杨述。

剖析制度缺陷，破解法律适用难点，力求构建高效配套体系。

一、未成年人犯罪记录封存制度

（一）江苏法院未成年人犯罪记录封存制度施行情况

未成年人犯罪记录封存制度是指为避免因犯罪记录的存在给未成年人被告人贴上犯罪标签，使其再社会化过程中受到社会和他人歧视或不理解，人民法院在作出判决时，依法将符合法定封存条件的未成年被告人犯罪记录予以封存的工作制度。未成年罪犯犯罪记录被封存后，非因法定事由，任何单位和个人对封存的犯罪记录都不得调取和启用，也不会记载在未成年犯户籍档案和人事档案中，从而有效避免对其升学、就业造成的负面影响。

为了贯彻中央关于"未成年人轻罪犯罪记录消灭制度"的改革意见，2011 年 5 月 1 日起施行的《中华人民共和国刑法修正案（八）》第一百条增加规定了"犯罪的时候不满十八周岁被判处五年有期徒刑以下刑罚的人，免除第一款轻罪报告义务"，从而在立法上确立了我国"未成年人轻罪免除报告制度"。刑事诉讼法第二百七十五条进一步规定："犯罪的时候不满十八周岁，被判处五年有期徒刑以下刑罚的，应当对相关犯罪记录予以封存。封存的犯罪记录除司法机关为办案需要或有关单位根据国家规定进行查询外，不得向任何单位和个人提供"，我国未成年人轻罪犯罪记录封存制度在立法上最终得以确立。

从 2010 年起，江苏多地法院积极开展未成年罪犯犯罪记录封存制度的探索和实践，先后出台了一系列的规范性文件，形成了许多富有地方特色的未成年人犯罪记录封存制度，对于防止未成年犯被"标签化"，促进其更好地回归和融入社会，影响深远。徐州中院出台的"未成年人前科消灭制度"2012 年被评选为江苏省首届"十大法治事件"。

省法院少年法庭指导小组及其办公室本着积极探索，大胆尝试，不断总结以及稳定推进的原则，积极鼓励全省各级法院从自身的审判实践出发，放开思路，积极探索前科封存或消灭的方式和规范。全省法院逐渐形成了采取"法院依职权封存（亦称自动封存）"和"依当事人申请封存"两种封存方式，并制定出台了一批规范性文件，指导和规范本辖区未成年犯犯罪记录封存工作，为未成年人犯罪记录封存工作制度上升为立法规定奠定了实践基础。

刑事诉讼法施行后，由于立法相关规定过于原则，为将未成年人犯罪记录封存工作落到实处，省法院少年法庭指导小组及其办公室根据立法的原则和精神，着手制定全省统一的实施细则，以指导和规范各级职能部门共同做好未成年人犯罪记录封存工作。2013年初，江苏省高级人民法院起草了《江苏省未成年人轻罪犯罪记录封存工作实施意见》（以下简称《实施意见》），由省综治委预防办等十一家单位会签后正式公布施行。省法院会同省综治委预防青少年违法犯罪工作领导小组及团省委于2013年5月7日联合召开新闻发布会，向社会通报了《实施意见》的起草制定情况。人民日报江苏分社、新华社江苏分社、法制日报江苏记者站、新华日报、江苏电视台、扬子晚报、现代快报、南京日报等中央驻宁及省级20余家新闻媒体受邀参加新闻发布会，并进行了深入广泛的报道。人民网、中新网、法制网、中国江苏网等网络媒体当日发文，次日人民日报11版、法制日报头版头条、人民法院报头版、江苏法制报头版等刊登相关稿件，并被搜狐、新浪、凤凰等网站广为转载，收到良好的宣传效果。

《实施意见》的出台进一步增强了承担未成年人权益保护的"政法一条龙"及"社会一条龙"各成员单位对未成年人的特殊保护理念，从而为该项制度的贯彻实施，确保这一部分未成年人顺利回归社会营造了良好的舆论氛围和宽松的社会环境。2013年1月1日起，全省各级法院严格按照法律和《实施意见》的要求，在封存方式上，统一为法院依职权封存；在封存范围上，对被判处五年有期徒刑以下刑罚的未成年被告人的犯罪均予以封存；对被封存档案也均予以特殊保管，严格依照法律和行政法规的规定，全面开展未成年人犯罪记录封存工作（见表一）。

表一　全省法院2011年度至2013年1~10月封存制度的施行情况

年份	2011年				2012年				2013年1~10月			
地区	案件数	人数	封存案件数	封存人数	案件数	人数	封存案件数	封存人数	案件数	人数	封存案件数	封存人数
南京市	398	435	15	19	365	376	27	45	214	253	214	253
苏州市	584	755	20	27	529	679	50	76	320	393	309	392
无锡市	463	549	171	143	367	451	190	327	213	339	213	339

续表

年份	2011 年				2012 年				2013 年 1～10 月			
地区	案件数	人数	封存案件数	封存人数	案件数	人数	封存案件数	封存人数	案件数	人数	封存案件数	封存人数
徐州市	301	459	21	28	305	443	37	60	196	308	196	308
常州市	251	293	72	84	202	224	94	103	126	131	125	130
扬州市	191	295	33	85	163	209	45	66	99	135	92	114
泰州市	255	255			239	239			122	152	122	152
镇江市	214	226			192	203			97	105	97	105
南通市	263	291			231	247			153	167	153	167
淮安市	268	289			242	251	67	82	143	157	143	157
盐城市	130	177	45	61	105	143	43	59	120	153	114	147
连云港市	289	307	57	78	268	284	131	143	187	205	187	205
宿迁市	253	269			241	267			210	276	210	276
合计	3860	4600	434	525	3449	4016	684	961	2200	2774	2175	2745

注：本表所称"案件数""人数"专指被判处五年有期徒刑以下刑罚未成年被告人犯罪案件数和人数。

（二）施行中存在的主要问题

1. 2013 年之前全省各地区法院犯罪记录封存工作开展不均衡。除苏州、无锡、徐州、常州等地区外，镇江、泰州、南通以及宿迁等地 2013 年之后才正式开展该项工作（见表二）。

表二　2011、2012 年度全省法院封存工作的开展情况统计表

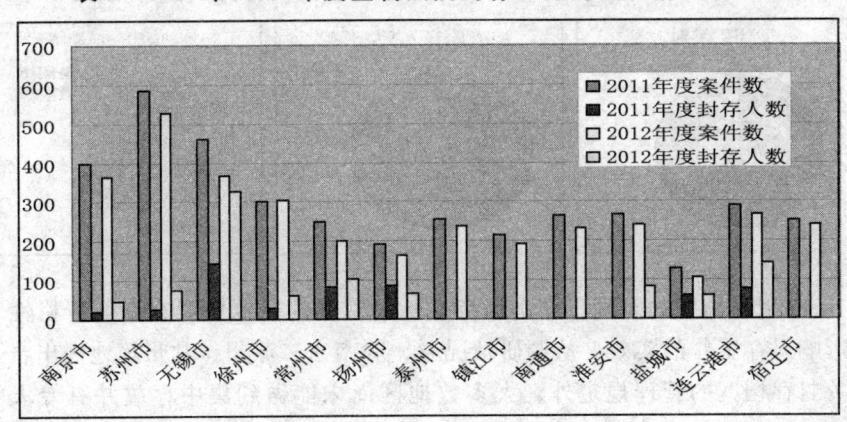

2. 2013 年刑事诉讼法及其司法解释正式施行后，仍有地区并未做到将所有被判处五年有期徒刑以下刑罚的未成年被告人的犯罪记录均予以封存（见表三）。

表三　2013 年 1～10 月年度全省法院封存工作的开展情况统计表

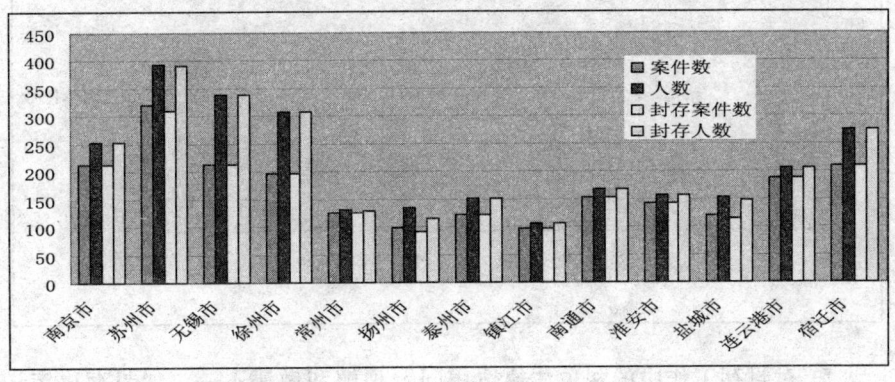

3. 封存方式和范围理解上存在差异。各地做法仍不尽一致，尤其是对于修改后的刑事诉讼法施行前符合封存条件的案件的处理，仍存在认识上的分歧，个别地区未严格依照刑事诉讼法及其司法解释以及《实施意见》的规定，2013 年后仍存在大量依申请封存的情况（见表四）。

表四　2011 至 2013 年 1～10 月全省法院封存方式统计简表

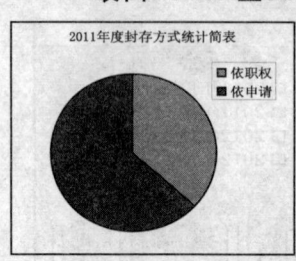
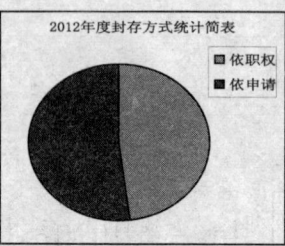
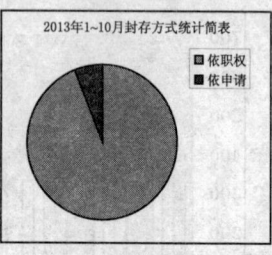

4. 封存档案的管理工作不规范。档案管理的规范性和查询的严格性直接影响封存工作的实效。从调研情况看，除南京、苏州、常州等地区出台了相关封存档案的管理规定外，大多数地区尚未能做到集中存放并有专人管理。而部分地区未做到对于查询的严格控制，仅 2013 年 1～10 月便有近 40 次的查询记录（见表五）。

表五　全省法院 2011 至 2013 年 1～10 月封存档案查询情况汇总

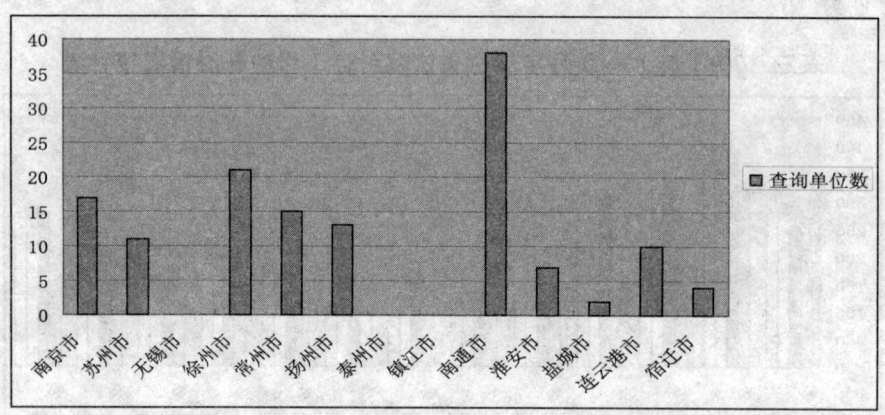

5. 对封存工作中的相关法律适用问题理解和做法不一。如封存决定送达主体的范围，各地法院对于封存决定书是否应主动送达教育部门、人力资源管理部门、劳动管理部门存在分歧，对主动送达与被动查询管理之间应如何准确把握认识不足。对于封存决定的效力问题。多数法院对于被封的犯罪记录是否可以解封存在不同理解，尤其是涉及未成年犯罪人跨十八周岁实施构成一罪或数罪行为的处理以及相关司法解释对部分立案标准降低 50% 的侵财型犯罪，如盗窃、抢夺，如何适用犯罪记录封存的问题，存在较大的争议。对于掌握或知晓犯罪记录封存内容的相关主体违反保密义务的处理，目前只有对律师等诉讼参与人发出暂停其诉讼业务的司法建议，对于其他诉讼参与人违反保密义务应如何处理，能否按照违反保密法的相关规定予以惩处仍存在争议。

（三）施行中解决上述问题的对策建议

1. 关于封存范围的理解问题。全省各级法院应严格按照刑事诉讼法第二百七十五条以及《刑事诉讼法解释》第四百九十条和《实施意见》第一条的规定，明确在审理未成年人犯罪案件中，对犯罪时不满十八周岁，依法被判处五年以下有期徒刑、拘役、管制、单处罚金、驱逐出境以及免予刑事处罚的未成年被告人，人民法院在判决生效后，均应当将其犯罪记录予以封存，而无例外。在实践中应严格执行共同犯罪中成年被告人与未成年被告人分案审理制度，并加强与人民检察院的沟通协作，在案件起诉前应当加强审查，对可能符合犯罪记录封存条件的未成年被告人与成年被告人共同犯罪的案件，应当将未成年被告人与成年被告人分案起诉。以避免成年被告与未成年被告同案审判，而无法封存犯罪记录的情况发生。

2. 关于申请查询封存记录的条件问题。全省各级法院应严格把握刑事诉讼法规定的申请查询单位依据的"国家规定"内涵，在实践中为保证适用法律统一，应限制理解为仅指全国人民代表大会及其常务委员会制定的法律和决定，国务院制定的行政法规、规定的行政措施、发布的决定和命令，而不包括部门规章和地方性法规。

3. 关于行为人跨十八周岁实施构成一罪或数罪行为如何处理的问题。为统一全省执法标准，《实施意见》第二条已予了明确规定，即"行为人在年满18周岁前后实施数个行为，构成一罪或者数罪的，不适用犯罪记录封存"。理由如下：一是行为人如连续实施数个行为构成一罪的，定罪量刑系综合衡量数个行为后作出，其十八周岁之前的行为没有作单独评价，无法对该部分行为进行单独封存；二是如行为人的行为构成数罪，虽然从理论上讲可以免除其十八周岁之前轻罪报告义务，但因为数罪一并审理、一并宣判，量刑是根据数罪并罚规定作出的，实践中无法对同一份判决书中部分犯罪记录进行封存；三是属于该种情形的行为人，表明其人身危险性较一般的初犯、偶犯都要大，对他们在前科封存方面作出相对严格规定，有利于更好保护社会利益。

4. 关于相关司法解释对部分犯罪立案标准降低50%的问题。该问题主要集中在侵财型犯罪，如盗窃、抢夺，如何理解前罪的犯罪记录封存问题，对于该问题可从以下两个方面进行进行理解：一是立案标准降低50%的侵财型犯罪所要求前罪的犯罪记录，如被告人系未成年则应当予以封存，在现有法律未规定解封条件的情况下，应视为消灭；二是刑法明确规定了未成年被告人免去前科报告义务，在立案时不应把被封存的犯罪记录纳入后罪的犯罪构成中；三是根据联合国公约的条文以及最高检的相关规定，对于未成年人，前不当行为不应用来评价后行为。为统一省内做法，省公、检、法已达成一致意见，即对未成年被告人符合立案标准降低50%的侵财型犯罪，不予立案和处理。

5. 关于封存档案管理工作。《实施意见》第九条对封存单位封存材料的做法予以了明确和统一规定，即"公安机关、人民检察院、人民法院、司法行政机关应当对犯罪记录封存的未成年罪犯卷宗档案标明'档案封存'字样，并进行单独存放，由专人实行保密管理"。作为直接作出封存决定的主体单位，全省各级法院更应严格做好档案材料保管工作，确保封存工作的实效。

6. 关于封存决定的送达对象和范围的问题。为了从源头上更好地控制和降低泄露未成年人犯罪记录的可能性，《实施意见》第八条已根据可能掌握犯罪记录信息的相关主体明确规定了封存决定送达的对象和范围，即人民法院犯罪记录封存决定书应当及时送达刑罚执行机关、其他掌握未成年人犯罪记录的司法机关、附带民事诉讼当事人及其诉讼代理人、未成年罪犯及其辩护人、法定代理人或者其他监护人。各地法院在实践中应严格按照规定要求，不得扩大。因此，不应将封存决定主动送达教育部门、人力资源管理部门、劳动管理部门，对于这些部门依国家规定要求查询的，在严格审查后作出是否给予查询的决定。

7. 关于修改后的刑事诉讼法施行前符合封存条件案件处理的问题。对于2012年12月31日以前审结且符合刑事诉讼法第二百七十五条规定的封存条件的未成年人犯罪案件，对其犯罪记录是否应当进行封存的问题，修改后的刑事诉讼法没有明确，但《刑事诉讼法解释》第四百九十条第二款对此进行了规定，即"2012年12月31日以前审结的案件符合封存规定的，相关犯罪记录也应当封存"。因此，只要符合修改后的刑事诉讼法规定的封存案件范围，即使是在修改后的刑事诉讼法施行前已经审结生效，相关犯罪记录同样应当封存。实践中应准确理解"犯罪记录封存制度"这一立法规定的内涵。事实上，封存的本质并不仅仅在于法院有无作出封存决定这一形式（即并不需要再重新作出封存决定），而在于符合封存条件的案件，掌握其犯罪记录的机关不应提供或接受对外查询，除非符合刑事诉讼法规定的查询条件。《实施意见》第一条第四款对此予以进一步明确，"2012 年 12 月 31 日以前审结且符合第一款规定的案件，相关犯罪记录也应当封存。对于在作出生效判决的同时未作出犯罪记录封存决定的案件，司法机关或者有关单位申请查询犯罪记录的，封存单位应当严格按照前三款的规定进行审查，并决定是否同意给予查询"。全省各级法院对此问题的做法应统一为可以不主动进行封存，但对符合封存条件的案件应严格按照《实施意见》的规定视为已封存的案件，除因法定事由，不应提供或接受对外查询。

8. 关于掌握或知晓犯罪记录封存内容的相关主体违反保密义务处理的问题。对律师等诉讼参与人泄露未成年被告人相关信息的，人民法院应向司法行政机关发出暂停其诉讼业务的司法建议，并要求司法行政机关将处理情况回函说明。对于其他诉讼参与人违反保密义务应如何处理，考虑到与保密法规定的保密义务并非同一含义，是否应当按照违反保密法的相关规定予以惩处仍存在争议。但做出封存决定的法院可依法对本院违反保密义务的主体提出训诫，对于造成严重后果的可依法追究行政责任或刑事责任。从完善法律的层面，对于包括违反保密义务的主体、违反保密义务行为的界定、违反保密义务行为性质的界定、追究责任的主体、处罚或监督机关的确定、法律后果的承担方式以及执行机关的确定等几个方面均需作出明确的规定。

二、审前社会调查制度

（一）江苏法院审前调查制度的施行情况

审前社会调查制度是指在刑事案件判决前，由法院委托专门机构对可能判处缓刑的被告人的个人情况、犯罪动机、是否有社会危害性和再犯可能性进行调查评估，提出是否适用非监禁刑的建议，并作出评估报告，供法院量刑时参考的一种制度。审前社会调查评估为法院对被告人正确适用非监禁刑提供了参考建议，有利于法院依法作出切合实际的判决。

为贯彻《联合国少年司法最低于限度标准规则》（又称《北京规则》）要求，最高人民法院于 2001 年 4 月出台了《关于审理未成年人刑事案件的若干规定》，其中第二十一条明确规定"开庭审理前，控辩双方可以分别就未成年被告人性格特点、家庭情况、社会交往、成长经历以及实施被指控犯罪前后的表现等情况进行调查，并制作书面材料提交合议庭。必要时，人民法院也可以委托有关社会团体组织就上述情况进行调查或自行调查。"这是审前社会调查制度首次出现在我国刑事规范性文件之中。2012 年 1 月 10

日，"二院二部"再次联合下发了《社区矫正实施办法》，其中第四条明确规定法院、检察院、公安和监狱部门可以委托县级司法行政机关对拟适用社区矫正的被告人和罪犯的相关情况进行调查评估。这是对审前社会调查制度的启动程序、工作主体、调查内容等具体问题的进一步明确和细化规定，具有重要的实践指导意义。2010年《刑法修正案（八）》将社区矫正制度正式引入刑法，刑事诉讼法及其司法解释将审前社会调查制度明确规定在未成年人刑事诉讼程序中。

江苏省高级人民法院与省检察院、司法厅、公安厅于2006年在全国率先联合会签了《刑事案件未成年被告人审前调查实施办法（试行）》，省法院2010年再次下发的《江苏省高级人民法院关于进一步加强审前调查工作的意见》，均有力指导了审前调查制度的开展。截至2013年度，全省法院已经全面开展审前社会调查工作，取得了较好的法律和社会效果。具体分述如下：

1. 审前调查报告制度在我省起步时间较早，各地法院均能严格按照法律和省内规范性意见的要求，全面开展审前调查工作。未成年人犯罪审前调查率达74.1%，回函率达93.54%，在苏州、无锡部分地区，该比率达到100%。

2. 审前社会调查主体不断扩充，形成以社区矫正机关为主体，侦查、检察以及审判机关为辅助的多重调查主体体系。

3. 审前调查范围和调查方式不断丰富。在调研中发现。全省各级法院审前调查范围已由传统的学校、社区拓展到监护人、社区组织、居民代表、就读学校、工作单位以及同事等能全面掌握未成年被告人人格情况的知情人。而调查方式也从传统的发函问询发展到发函、上门调查和座谈会相结合的方式（见表六）。

表六　全省法院审前调查范围统计简表

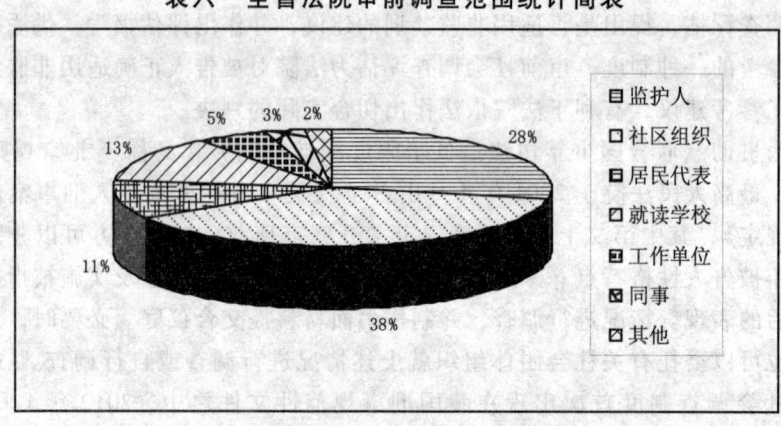

4. 审前调查报告向涉少民事审判扩展。为全面维护青少年权益，苏州等地法院将审前调查制度纳入涉少离婚案件、探视权纠纷、抚养权纠纷等民事案件审判中，更为有效地维护未成年人权益（见表七）。

表七　苏州两级法院涉少民事案件审前调查情况汇总

时间	民事案件收案数	民事审前调查案件数			调查人数			民事案件回函率		
		本地	本省	外省	本地	本省	外省	本地	本省	外省
2011 年度	3029	289	30	19	329	26	21	92.25%	73.2%	73.6%
2012 年度	3040	322	26	27	351	33	35	93.8%	66%	70.3%
2013 年 1～10 月	3430	328	29	32	362	35	41	92.5%	72%	65.6%

（二）施行中存在的主要问题

1. 程序启动晚，主体单一。《社区矫正实施办法》第四条规定有权委托调查的主体有法院、公安、检察和监狱四个部门，但在长期以来审判实践中主要是由法院启动，且是在立案后，在具体的审判人员经过阅卷后认为可能判处非监禁刑而向司法行政机关发送委托调查函等材料，这必然导致审前调查的期限与刑事案件的审理期限产生冲突，这种社会调查的时间计入办案期限的做法，一方面给法官办案带来了不必要的压力，"先审后补"现象普遍存在，致使审前社会调查流于形式；另一方面，审前社会调查工作开展所必需的时间也无法保障，在一定程度上制约了调查的深入开展和调查质量的提高。

2. 审前调查报告的法律地位不明确。目前我省各地法院有三种做法，一种将审前调查报告作为证据使用，调查人员出庭作证，调查报告在庭审中质证；第二种将报告作为量刑参考，调查人员在庭上进行宣读，但不作为证据使用；第三种将报告作为合议庭内部审查的材料。

3. 社会调查人员紧缺、专业性不强，难以保证调查报告的客观性和准确性。随着经济快速发展而演变的人口流动频繁和异地犯罪的社会现象，客观上加剧了审前社会调查的难度，有些法院经常以未收到建议适用非监禁刑的调查结论为由，对符合非监禁刑适用条件的被告人判处短期监禁刑交由监狱执行。同时，乡镇、街道司法所的工作人员大多缺乏法学、社会学等相关领域的专业知识，加上队伍松散，为了应付工作临时组合，调查程序不严谨，调查内容不全面，甚至有些调查人员滥用职权、徇私舞弊，难保调查结论的客观公正。

（三）解决上述问题的对策建议

1. 前移审前社会调查的启动环节，扩大启动主体。审前社会调查必须通过走访众多的单位和人员，进行深入细致的调查分析，才能得出全面客观的结论。它是一项相当繁琐和复杂而专业性、技术性又很强的工作，需要耗费大量的时间精力和相当的社会资源。各地的审前社会调查大多局限于人民法院启动，不仅限制了审前调查应有功能的发挥，也无法为高质量的社会调查提供充足的时间和资源保障。因此，应根据各司法机关在刑事诉讼中的不同职能定位，对其进行合理分工，从而科学配置调查资源，实现各办案主体的"优势互补"和"综合效益最大化"。应改变目前单纯由审判机关启动审前社会调查的做法，由公安机关在侦查阶段统一启动该程序，在案件移送的各个环节，检察机关不仅可通过审查、委托等形式对上一个环节的调查内容进行审核和监督，还可以根据案件需要有的放矢地对相关部门、单位出具的证明材料进行核实和补充，从而保证调查工作的公正性与合法性。苏州两级法院目前已与公安机关联合会签了相关规定，将调查环节前置侦查阶段，取得了较好的效果，值得借鉴。

同时，对符合条件而相关部门未启动或未委托审前社会调查的，犯罪嫌疑人及其辩护人、近亲属也可委托社区矫正机构进行审前社会调查，从而最大限度的保障犯罪嫌疑人的合法权益。

2. 明确审前调查报告的性质。从统一全省做法的角度，应将审前调查报告明确作为证据使用。《刑法修正案（八）》明确将"是否对社区造成重大不良影响"作为对被告人适用缓刑的必要要件，审前调查报告已成为重要的量刑证据；调查报告结果能够对被调查人产生法律上的实质影响，根据"有影响就应该有救济"的法律理念，应当允许当事人对其真实性说"不"的权利，否则难逃剥夺了被告人或罪犯的知情权和辩护权之嫌疑；将调查报告作为证据使用并进行质证，有利于提高调查人员的责任心和调查工作的全面性，确保调查报告结论的准确性。

3. 建立信息共享机制和委托调查机制。法院和司法行政机关之间可通过"审后通报制度"或者"邀请参与旁听制度"来加强审判机关与司法行政机关的信息共享。法院在对委托调查的某个案件准备判处管制、缓刑等非监禁刑罚，可以在宣判前通知诉讼参与人开庭时一并邀请司法行政机关参与旁听，使司法行政机关可以快速、准确地知晓被告人的判决情况，有利于罪犯的接收与管理，防止因迟延执行等各种原因而导致的脱管、漏管；针对外来流动人口的审前调查，可以与公安机关加强配合，利用公安机关户籍管理这一优势资源与信息平台，建议全国司法行政机关统一的信息网络，发生异地调查时，快速通过计算机网络技术对外委托调查，降低调查的成本支出并提高调查效率。

4. 建立专业化队伍，加强培训，建立责任追究制度。制度先行，队伍保障。面对刑事案件数量的骤增和队伍建设的薄弱这一人案矛盾，特别是审前社会调查制度向着常态化和精细化的方向发展，建立一支具有专业素养的执法队伍是其改革的必由之路。可借鉴律师事务所、公证处的机构设置模式，在司法行政机关下设相应的职能部门或单独成立相应的机构，专门从事审前社会调查工作。为保证队伍建设的专业化，可以实行资格准入制度，同时加强对其人员的学习培训、考核管理和责任追究制度，防止因权力滥用等人为因素炮制出"伪评价"。

三、合适成年人参与制度

（一）江苏法院合适成年人参与制度的施行情况

合适成年人参与制度是指在办理未成年人刑事案件中，出现未成年人的法定代理人因故缺位的情况下，由经过培训的合适成年人担任涉罪未成年人的"临时家长"，替代无法前来的法定代理人参与诉讼，以维护未成年人的合法权益。未成年人属于弱势群体，需要特殊的社会关怀和法律保障，合适成年人参与制度有助于弥补程序法中关于未成年权益保护的部分缺憾，该制度的建立对保障涉案未成年人权益和探索少年司法改革途径均有积极而又重要的意义。

为进一步完善合适成年人参与制度，切实保障未成年人诉讼权利，各地法院都对合适成年人参与制度进行了积极探索。如南京市法院少年法庭与南京市综治委预防青少年违法犯罪工作领导小组等部门联合出台了《关于南京市合适成年人参与未成年人刑事诉讼的暂行规定》，为合适成年人参与未成年人案件审理提供制度保障。常州两级法院与常州大学法律系社工签订了合适成年人参与刑事诉讼工作对接协议，切实有效维护了未成年被告人的合法权益。省法院与省综治委预防办、省检察院、公安厅即将会签《江苏省合适成年人参与工作实施意见》，进一步加大对合适成年人参与工作的指导和规范。江苏法院合适成年人参与制度正全面施行中（见表八）。

表八　全省法院 2011 至 2013 年 1～10 月合适成年人制度施行情况表

时间	刑事案件收案数	合适成年人参与案件数	参与人数	合适成年人出庭率
2011 年度	3860	213	89	34.5%
2012 年度	3449	247	113	52.08%
2013 年 1～10 月	2200	586	312	56.1%
来源	妇联　学校　退休教师、干部　关工委及其他社会组织　未保组织　社区人员　团委			
业务专业	法学　青少年教育学　心理学　社会学	推荐选拔方法	法院直接任用　妇联等社会团体推荐　公、检、法共同选任　多机关协调建立名册	
任期	任期制　2 年（√）／4 年及以上（√）　非任期制（√）	合适成年人的增补方式	部分改任　部分增补　全部续任　适时增补	

（二）施行中存在的主要问题

1. 各地合适成年人参与刑事诉讼比例较低，尤其是南京、苏州、无锡等有大量外来未成年人的地区，合适成年人参与刑事诉讼后出庭率较低，一些地区达不到40%，难以实现合适成年人参与对未成年人权益的保护作用（见表九）。

表九　全省法院 2013 年 1 至 10 月合适成年人出庭情况汇总

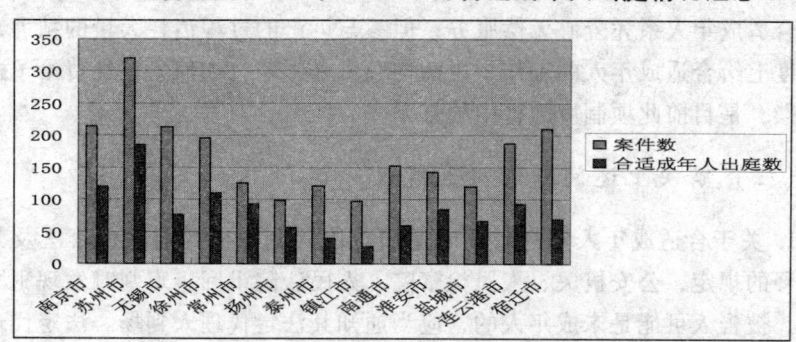

2. 由于立法规定较为原则，各地法院对于合适成年人参与的到场条件认定不一，对于合适成年人的退出机制也难以把握，导致合适成年人参与刑事诉讼程序存在瑕疵。

3. 对于合适成年人在刑事诉讼程序中的法律地位尚无明确界定，一些地方将其视为"临时"法定代理人，享有法定代理人的诉讼权利，还有一些法院将合适成年人视为一般的诉讼参与人，不享有特殊的诉讼权利。

4. 在合适成年人的选任和管理上各地做法不一。合适成年人参与制度开展较早的地区一般与本地区的侦查、检察机关联合从妇联、学校、退休教师、干部、关工委及其他社会组织、未保组织、社区人员以及团委中选任人员，并要求选任人员具备法学、青少年教育学、心理学以及社会学等相关专业知识，编制名册，三家共用并适时增补。而此项工作开展较晚的地区多为与一些退休教师、老红军和老干部合作，并未建立名册，对合适成年人的专业无要求，也无任期限制（见表十）。

表十　全省法院 2013 年 1 至 10 月合适成年人来源占比

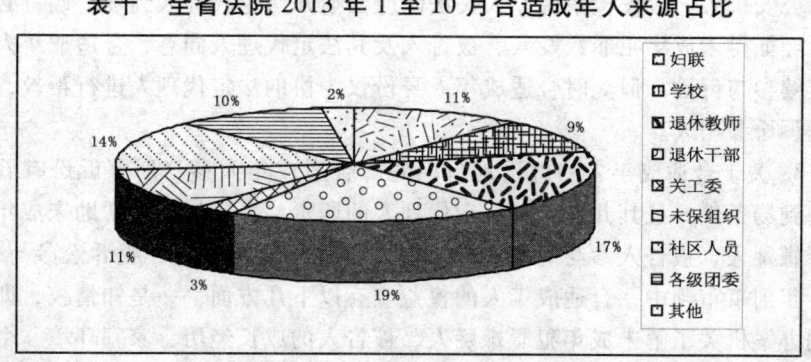

5. 合适成年人参与刑事诉讼的经费保障问题。目前大部分参与刑事诉讼的合适成年人系凭爱心无偿服务，但参与诉讼的过程消耗大量的精力，一定程度上给合适成年人的工作、生活均会带来影响，如何争取经费给予适当的补偿，是目前此项制度施行中的难题。

（三）解决上述问题的对策建议

1. 关于合适成年人参与制度的适用范围问题。根据刑事诉讼法及其司法解释的规定，公安机关、人民检察院、人民法院讯问、审判时发现犯罪嫌疑人、被告人可能是未成年人的，应当通知其法定代理人到场。法定代理人到场后可以继续讯问、审判。如果法定代理人由于法定或其他原因不能到场或不适合参与的，司法机关因及时通知合适成年人到场参与刑事诉讼。

2. 关于合适成年人到场和退出的条件。为统一全省做法，结合各地审判实践，合适成年人的到场应具备以下条件之一：（1）法定代理人与未成年犯罪嫌疑人、被告人是共犯的；（2）法定代理人已经死亡、宣告失踪或者无监护能力的；（3）法定代理人因身份、住址或联系方式不明无法通知的；（4）法定代理人因路途遥远或者其他原因无法及时到场的；（5）法定代理人经通知明确表示不愿意到场的；（6）法定代理人到场后不利于感化、教育、挽救未成年人的；（7）法定代理人阻扰讯问、审判活动正常进行经劝阻不改的；（8）其他不能或者不宜到场的情形。

通知合适成年人到场的，司法机关应当告知未成年犯罪嫌疑人、被告人。应当及时告知其法定代理人，但无法通知或者法定代理人是共犯的除外。

关于合适成年人的退出，当法定代理人不能或不宜到场的情形消失以后，公安机关、人民检察院、人民法院应当通知法定代理人到场。确有必要的，经征得未成年犯罪嫌疑人、被告人及其法定代理人同意，合适成年人可以继续参与诉讼。但此时合适成年人身份仅为协助法定代理人进行帮教，并不是诉讼参与人。

3. 关于合适成年人的诉讼地位问题。合适成年人参与刑事诉讼有着严格的到场条件，且其并非代行法定代理人的职责，主要权利是帮助未成年人犯罪嫌疑人、被告人参与刑事诉讼，因此其诉讼地位仅为一般诉讼参与人。在少年刑事审判中，合适成年人的权益应有以下几方面：一是知情权，即可以向办案机关了解未成年犯罪嫌疑人、被告人的成长经历、家庭环境、个性特点、社会活动以及其他与案件有关的情况；二是会谈权，即在讯问或庭审前，可以在办案人员陪同下会见未成年犯罪嫌疑人、被告人，了解其健康状况、权利义务告知、合法权益是否被侵害等情况；三是法律解释权，即可以向未成年犯罪嫌疑人、被告人解释有关法律规定，并告知其行为可能导致的法律后果；四是教育权，即可以对未成年犯罪嫌疑人、被告人进行法制宣传，有针对性地进行提醒教育；五是监督权，即发现办案机关存在诱供、逼供或其他侵害未成年犯罪嫌疑人、被告人合法权益的情形，可以以适当的方式当场提出意见，也可以在笔录上载明自己的意见，或者向办案机关主管部门、未成年人保护组织反映情况。

4. 关于合适成年人的选任和管理问题。结合合适成年人在诉讼中的相关权利，从有利于保护未成年人权益的角度出发，对合适成年人的选任和管理应有一定的要求。有条件的地区法院应积极联合各级未成年人保护委员会、公安机关、人民检察院，根据本地区办案需要，从共青团、关工委、社工组织、心理学会、律师协会、学校以及村委会、居委会等组织中选任一定数量的合适成年人，并制作名册。具有法律、教育、心理学等相关知识和实践经验的，可以优先考虑。尚不具备联合选人条件的地区，人民法院也应选择品行端正、身心健康，并具备一定的沟通能力和教育能力的人员担任合适成年人，但发现合适成年人不能正确履行职责的，应适时予以更换。

5. 关于合适成年人参与的经费保障。通知合适成年人到场的公安机关、人民检察院、人民法院应当为合适成年人参与刑事诉讼提供必要的支持和保障。应尽力争取财政支持，或在各系统内提供资金解决合适成年人参与的经费保障。

四、心理评估干预制度

（一）江苏法院心理评估干预制度的施行情况

心理评估干预制度是指在未成年人刑事审判中通过对涉案未成年人及其他诉讼参与人进行心理辅导，以缓解未成年人的紧张情绪，消除未成年人的心理障碍，化解未成年人的心理矛盾，尽量矫正未成年人的不健康心理，促进诉讼活动的顺利进行，并通过多种形式的心理测评活动，为法院的裁判提供科学参考，也为判后对未成年人罪犯进行个性化矫正提供客观依据的一系列干预措施的总称。

修改后的刑事诉讼法及其司法解释明确了心理评估干预机制在未成年人刑事审判诉讼程序中的作用，为人民法院在未成年人案件审判中引入心理评估和干预机制提供了法律依据。从江苏法院的少年审判实践来看，心理评估干预机制目前已被广泛运用在未成年人刑事审判中（见表十一）。

表十一　全省法院 2011 至 2013 年 1 ~ 10 月
心理评估干预制度施行情况汇总

时　间	未成年被告人数	心理评估人数	评估后判处 3 年以下人数	评估后适用缓刑人数	评估后适用禁止令人数
2011 年度	4600	580	467	238	12
2012 年度	4016	1134	751	423	19
2013 年 1 ~ 10 月	2774	1351	813	671	13
心理评估干预制度初始建立时间	2006 年（苏州）				
心理评估干预方式	2011 年度	心里评测与疏导；个别干预；心理评估报告			
	2012 年度	心里评测与疏导；个别干预；心理评估报告			
	2013 年 1 ~ 10 月	心里评测与疏导；个别干预；心理评估报告；当庭教育、拓展。			
评估报告的使用方式	证据（√）　　量刑参考（√）　　法庭教育依据（√）				
评估主体来源	专业心理学从业人员（√）　　考取心理评估师资格的法官（√）　　心理学教师、教授（√）				
报酬支付情况	来源	财政拨款（√）　　法院办公费用（√）　　救助基金（√）			
	"其他"请简要说明	被告父母自行支付；团市委"12355"基金；"爱心妈妈团"义务救助			
	支付标准	80 ~ 200 元/人/次			

（二）审判实践中的积极意义和存在问题

1. 作为量刑的参考，促进量刑科学性与合理性

《刑法修正案（八）》第七十二条规定，对于未成年人犯罪的，满足一定条件时应当适用非监禁刑，这充分体现了我国"教育为主，惩罚为辅"的未成年人刑事司法政策。其中有一项条件为"没有再犯罪的危险"，即考量涉案未成年人是否具有人身危险性。在适用刑罚时，根据人格刑法的观

点，对涉案未成年人的定罪量刑必须是有犯罪行为＋人身危险性。而心理干预制度中的心理测验是在对未成年人性格特征、人格缺陷、心理反应等方面综合分析的基础上，客观地、科学地评价该未成年人是否具有重犯越轨的可能性，是考量该未成年人是否具有人身危险性的一个重要依据，使法官像医生对症下药一样，在真正了解涉案未成年人的基础上对其采取恰当的措施。法官据此可以判断是否对该未成年人适用非监禁刑，并根据其人身危险性情况确定一个较合理的缓刑考验期。同样，对于必须判处监禁刑的未成年人，也可以根据其心理测验结果，给予其较合理的从轻、减轻的处罚幅度，以确保量刑的科学性和合理性。

2. 了解犯罪的个体原因，提高法庭教育和判后帮教的针对性

相比较而言，西方未成年人犯罪原因理论比较重视个体心理的分析，比利时犯罪学代表人物凯特勒在 18 世纪末 19 世纪初就从生理发展、心理变化方面的角度探讨未成年人犯罪发生的原因和条件。未成年人犯罪的个体原因既有生理发展和心理变化方面的原因，也有人格障碍方面的原因。通过心理测验，较全面地了解未成年人的性格特征、个性心理的内部矛盾、是否存在人格障碍等方面引发其犯罪的个体原因，帮助法官根据该未成年人的个性特点，找准未成年人教育的感化点，有针对性地开展法庭教育和判后帮教工作，为取得较好的审判效果奠定基础，这也有助于实现刑罚个别预防的目的。

3. 弥补社会调查报告制度的缺陷，促进未成年人刑事审判制度的创新

修改后的刑事诉讼法中明确规定了未成年人社会调查报告制度，但社会调查报告是通过调查涉案未成年人外在的行为表现、所处的家庭环境、成长经历等情况，从客观上分析该未成年人的个性特征和犯罪原因。而心理干预则注重从主观心理方面了解涉案未成年人的性格特点和内心活动等个性特征，并通过专业的心理测验结论判断其人身危险性和再犯可能性，二者的侧重点不同，但可以互补。此外，心理干预制度操作起来比较简便，其对象可以包括本地未成年人和外地未成年人，为涉案未成年人平等使用资源提供了条件。

4. 当前在未成年人刑事审判中引入心理评估与干预制度工作中存在的问题。由于立法规定得较为原则，各地少年审判工作开展的深度广度不一以及各地财政保障状况的差异，该制度实施中还存在心理干预制度的适用对象理解范围不一；制度启动时间和启动主体不够规范以及心理测验程序无统一标准等问题。

（三）进一步完善心理评估与干预制度的对策建议

1. 关于心理评估与干预制度的适用对象问题。在涉少刑事审判工作中，原则上对所有未成年当事人都要进行心理干预。但司法实践中，受案多人少的客观矛盾及审判效率的影响，目前对每一起案件均适用心理干预制度可能性较小。心理干预制度适用对象应当包括：（1）可能判处非监禁刑的涉案未成年人；（2）家庭教育存在严重缺陷、存有严重心理问题、少年品行障碍的未成年人；（3）未成年被害人，可以根据被害人家属的请求，结合具体案情的需要，确定是否进行心理干预；（4）其他法院认为确有必要进行心理干预的涉案未成年人。

2. 关于启动时间和启动主体的问题。首先，启动时间。心理干预制度作为了解犯罪嫌疑人、被告人心理的有效手段，可以说启动越早，其价值体现越明显。如果在法院受理案件后才启动，显然过晚，心理干预在公安机关侦查阶段启动最为适宜。其次，启动主体。司法机关认为涉案未成年人确有需要进行心理测验的情况，在征得被测验人同意后启动未成年人心理干预制度。同时，如涉案未成年人主动申请，经司法机关审查许可，启动心理干预程序。为了保护未成年人的合法权益，体现以人为本的司法理念，应当赋予其主动申请心理干预的权利，司法机关也应当主动告知其依法享有此项权利。

3. 关于制定心理测验程序的问题。心理测验是心理干预制度的核心内容，是量刑的重要参考依据。但在实践中没有规范的、统一的标准，心理测验报告存在内容、形式、制作程序不完善等问题。应在实践中规范以下操作意见：

一是设立告知程序。尊重被测验人的意志是实现保护未成年人合法权益的初衷。测验前须书面告知涉案未成年人进行心理测验的功能、目的、作用及测验规则，告知其在接受心理测验中享有的权利和义务，承担的法律后果。赋予涉案未成年人自愿接受测验和在接受心理干预过程中随时要求终止干预的权利，让涉案未成人在告知书上签名并作出自愿、独立进行心理测验的承诺。

二是设置固定的测验场所。为克服环境因素对未成年人心理测验造成不良影响，确保未成年人审判心理干预制度有效实施，应保障心理测验在一个相对独立的场所进行，并给予充裕的答题时间，尽量消除不利于涉案未成年人独立进行测验的干扰因素。严格禁止在看守所内进行心理测验。某些法院已经专门设立了未成年人心理咨询与测评室，并配备完善的心理咨询的硬件和软件，这种做法非常值得推广。

三是测验过程由专人监督。建议通知涉案未成年人的法定代理人、监护人或合适成年人到场，监督测验程序的规范性、合法性。对于文化程度较低的涉案未成年人，应当安排合适成年人在旁进行文字上的指导。

四是统一规范心理测验机构和测验人员。借鉴司法鉴定的相关规定，明确各地具有资质的心理测验机构名录，并对测验机构的选择做出规范，各地法院可以根据实际情况选择合作机构；测验人员由两名以上是独立于公安机关、人民检察院和人民法院的测验机构的心理学专家担任，并须保证测验人员的独立性，避免因测验人员先入为主而可能带来的不公正，影响测验结果的可信度。

五是统一测验报告的格式。报告首部要有提起测验的委托人（单位）名称、委托事项和时间以及被测验人的个人情况、案情情况等内容；主文部分应有具体的分析、评估过程，反映测验的步骤、方式，对测验结果要用准确、简练、规范、科学的概念来确定心理特征并评估出未成年人的人身危险性，并给出是否适合帮教的意见。报告尾部要有两名以上测验人签名和作出报告的时间，并加盖印章。

4. 关于规范庭审中和庭审后心理干预的问题。在庭审中的心理干预体现在法庭调查阶段和法庭教育阶段。首先，在法庭调查阶段，公诉人应当宣读涉案未成年人的心理测验报告，必要时心理测验人员出庭接受质证，对心理测验相关内容进行分析说明，提升心理测验报告的有效性。其次，在法庭教育阶段，法官以心理测验为依据，对涉案未成年人开展有针对性的法庭教育。在庭审后的回访中，可以进一步采用心理治疗的方法，逐步解决未成年人的心理问题，重建正确的社会认知，重新积极面对人生，以实现教育矫正的目的。

结　语

未成年人的身心发育尚不健全，价值观和人生观还未成型，具有很强的可塑性，在刑事诉讼中体现教育为主、惩罚为辅政策的同时，如何帮助未成年罪犯重新融入和适应社会环境，是当前少年刑事审判工作的重点和难点。修改后的刑事诉讼法及司法解释关于未成年人特色诉讼制度的规定，从立法上对少年审判长期以来的试点成熟的制度进行了总结，极大地丰富了对未成年犯罪嫌疑人、被告人以及罪犯的诉讼权利保护内涵。除了本次调研涉及的四项制度外，分案审理制度、法庭教育制度等均从少年刑事审判的不同方面保障着未成年人的合法权益。但也应看到，特色诉讼制度刚刚从立法层面开始确立并实施，在实施过程中必然会出现这样或那样的困难，全省各级法院应本着做好少年法庭工作的责任感和使命感，充分发挥主观能动性，有效利用各项有利条件，积极克服各种不利因素，全力破解法律难题，充分实现少年刑事审判的预防功能，以求真务实的工作举措，全力推动对未成年人权益的保护，不断开创我省少年法庭工作新局面。

青岛法院依法审理性侵害未成年人犯罪和
建立预防性侵犯罪长效机制的调研报告

刘　伟　马　新[*]

日前，青岛法院对 2011 年至 2014 年 4 月审理性侵犯罪案件的情况进行了调研分析，对建立预防性侵犯罪长效机制提出意见建议。现将调研情况报告如下。

一、审理性侵犯罪的总体情况和特点

2011 年至 2014 年 4 月，全市法院共审理性侵犯罪 173 件 192 人，分别是 2011 年 46 件 52 人，2012 年 45 件 46 人，2013 年 62 件 74 人，2014 年 1 月至 4 月 20 件 20 人。分析起来，有以下几个特点：

1. 从犯罪主体看，农村籍、成年人、外地籍居多，负有特殊职责的人员很少。被告人几乎都是初中以下学历（包括文盲 4 人），高中以上学历只有 23 人，其中大专以上学历 5 人。农村籍 149 人占 77.6%，外地籍（指非青岛籍）124 人占到 64.6%。成年被告人 167 人占 86.9%，包括判定为限定刑事责任能力 2 人；未成年被告人有 25 人，占 13.1%。共同犯罪 6 件 19 人。累犯 5 人、有前科劣迹 17 人（其中，有猥亵犯罪前科劣迹的 1 人），缓刑考验期内、假释考验期内犯罪各 2 人。负有特殊职责的人员 2 人。25 名未成年犯中，本地籍 18 名占 72%，外地籍 7 人占 28%，已满 14 周岁不满 16 周岁 4 人，已满 16 周岁不满 18 周岁 21 人，在校学生 6 人，最小的是初中一年级的学生。

2. 从被害人的情况看，农村籍、本地籍居多，流守儿童所占比例不多。

* 作者单位：山东省青岛市中级人民法院。

被害人有 212 人，最多的一案有 6 人，男童有 8 人，流守儿童有 14 人。农村籍有 180 人占 85.3% 。就被害人年龄看，不满 10 周岁占 36.8% ；10 周岁以上不满 14 周岁的占 33.1% ，14 周岁以上不满 18 周岁占 30.2% ，所占比例呈递减趋势，说明犯罪分子首先选择年幼儿童下手，反映出案件的危害性相对更大。

3. 从涉案罪名来看，强奸和猥亵儿童罪占绝大多数。强奸罪 115 件 131 人，猥亵儿童罪 5 件案 52 人，以上 2 个罪名占到 95.2% 。强制猥亵妇女罪 2 件 2 人，强迫卖淫罪 2 件 4 人，介绍卖淫 1 件 2 人，容留卖淫 1 件 1 人。就发案时间看，2011 年和 2012 年比较平缓，都是 45、6 件，2013 年 62 件大幅上升同比增长 37.8% ，从 2014 年头 4 个月 20 件推算，会与 2013 年持平。从发案地点看，市内四区发案 44 件还不到三分之一，大大少于其他区市的 129 件。

4. 从犯罪手段、犯罪后果来看，暴力犯罪和犯罪既遂居多，严重危害了被害人身心健康。从被害人与被告人的关系看，邻居、朋友、同事、同学、网友等"熟人关系"占 83.5% 。犯罪地点属于寻机进入被害人住处就地作案的占 44.5% ，其中，在幼儿园实施犯罪，依法认定为"当众"猥亵犯罪的有 2 件。临时寻找宾馆、招待所实施犯罪的占 27.7% ，哄骗或劫持被害人到被告人自己住处的占 19.6% ，其他各种情况包括路遇即实施犯罪的，占 8.2% 。就犯罪手段看（以强奸罪 131 人为例），通过哄骗幼女实施奸淫的占 29.8% ，通过施加暴力、胁迫等手段逼迫被害人就范的占 66.4% ，利用被害人醉酒、熟睡趁机作案的 5 件占 3.8% 。从犯罪后果看，犯罪即遂占 87.6% ，未遂占 12.4% ，造成被害人轻微伤 13 人，怀孕流产 3 人。

5. 在量刑处理上，体现了宽严相济的刑事政策。坚持事实清楚，证据确实、充分，严把事实关、证据关，被告人提出上诉的案件 21 件，除 1 件经二审查明构成自首予以改判外，其余 20 件均维持原判，反映出一审办案效果较好。就量刑看，一方面，判处五年以上重刑 58 人占 30.2% ，主要对罪行严重的犯罪分子或共同犯罪的主犯判处重刑；不论是一审还是二审，非监禁刑适用非常慎重，非常小心，判处缓刑 16 人占 8.3% ，其中，判前羁押而被判缓刑的仅有 5 人，成年被告人适用缓刑 8 人（其中 6 人判前没有羁押）。以上重刑率和缓刑率，体现了对性侵犯罪的从严惩处。另一方面，对未成年被告人给予最大限度的教育、挽救和保护，总共 25 名未成年被告人，全部进行了判前社会调查，其中 6 人没有委托辩护人，全部实行指定辩护，合适成年人出庭 5 件，量刑上适用减轻处罚的有 10 人占 40%，判处缓刑 8 人占 32%，全部纳入社区矫正，没有再发生违法犯罪。

6. 采取多种方法措施，妥善化解罪案矛盾。任何一起性侵案件，不仅给被害人心灵造成永久创伤，还给其一生幸福蒙上阴影，被害人及其父母有强烈的报应、复仇心理。为了化解罪案矛盾，判前、判中、判后贯彻执行好涉及未成年人保护的法律规定，被害人的法定代理人出庭参加诉讼的有 13 件，保障被害人的诉讼权利。联合社会专门的心理咨询机构，对被害人进行心理干预 4 件。充分调动社会调查员、法定代理人、诉讼代理人、合适成年人、辩护人、当事人亲属等多方面力量，参与案件矛盾化解工作。对于具有自首、认罪、履行附带民事赔偿、刑事和解等法定从宽处罚情节的，也充分体现了刑事政策。以上全部案件，附带民事诉讼有 5 件，和解 52 件，兑现经济赔偿 173.4 万元，最多一件赔偿 21 万元，辅助化解了罪案矛盾。目前来看，没有出现矛盾激化的案件，也没有上诉、缠诉的案件，效果较好。

通过调研发现一些问题，有待下一步加以改进和克服：一是裁判说理还不够透彻。刑法明确规定，奸淫幼女，猥亵儿童的，从重处罚；《最高人民法院、最高人民检察院、公安部、司法部关于依法惩治性侵害未成年人犯罪的意见》（以下简称《意见》）又规定了强奸、猥亵犯罪的"七种情形"，如"猥亵多名未成年人"，"更要依法从严惩处"，这是 7 种"严上加重"的情形，进一步体现了依法严惩的刑事政策。但是遇有上述情形的，裁判说理中还存在含糊不清的情形，"从严"没有充分、鲜明地说明出来。二是"双向保护"还不够平衡。已开展的救助主要针对抢劫、伤害案件的被害人，针对性侵犯罪被害人的司法救助还没有开展起来，究其原因，个案处理还不够深入、细致。

二、审理性侵犯罪的主要工作做法

1. 坚持"事实清楚、证据确实充分"的裁判原则。严格依法公正办案，坚持"事实清楚、证据确实充分"的裁判原则，守住法律的底线。具体是把住以下四个关口：一是注意对瑕疵证据的补查补证；二是对"先证后供"案件注意排除非法证据；三是通过分析证据逻辑关系完善证据链条；四是注意把审判经验与证据规则有机结合起来。

2. 坚持教育、感化、挽救方针。对于未成年人犯罪，综合运用判前社会调查、心理干预、指定辩护、不公开审判、圆桌审判、合适成年人参与诉讼、法庭教育、轻罪犯罪记录封存、社区矫正等工作，发挥少年审判的综合效应，把爱的关怀和法律的尊严渗透落实到诉讼活动的全过程，挽救未成年被告人迷途知返。

3. 加强工作机制创新。法律的生命在于实施。《意见》发布后，为了加强办案的协调与配合，统一执法尺度，中院在认真学习的基础上，联合市检察院、市公安局召开座谈会，重点研究了学习贯彻《意见》、依法从严惩处性侵犯罪分子、最大限度保护未成年被害人、加强执法办案的工作措施。会后联合制发了《会议纪要》，执行情况较好。

4. 加强和司法机关、政府部门、社会力量的协调配合。长期以来，在市委政法委的领导下，全市法院和公安、检察、教育、民政、团市委、妇联、关工委等部门，建立了良好的工作协调配合关系。定期召开座谈会，共同研讨开展学生自我防护、搞好工作联动配合的方法措施。教育部等四部门出台《关于做好预防少年儿童遭受性侵工作的意见》后，及时搞好工作对接。以加强自我保护为重点内容，通过请进来、走出去的方式，坚持开展校园法制教育，集中开展了"5·28少年法庭开放日"和"9·26校园安全警示教育"活动。依托11处圆桌审判法庭，建立法制教育基地，开展经常性校园法制教育，年听课学生达4万余人。

三、预防性侵犯罪、建立长效工作机制的意见建议

虽然性侵犯罪很少，但是每一个未成年人受到伤害，都会影响到一个家庭的美满幸福和社会的长治久安，为此，要广泛动员全社会力量共同参与，对性侵犯罪进行有效预防和综合治理。下面从社会层面和法院工作层面，提出几点意见建议。

（一）社会层面

1. 切实加强网吧管理，以学校周边、住宅小区、城乡结合部位为重点，以课余时间、8小时以外、节假日为主，加大执法力度，把未成年人"拒之门外"，免受"黄赌毒"侵害。

2. 切实保障流动人口子女与本地孩子一样，能够就近入托入学，平等接受义务教育，使流动少年儿童少有所管、学有所教。加强对留守儿童的教育监管、心理关护。

3. 通过法制讲座、校园广播、发放材料等多种方式，丰富教育手段，切实加强校园法制教育，增强学生遵纪守法、自我保护意识。

4. 整合社会力量，通过在社区或学校开设"父母讲堂"、专题培训等方式，共同加强对未成年人父母、家庭的培训指导，让家长把孩子保护好。

（二）法院工作层面

以刑法、刑事诉讼法和其他涉及未成年人权益保护的政策法律规定为依据，切实把《意见》落实到执法办案的每一个环节，提高惩治性侵犯罪和保护未成年人权益的司法水平。

1. 加强业务培训。要通过制发教学光盘、下发培训材料、集中学习研讨、岗位锻炼等多种形式，搞好办案人员业务培训，树立办理性侵犯罪案件"特殊、优先保护"、"双向保护"等基本理念。要建立典型案例指导制度，定期发布指导性案例，统一法律适用的标准。

2. 加强和改进调查取证工作。要加强和公安、检察机关的协调配合，对于重点敏感案件、上访缠诉案件，尤其要重视原始证据、直接证据的收集和固定，形成用证据说话、靠证据定案的常态机制。要发挥好刑事诉讼最后一道关口作用，对于非法证据，要依法排除；对于瑕疵证据，要务必补正；对于关键证据，要及时补查。对于指控的证据不足以证明有罪的，就应当依法宣告无罪，防范冤假错案发生。

3. 落实好宽严相济刑事政策。一方面，从严控制非监禁刑适用。对于成年犯罪分子，一般不适用缓刑。对于未成年犯罪分子，没有认罪悔罪和进行经济赔偿、取得被害人谅解的，一般也不适用缓刑。对于宣告缓刑的，可以根据犯罪情况，同时宣告禁止令。另一方面，对未成年被告人坚持"教育、感化、挽救"方针，确保工作措施落实到位，做到普遍关爱和特别关爱，物质关爱和精神关爱，司法机关关爱和社会力量关爱相结合，以关爱、宽容、理解的心态对待失足青少年，挽救他们改过自新，回归社会。

4. 加强对未成年被害人的保护。积极延伸审判职能，保护好未成年被害人的隐私和各项诉讼权利。要严格落实《意见》对未成年被害人特殊、优先保护的工作举措，包括避免对被害人造成"二次伤害"、为被害人提供法律援助、法定代理人代为出庭陈述意见、加大民事赔偿和司法救助力度等，提供最大限度的司法关怀和保护。要建立被害人心理干预机制，开展心理疏导和关护，帮助他们摆脱心理阴影。要努力争取社会各界的广泛参与和支持，联合未成年人保护组织、福利慈善机构积极参与救助保护工作，实现与司法救助的有效衔接，进一步扩大司法救助的效果。

5. 加强工作协调和配合。要充分体现少年司法联动性司法、参与性司法、保护性司法的特性，进一步建立和完善联席会议制度，加强沟通协调，形成工作合力。修改后的刑事诉讼法确立了判前社会调查制度，要加强和关工委的协调配合，充分发挥"五老"人员有组织、有原则、有爱心、有耐心、有精力的优势，聘请他们担任判前社会调查员、庭审教育感化员、庭后跟踪帮教员。要联合共青团、妇联等部门，建立专业化、知识化的爱心志愿者队伍，深入社区、学校、家庭，开展形式多样的家庭育儿教育、道德法制教育、心理教育等。要结合审理案件，总结性侵犯罪发案的特点和规律，及时提出司法建议。要加强与教育、民政部门、学校的协调配合，坚持送法进校园，共同探讨预防减少性侵犯罪的方法措施。

【规范性文件】

北京市海淀区委政法委　北京市海淀区人民法院
北京市海淀区人民检察院　北京市公安局海淀分局
北京市海淀区司法局　北京市海淀区教育委员会
共青团北京市海淀区委员会
北京市海淀区未成年人保护委员会办公室
关于北京市海淀区涉诉未成年人
信息限制公开的工作办法（试行）

第一条　为促进未成年人健康成长法治保障建设，落实对未成年人特殊保护的司法政策，减少诉讼带给未成年人的负面影响，依据《中华人民共和国刑事诉讼法》、《中华人民共和国未成年人保护法》、《中华人民共和国预防未成年人犯罪法》、《中华人民共和国律师法》的相关规定，结合工作实际，制定本办法。

第二条　本办法所称未成年人信息限制公开的保护对象，包括犯罪时未成年的犯罪嫌疑人、被告人、服刑人员，以及未成年被害人、证人。

第三条　信息限制公开的内容，包括可能或已经需要封存犯罪记录的案件事实信息，以及第二条涉及对象的姓名、住所、照片以及可能推断其身份的其他资料。

第四条　信息限制公开贯穿于案件侦查、起诉、调查、辩护、代理、审判、执行、矫正、法律援助、帮教等工作全过程。

第五条　犯罪时不满十八周岁，被判处五年有期徒刑以下刑罚以及免除

145

刑事处罚的未成年人的犯罪记录，应当封存。

2012 年 12 月 31 日以前审结的案件符合前款规定的，相关犯罪记录也应当封存。

第六条 下列未成年人刑事案件依据本办法对相关案件记录进行封存：

（一）依照《中华人民共和国刑法》第十七条第四款的规定不予刑事处罚的案件；

（二）依照《中华人民共和国刑法》第十八条的规定不负刑事责任的案件；

（三）依照《中华人民共和国刑事诉讼法》第十五条的规定终止审理或者宣告无罪的案件；

（四）依照《中华人民共和国刑事诉讼法》第一百七十三条或第二百七十一条对不满十八周岁的未成年人作出不起诉决定的案件。

（五）符合法律规定封存条件的其他情形。

第七条 封存对象包括在上述第四条工作全过程中形成的，通过该资料能够足以知悉其人为未成年人信息限制公开保护对象的所有材料、卷宗与电子信息等。

第八条 北京市海淀区人民法院、北京市海淀区人民检察院、北京市公安局海淀分局、北京市海淀区司法局应该遵守保密义务，不得对外公开和传播未成年人信息限制公开的任何内容。

第九条 在诉讼参与人、合适成年人、社会调查员、心理咨询或测评人员、帮教参与人等初次接触信息限制公开内容时，包括在送达立案决定书、起诉意见书、起诉书、裁判文书、执行通知书等诉讼文书，以及在接待有关人员查阅、摘抄、复制卷宗材料时，北京市海淀区人民法院、北京市海淀区人民检察院、北京市公安局海淀分局、北京市海淀区司法局等提供者应告知其不得公开和传播。

第十条 开庭审理时被告人不满十八周岁的案件，一律不公开审理。

第十一条 确有必要通知未成年被害人、证人出庭作证的，人民法院应当根据案件情况采取相应的保护措施。有条件的，可以采取视频等方式对其陈述、证言进行质证。

第十二条 对未成年人刑事案件宣告判决不得采取召开大会等形式。

第十三条 对依法公开审理或宣判，但可能需要或依法应当封存犯罪记录的案件，不得组织人员旁听。

申请旁听的人员应事先征得法院同意，未成年人的近亲属、学校老师、未成年人保护组织代表等，可优先获得旁听保障。

对于法院准许参加旁听人员，应在开庭审理前告知其不得泄露、散布未成年人犯罪信息并签订未成年人信息限制公开承诺书。

第十四条　除了依法有权获得裁判文书的单位和个人外，不得向未成年人所在学校、被告人所在单位或其他个人、单位提供应当犯罪记录封存案件的裁判文书。

第十五条　审理其他案件时，亦不得公开和传播本办法规定的信息限制公开内容。

第十六条　犯罪记录封存案件的裁判文书，其首页上和骑缝处全部加盖"犯罪记录封存　不得提供他人"字样印章。

第十七条　共同犯罪案件中，有符合犯罪记录封存条件的未成年人而未分案的，对全案卷宗予以封存；分案处理的，应当在未封存的卷宗封皮标注"含犯罪记录封存信息"，并对相关信息采取必要保密措施。

未分案处理的，对不符合犯罪记录封存条件的其他罪犯，应当依照相关规定录入犯罪人员信息库。

第十八条　其他民事、行政与刑事案件，因案件需要而使用了被封存的未成年人犯罪记录信息的，应在相关卷宗标明"含犯罪记录封存信息"，并对相关信息采取必要保密措施。

第十九条　犯罪记录封存的案件卷宗，实行单独管理。归档时在卷宗正副卷封皮上标注"未成年人犯罪记录封存档案——未经批准，严禁查阅"字样。

第二十条　在档案库专门划分封存犯罪记录的特定区域，避免因封存的犯罪记录与其他卷宗混淆，并设专人管理，严格进出规定，避免引发信息泄露。

第二十一条　被封存的犯罪记录，不得向任何单位和个人提供，但司法机关为办案需要或者单位根据国家规定进行查询的除外。

第二十二条　司法机关或有关单位申请查询封存的犯罪记录（包括电子档案），应当提供查询的理由和依据。档案管理部门应及时审查是否符合法定条件并做出决定；同意查询的，应告知申请人不得公开和传播，申请人应签订未成年人信息限制公开承诺书。

第二十三条　在案件信息管理系统中，设置立案、报结封存模块，对需要犯罪记录封存的案件增加信息查询限制公开功能，严格限制浏览和下载的权限和信息范围，避免犯罪记录信息泄漏。

第二十四条　下列未成年人犯罪记录应当予以解除封存：

（一）犯罪记录被封存的未成年人，刑罚执行完毕前再犯新罪或发现判决宣告以前还有其他罪没有判决，需要与前罪并罚，并罚后不符合封存条件的；

（二）犯罪记录被封存后，决定对犯罪记录进行封存的裁判文书因审判监督程序被改判，改判后不符合封存条件的；

（三）其他符合解除封存条件的情形。

第二十五条　解除封存的，自不符合法定封存条件之日起，不再受未成年人犯罪记录封存相关规定的限制。

第二十六条　北京市公安局海淀分局依法处理不满十八周岁的未成年人治安管理处罚案件，参照本办法执行。

第二十七条　在接受社区矫正过程中，未成年服刑人员、已经成年但犯罪记录被封存的服刑人员与其他成年服刑人员分开进行，避免泄露未成年服刑人员、已经成年但犯罪记录被封存的服刑人员信息限制公开的任何内容。

第二十八条　未成年人信息限制公开的保护对象为海淀区教育委员会所辖学校在校学生的，北京市海淀区人民法院、北京市海淀区人民检察院、北京市公安局海淀分局、北京市海淀区司法局应在受理案件后定期将有关信息通报给北京市海淀区教育委员会；遇有紧急情况，可专案专报。

北京市海淀区教育委员会在收到封存对象的有关信息后，有必要时应协调相关学校及教师做到不对外公开和传播信息限制公开的内容。

第二十九条　在任何环节出现未成年人信息限制公开内容不当泄露的，泄露单位负责消除影响。

本办法签字各方应相互告知，及时采取措施，避免信息继续不当公开和传播。

第三十条　北京市海淀区人民法院、北京市海淀区人民检察院、北京市公安局海淀分局、北京市海淀区司法局工作人员违反未成年人信息限制公开办法，造成严重后果的，移交纪检监察部门处理。

第三十一条　其他人员违反未成年人信息限制公开办法，依法追究相关法律责任。

第三十二条　北京市海淀区委政法委负责统筹，北京市海淀区人民法院牵头负责执行中的日常事务，签字各方各设一名联系人负责日常联络、信息通报等事务。

第三十三条　本办法从北京市海淀区委政法委、北京市海淀区人民法院、北京市海淀区人民检察院、北京市公安局海淀分局、北京市海淀区司法局、北京市海淀区教育委员会、共青团北京市海淀区委员会、北京市海淀区未成年人保护委员会办公室签字之日起实施。

附件：

未成年人信息限制公开告知书

因案件可能涉及未成年人信息限制公开内容，根据《中华人民共和国未成年人保护法》、《中华人民共和国刑法》、《中华人民共和国刑事诉讼法》、《最高人民法院关于适用〈中华人民共和国刑事诉讼法〉〈的解释》的相关规定，请您遵守如下义务：

一、不得公开和传播未成年人刑事案件的案卷材料。

二、不得公开和传播刑事案件未成年犯罪嫌疑人、被告人、服刑人员、被害人、证人的姓名、住所、照片以及可能推断该未成年人身份的其他资料。

三、犯罪时不满十八周岁，被判处五年有期徒刑以下刑罚以及免除刑事处罚的未成年人的犯罪记录，应当封存。

四、封存对象主要包括公安机关、检察机关移送给人民法院的案卷材料，以及人民法院在案件审理、执行、帮教过程中形成的案卷材料、诉讼文书、记录诉讼过程的电子载体等反映犯罪信息及身份信息的所有材料。

五、任何人或单位通过参与庭审、社会调查、心理疏导和评测、宣判、帮教、旁听，或通过查阅、摘抄、复制的未成年人刑事案件的案卷材料、接收诉讼文书，或其他任何途径，接触或了解到未成年人信息限制公开内容，均不得公开和传播。

保护未成年人，是国家机关、武装力量、政党、社会团体、企业事业组织、城乡基层群众性自治组织、未成年人的监护人和其他公民的共同责任。对侵犯未成年人合法权益的行为，任何组织和个人都有权予以劝阻、制止或者向有关部门提出检举或者控告。

未成年人信息限制公开承诺书

我确认已认真阅读《未成年人信息限制公开告知书》的全部内容，并承诺将遵守该告知书释明的上述保密义务，如违反上述保密义务，自愿承担相应法律责任。

承 诺 人 签 字

	签 名	日 期
诉讼参与人		
社会调查员		
社会调查对象		
其他人员		

江苏省综治委预防青少年违法犯罪工作领导小组
江苏省高级人民法院　江苏省人民检察院
江苏省公安厅　江苏省司法厅　江苏省民政厅
江苏省教育厅　江苏省人力资源和社会保障厅
江苏省社会管理综合治理委员会办公室
共青团江苏省委员会　江苏省妇女联合会
江苏省关心下一代工作委员会

江苏省未成年人轻罪犯罪记录封存工作实施意见

2013 年 2 月 22 日　　　　　　　　苏高法〔2013〕号

为维护未成年人的合法权益，深入贯彻"教育、感化、挽救"方针和"教育为主、惩罚为辅"原则，有效落实未成年人轻罪犯罪记录封存制度的立法规定，促使未成年罪犯顺利回归社会，根据《中华人民共和国刑法》、《中华人民共和国刑事诉讼法》、《中华人民共和国未成年人保护法》、《中华人民共和国预防未成年人犯罪法》及《最高人民法院关于执行〈中华人民共和国刑事诉讼法〉〈若干问题的解释〉》的相关规定，结合本省实际，制定本实施意见。

一、一般规定

（一）对犯罪时不满十八周岁，依法被判处五年以下有期徒刑、拘役、管制、单处罚金、驱逐出境以及免予刑事处罚的未成年被告人，人民法院在判决生效后，应当将其犯罪记录予以封存。

犯罪记录被封存的，不得向任何单位和个人提供，但司法机关为办案需要或者有关单位根据全国人民代表大会及其常务委员会制定的法律和决定、国务院制定的行政法规、规定的行政措施、发布的决定和命令进行查询的除外。

司法机关或者有关单位向封存单位申请查询封存的犯罪记录的，应当提供查询的理由和依据。对查询申请，封存单位应当及时作出是否同意的决定。

2012年12月31日以前审结生效且符合第一款规定的案件，相关犯罪记录也应当封存。对于在作出生效判决的同时未作出犯罪记录封存决定的案件，司法机关或者有关单位申请查询犯罪记录的，封存单位应当严格按照前三款的规定进行审查，并决定是否同意给予查询。

（二）行为人在年满十八周岁前后实施数个行为，构成一罪或者数罪的，不适用犯罪记录封存。

（三）本意见所称的"犯罪记录"，包括涉及未成年被告人自侦查开始至刑罚执行完毕时记载其犯罪情况的全部案卷材料，包括电子档案。

（四）人民检察院在案件起诉前应当加强审查，对可能符合犯罪记录封存条件的未成年被告人与成年被告人共同犯罪的案件，应当将未成年被告人与成年被告人分案起诉。

（五）对依法应当封存犯罪记录的案件，人民法院在宣判时，不得组织人员旁听；有旁听人员的，应当告知其不得传播案件信息，并签订保密协议。

开庭时经未成年被告人及其法定代理人同意，未成年被告人所在学校和未成年人保护组织派到法庭的代表，人民法院也应当告知其负有保密义务，不得传播案件信息，并签订保密协议。

（六）被封存犯罪记录的未成年罪犯因涉嫌再次犯罪接受司法机关调查时，应当主动、如实地供述其犯罪记录情况，不得回避、隐瞒。

二、封存主体和程序

（七）作出生效裁判的人民法院应当在裁判生效后十日内对符合条件的未成年罪犯的犯罪记录依法作出封存决定，并制作"犯罪记录封存决定书"。

"犯罪记录封存决定书"应根据本意见所附的统一样式填写制作。

（八）人民法院犯罪记录封存决定书应当及时送达刑罚执行机关、其他掌握未成年人犯罪记录的司法机关、附带民事诉讼当事人及其诉讼代理人、未成年罪犯及其辩护人、法定代理人或者其他监护人。

（九）公安机关、人民检察院、人民法院、司法行政机关应当对犯罪记录封存的未成年罪犯卷宗档案标明"档案封存"字样，并进行单独存放，由专人实行保密管理，接受查询或对外出具犯罪记录情况证明等材料要严格按照《中华人民共和国刑事诉讼法》第二百七十五条和《中华人民共和国刑法》第九十六条规定的范围办理。

依法进行查询的单位，应当对被封存的犯罪记录的情况予以保密，并签订保密协议留存。

（十）人民法院审理犯罪记录被封存的未成年罪犯减刑、假释案件，不得向社会公示。

（十一）公安机关、检察机关及刑罚执行机关对于未成年犯罪嫌疑人的侦查记录、不起诉记录以及刑罚执行记录亦应采取相关措施予以封存，不得对外公开。

三、其他规定

（十二）出于对未成年人的保护帮教需要，教育、人力资源和社会保障及共青团、妇联等部门或者经未成年被告人及其法定代理人同意，参与诉讼的未成年被告人所在学校和未成年人保护组织、其他合适成年人参与诉讼过程，了解未成年人犯罪记录的，应当对其知晓的未成年人犯罪情况予以保密。人民法院可视情况与上述参与诉讼的相关主体签订保密协议。

（十三）司法机关及掌握未成年人犯罪记录的相关单位或个人不得向新闻媒体、影视节目、公开出版物、网络等披露未成年罪犯的姓名、住所、照片、图像以及其他可能推断出未成年罪犯身份的各种资料。

（十四）教育行政主管部门对被封存犯罪记录的未成年人，应当保障其在入学、复学、升学等方面享受与其他未成年人同等的权利，地方教育行政主管部门要妥善安排就学。

（十五）人力资源和社会保障主管部门对被封存犯罪记录的未成年人，应当保障其在技术培训、推荐就业等方面享受与其他未成年人同等的权利。在用人单位已经知晓其有犯罪记录时，经未成年人申请，应协调用人单位给予其与其他未成年人就业等方面的同等权利。

（十六）民政部门对被封存犯罪记录的未成年人（服刑期间除外）应当给予其在生活保障等方面享受与其他未成年人同等的权利，并不得因已经知晓其有犯罪记录而对其有任何歧视。

（十七）共青团、妇联、关工委等负有对未成年人权益保护职能的部门，对被封存犯罪记录的未成年人在入学、复学、升学、培训、就业、生活保障等方面受到与其他未成年人不同等待遇时，应当积极出面参与沟通、协调，努力为其提供支持和帮助。

（十八）被封存犯罪记录的未成年罪犯，具备就学、就业条件的，人民法院可以就其安置问题向有关部门提出司法建议，并且附送必要的材料。

（十九）犯罪记录封存决定及实施机关应将各自执行未成年人犯罪记录封存情况列入年度考核指标，推动未成年人轻罪犯罪记录封存法律规定的有效贯彻落实。

（二十）本实施意见自下发之日起实施。

附件①：

×××人民法院
犯罪记录封存决定书

（××××）×少刑封字第××号

未成年罪犯×××（写明姓名、性别、出生年月日、出生地、民族、文化程度、原职业、户籍地或住所地、现羁押或服刑场所）。

本院于××××年××月××日，作出了（××××）×少刑初（终）字第××号刑事判决（刑事附带民事判决），以罪犯×××犯××罪，判处……（刑罚种类和刑期）。

经查，未成年罪犯×××……（写明罪犯应予犯罪记录封存的事实和

---

① 文书的字体、标点符号及数字表示的技术规范参照 1999 年 4 月 30 日最高人民法院印发的《关于印制〈法院刑事诉讼文书样式〉（样本）的说明》。

理由)。依照《中华人民共和国刑法》第一百条第二款、《中华人民共和国刑事诉讼法》第二百七十五条以及《最高人民法院关于执行〈中华人民共和国刑事诉讼法〉〈若干问题的解释〉》第四百九十条第一、三款的规定,决定如下:

一、将未成年罪犯×××的犯罪记录予以封存;

二、司法机关或者有关单位申请查询封存的未成年罪犯×××的犯罪记录的,应当提供查询的理由和依据;依法进行查询的单位,应当对被查询的封存犯罪记录情况予以保密。

(院印)

年 月 日

【统计分析】

2013 年度北京市法院
未成年人案件综合审判工作情况

北京市高级人民法院

为深入贯彻落实党的十八大、十八届三中全会和中央政法工作会议精神，以及习近平总书记对人民法院工作的重要批示精神，进一步推进本市未成年人权益保障和预防违法犯罪工作，市高级法院对 2013 年全市法院未成年人案件综合审判工作进行梳理、分析，归纳了审判工作的总体情况、发现的主要问题，并结合审判实际，对新形势下如何进一步深化未成年人保护工作提出了一些意见和建议，现形成如下年度工作报告，供有关部门参考。

一、全市法院未成年人案件审判庭机构建设情况

截至 2013 年底，全市三级 22 家法院中，已有 19 家法院取得了未成年人案件审判庭的独立编制。其中，受案范围覆盖刑事、民事、行政的综合审判庭已增至 13 家。2013 年 4 月，市高级法院在全国高级法院中率先成立未成年人案件综合审判庭，开启了全市三级法院少年法庭在组织机构、综合审判、指导调研等方面全覆盖、良性运行的新机制。

目前，全市法院从事未成年人案件审判工作的共 151 人，其中法官 93 人，同时兼任百余所中小学校的法制副校长。2013 年，共有 12 个未成年人案件审判庭分别被评为"北京市未成年人保护工作先进集体""北京市先进集体""首都未成年人思想道德建设工作先进单位"；22 名法官分别被评为"北京市未成年人保护工作先进个人""北京市妇女儿童工作先进个人""北京市模范法官""北京市先进法官"，或被授予"首都劳动奖章"。在中央综

治办、共青团中央、中国法学会等单位主办的"未成年人健康成长法治保障制度创新事例"评选活动中,海淀区法院"开创违法犯罪未成年人家长亲职教育工作制度"、市高级法院"未成年人司法救助基金制度"、门头沟区法院"社会观护制度",分获"最佳事例""优秀事例"和"创新事例"奖;市高级法院因组织得力,同时荣获"优秀组织奖"。

二、全市法院审理未成年人案件情况综述

2013 年,全市法院未成年人案件审判庭(以下统称全市少年法庭)依法履行审判职责,妥善审理重大敏感案件。

在刑事审判中,准确把握宽严相济的刑事政策,切实维护未成年人合法权益。例如,朝阳区法院妥善审理了备受社会关注的蔡某某虐待其继女一案,并在审理过程中积极聘请心理咨询师,为未成年被害人开展心理疏导,及时抚慰其心理创伤。该案因事实认定准确、法律适用得当,入选市高级法院"参阅案例"。石景山区法院审理的关某某猥亵儿童案,因具有典型示范意义,被最高人民法院作为《关于依法惩治性侵害未成年人犯罪的意见》的适用范例公布并报道。海淀区法院、一中院审理的李某某等五人强奸案,因部分被告人身份特殊、案情敏感,一度成为网络点评率在全国法院排名第一的案件,两级法院坚持法律面前人人平等,严格依照法律程序办案,认真回应和正确引导社会舆论,得到网民的普遍认同,取得了良好的法律效果与社会效果。

在民事审判中,深入贯彻"积极、优先、亲和、关怀"的司法理念,让当事人充分感受到公平正义。例如,一中院审理的涉及妇女儿童权益受损害的王某诉杨某某返还原物纠纷案,法官耐心释法、秉公办案,促成双方当事人庭外和解,受到全国妇联及河北省妇联的充分肯定,并来信致谢,称此案"不仅让当事人切实感受到了法院的权威与公正,也看到了勤政为民的良好司法形象。"二中院在审理一起对鉴定意见高度存疑的抚养费纠纷案中,依法重启鉴定程序,通过组织当事人观察见证司法鉴定过程,促使当事人打消疑虑,最终以调解方式结案。这两起案件均受到中央电视台、新华网、人民网等媒体的高度关注,赢得了社会的多方赞誉。

(一)刑事案件情况综述

1. 判处未成年罪犯人数总体下降

2013 年,全市少年法庭共审理一审、二审未成年人犯罪案件及侵害未

成年人权益案件1097件，判处未成年罪犯1053人，同比下降14.9%，占判处罪犯总人数的3.6%。其中，不满16周岁的79人，占未成年罪犯总数的7.5%。总体上看，五年来，全市少年法庭判处的未成年罪犯人数呈下降趋势（见图一）。该趋势的形成，与修改后刑事诉讼法的贯彻实施，检察机关附条件不起诉案件的增多有一定关联，同时也表明，本市近年来在预防未成年人违法犯罪、开展青少年社会管理综合治理等方面的工作较有成效。

图一

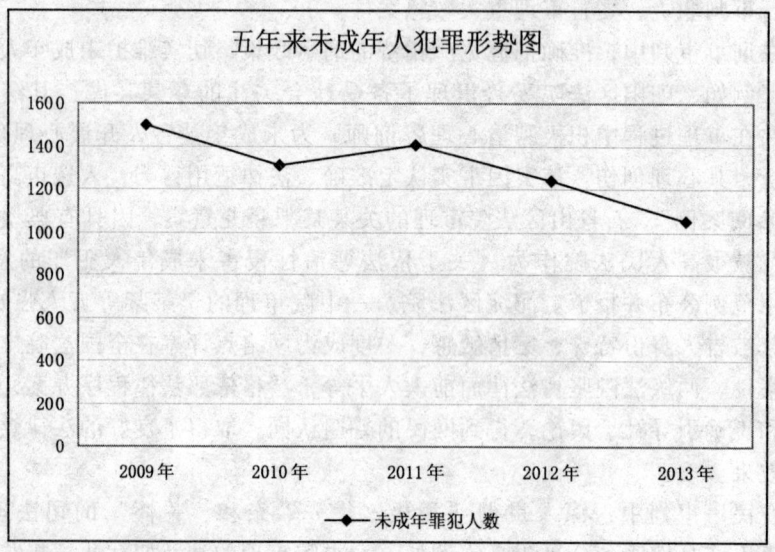

五年来未成年人犯罪形势图

2. 未成年罪犯非监禁刑适用率相对平稳

五年来，未成年罪犯非监禁刑（含免予刑事处罚，以下同）的适用比率相对平稳，特别是2011年以来，适用非监禁刑的比率一直保持在40%至45%之间（见图二）。2013年，全市少年法庭判处五年有期徒刑以上重刑的未成年罪犯64人，占未成年罪犯总数的6.08%；判处非监禁刑的431人，占40.9%，与同期成年罪犯24.9%的非监禁刑适用比率相比，高出16个百分点（见图三）；与全国法院近年来对未成年罪犯适用非监禁刑的比率基本持平。值得注意的是，部分非京籍未成年罪犯虽然被判处了非监禁刑，但尚未被纳入社区矫正范围，极易引发重新犯罪。

图二

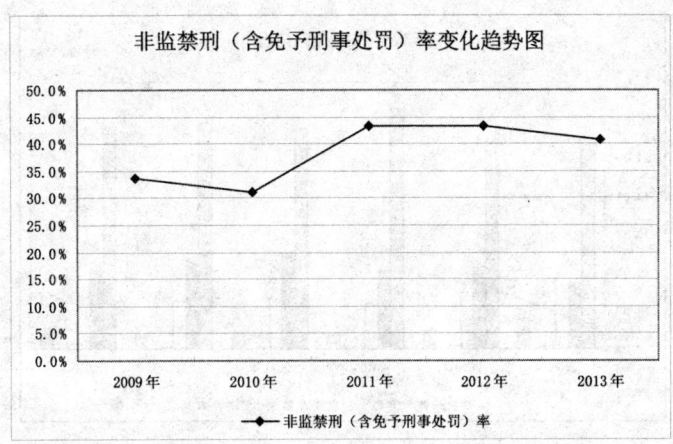

非监禁刑（含免予刑事处罚）率变化趋势图

图三

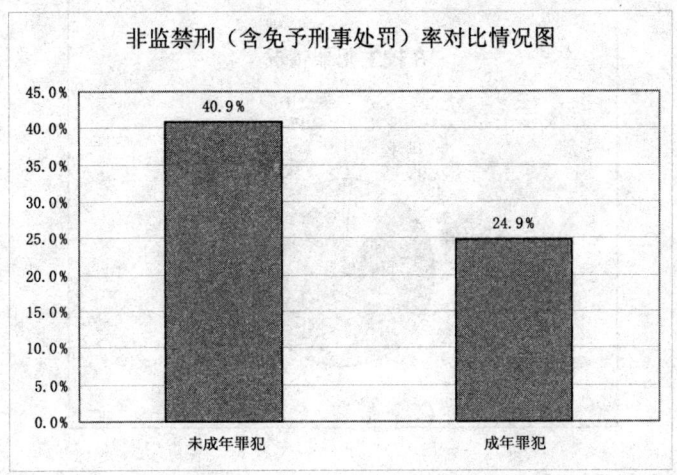

非监禁刑（含免予刑事处罚）率对比情况图

3. 在校生犯罪不容忽视

2013 年判处的未成年罪犯中，在校生犯罪率达 21.6%，仅次于农民身份的未成年犯罪群体。自 2009 年至今，学生犯罪率已连续五年超过未成年无业人员犯罪率（见图四）。抽样显示，职业技术学校学生犯罪情况最为突出，约占 67%；其次是普通中学学生和专门学校学生，分别占 23% 和 9%，另有 1% 的学生来自重点中学（见图五）。上述现象反映出，当前在教育的理念、方法、结构、管理等方面仍存在一定程度的偏差和问题。

图四

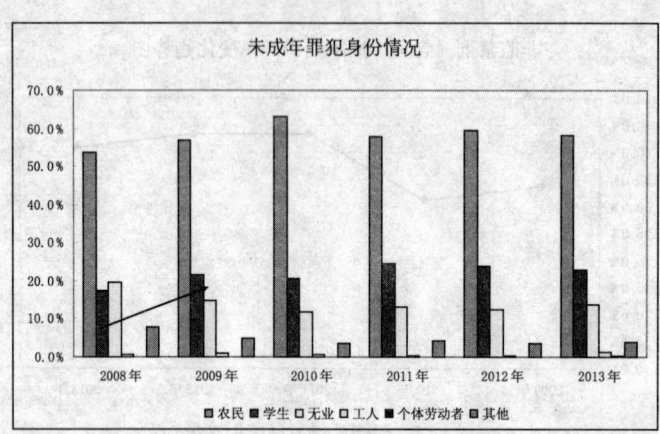

图五

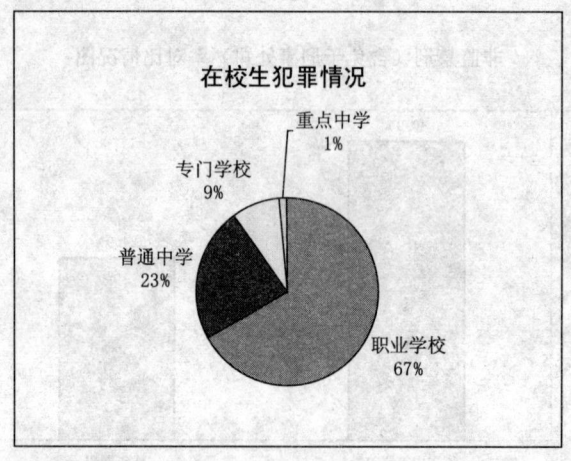

4. 未成年罪犯"四高"特征明显

2013 年，全市未成年罪犯"四高"特征依然明显。一是男性犯罪比例高，占全部未成年罪犯的 92.6%；二是 16～18 岁未成年人犯罪比例高，占 92.5%；三是低文化水平的未成年人犯罪比例较高，初中以下文化水平的未成年罪犯占全部未成年罪犯的 77.4%；四是非京籍未成年人犯罪比例较高，占 65.3%。

5. 侵害未成年人权益犯罪形势严峻

2013 年，全市少年法庭共审理侵害未成年人权益刑事案件 346 件，占全部涉少刑事案件总数的 31.9%。其中，侵害未成年人性权益的案件 93 件，占侵害未成年人权益刑事案件总数的 26.9%。统计显示，侵害未成年人性权益刑事案件主要呈现以下特点：一是 14 岁以下未成年人遭受性侵害的比例较高，约占 80%；二是外地来京务工人员子女易遭受性侵害；三是加害人与被害人相识程度高，常利用师生、老乡、邻里等关系，接近被害人实施作案；四是犯罪手段比较隐蔽，多采用哄骗、恫吓、威胁等手段，对未成年人进行精神控制。

（二）民事、行政案件情况综述

1. 半数以上民事案件为婚姻家庭、继承纠纷案件

2013 年，全市少年法庭共审理涉及未成年人权益保障的抚养纠纷、监护权纠纷、探望权纠纷和侵权责任纠纷等民事案件 1734 件。其中，一审结案 1258 件，二审结案 476 件，调撤率约为 52%。

统计显示，涉少民事案件类型相对集中，以婚姻家庭、继承纠纷案件为主，共 774 件，占全市少年法庭一审涉少民事案件的 61.5%。案由主要集中于抚养费纠纷、变更抚养关系纠纷、探望权纠纷、涉及未成年人继承权的继承纠纷等。此外，人格权纠纷和侵权责任纠纷类案件数量相对较大，分别为 181 件和 170 件，各占全市一审涉少民事案件的 14.4% 和 13.5%（见图六）。

图六

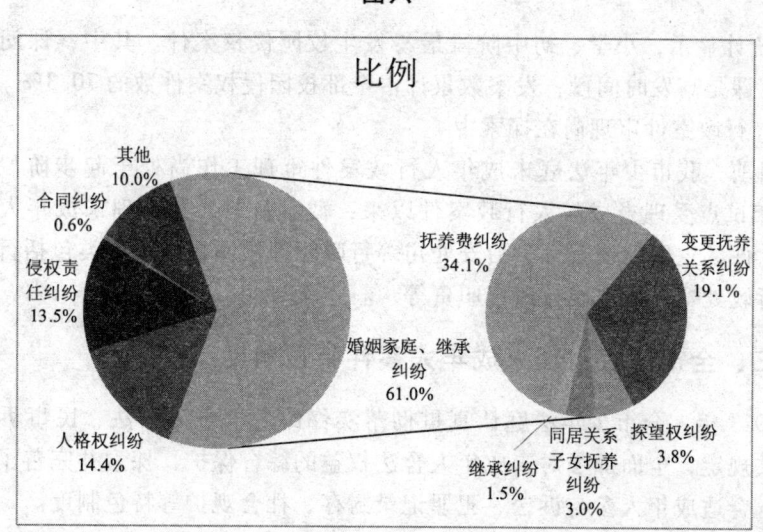

2. 校园侵权案件呈上升态势

2007 年至 2013 年，全市少年法庭共审理校园侵权案件 419 件，事故共造成 440 名未成年人受伤，直接经济损失达 1300 余万元。从案件数量年度分布看，年发案量从 2011 年的 34 件上升至 2013 的 78 件（见图七），呈明显上升的态势。

图七

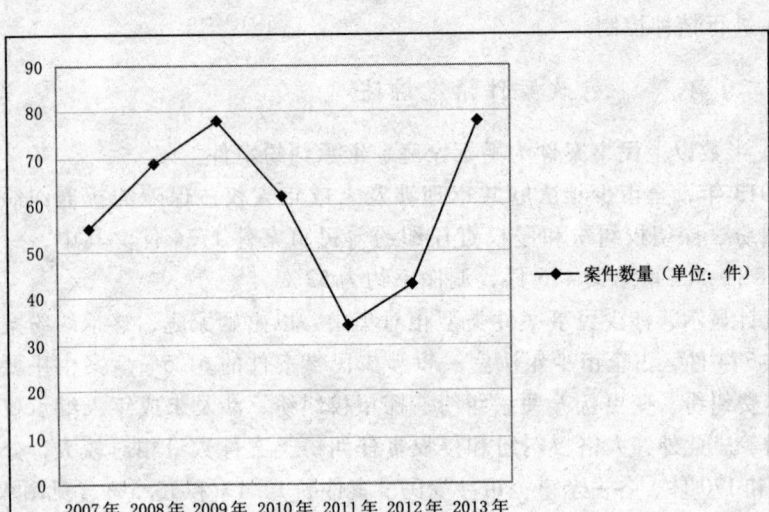

统计显示，小学、初中阶段最易发生校园侵权案件。其中，课间休息和体育课是高发时间段，发案数累计占全部校园侵权案件数的 70.3%。

3. 行政案件审理尚在探索中

目前，我市少年法庭未成年人行政案件审理工作尚处于起步阶段。自 2010 年试点受理未成年人行政案件以来，截至目前，共审理未成年人行政案件 7 件，主要涉及教育、治安处罚等行政管理领域，行为种类包括行政复议、行政处罚、要求履行法定职责等。

三、全市法院审理未成年人案件特色制度

2013 年，全市少年法庭认真贯彻落实修改后刑事诉讼法、民事诉讼法的相关规定，全面加强对未成年人合法权益的综合保护，探索并完善了社会调查、合适成年人参与诉讼、犯罪记录封存、社会观护等特色制度。

（一）社会调查

本市的社会调查①工作起步较早，2006 年已有部分法院开始先期探索。2012 年，市高级法院根据首都综治委预防青少年违法犯罪专项组（以下简称首都综治委预青组）的部署，起草并会签了北京市《关于对未成年犯罪嫌疑人、被告人进行社会调查工作的实施办法》，明确规定了社会调查的程序、工作协调和保障，特别就非京籍未成年犯罪嫌疑人、被告人的社会调查工作进行了探索，引入专业司法社工担任社会调查员，有效弥补了司法行政机关社区矫正力量的不足。2013 年，全市少年法庭共对 583 名未成年被告人开展了社会调查，规范了社会调查专业机构的资质及服务标准，有效促进了犯罪未成年人的教育和矫正。

（二）合适成年人参与诉讼

为加强对合适成年人②的规范管理，市高级法院参与修改并会签了由首都综治委预青组牵头制定的北京市《关于在办理未成年人刑事案件中推行合适成年人到场制度的实施办法》，对合适成年人的资格、权利义务、工作程序以及监督保障等做出了详细的规定，并推动组建了合适成年人队伍。2013 年，全市少年法庭审理的未成年人犯罪案件中，共有 89 名合适成年人参与了诉讼，有效维护了未成年人合法权益。

（三）犯罪记录封存

2013 年，市高级法院起草制定了《未成年人刑事案件诉讼档案封存管理办法》，细化了犯罪记录封存③案件的范围、流程、解封程序等。全市少年法庭共对 900 余名被判处五年有期徒刑以下刑罚的未成年罪犯实施了犯罪

---

① 社会调查是指公安机关、人民检察院、人民法院办理未成年人刑事案件时，对未成年犯罪嫌疑人、被告人的成长经历、犯罪原因、监护教育等情况进行调查。旨在对未成年犯罪嫌疑人、被告人合理适用强制措施、准确适用刑罚、有效开展教育矫正工作。

② 合适成年人参与诉讼是指涉案未成年人的法定代理人无法通知、不能到场，或者法定代理人是共犯的，公安机关、人民检察院、人民法院可以通知未成年犯罪嫌疑人、被告人的其他成年亲属，所在学校、单位、居住地基层组织或者未成年人保护组织的代表（即"合适成年人"）到场陪同涉案未成年人参与讯问、询问、法庭审判等刑事诉讼活动，以及协助开展对涉案未成年人的心理安抚和思想帮教工作。

③ 犯罪记录封存是指犯罪的时候不满 18 周岁，被判处五年有期徒刑以下刑罚的，应当对相关犯罪记录予以封存。犯罪记录被封存的，不得向任何单位和个人提供，但司法机关为办案需要或者有关单位根据国家规定进行查询的除外。依法进行查询的单位，应当对被封存的犯罪记录的情况予以保密。

记录封存，有效减少了犯罪记录对未成年人就学、就业及生活带来的不利影响。例如，即将职高毕业的张某犯罪后，一度对未来学习和就业失去信心，当得知法院对其宣告缓刑并依法封存了犯罪记录后，他信心倍增，发奋努力，半年后，成功入职一家大型企业。张某第一时间向法官报喜，感谢法院给了他"重新做人的机会和第二次生命"。

（四）社会观护

社会观护①工作在涉少民事案件审理中尚处于探索阶段。2013年，全市少年法庭共对3名涉及变更抚养关系和探望权案件的未成年当事人开展了社会观护，并制定了相关工作规程。例如，门头沟区法院在审理一起变更抚养关系纠纷案件时，聘请优秀教师担任社会观护员，同时引入专业社工力量，既促成了父母双方的和解，更赢得了孩子的信任，成为维护未成年人权益的精品案例。市高级法院专门组织召开新闻发布会，对门头沟区法院开展的社会观护工作进行推介，并制定《关于加强未成年人案件专业化审判机制建设的指导意见》进一步加以规范。目前已有更多的法院在深化开展此项工作。

（五）亲职教育②

近年来，家庭教育不当引发的社会问题越来越成为人们关注的焦点。其中，未成年人犯罪问题与家庭教育最为密切。2013年，全市少年法庭进一步发挥"寓教于审"职能，将针对未成年被告人家长的亲职教育内容，灵活融入到法庭教育阶段，受到当事人等多方肯定。海淀区法院还在全国率先开设了针对违法犯罪未成年人家长的"亲职教育课堂"，采取专家授课、影片观摩、亲子互动、读书会等多种形式授课，并联合海淀区相关单位制定了《关于共同开展家庭教育指导工作的意见》。此举得到最高法院等上级单位的高度评价，认为对于丰富和发展我国少年司法制度具有开拓创新的意义，进一步完善了未成年人健康成长法治保障的内容，为将来家庭教育立法工作积累了宝贵经验。

---

① 社会观护是指在法院办理涉及未成年人抚养权、监护权、探望权等合法权益保护的民事案件中，由法院聘请社会热心人士（即"社会观护员"）对涉案未成年人有关背景情况进行调查，对涉案未成年人权益受侵害情况及时干预，对判决、调解后的执行情况进行跟踪考察，以切实维护未成年人民事合法权益。

② 亲职教育即家庭教育，是指以家庭监护责任及教育方法为主要培训内容，以提高教育监护未成年人的能力为目标，对未成年人的父母或者其他监护人实施的教育和影响。

（六） 涉诉未成年人心理评估干预①

市高级法院自 2008 年起与《法律与生活》杂志社合作，为存在心理问题的涉诉未成年人聘请心理专家进行疏导和矫正。2011 年起，在团市委的大力支持下，促成同青少年法律与心理咨询服务中心等更多机构开展合作，建立了稳定的心理咨询师专业队伍。2013 年，出台了《涉诉未成年人心理援助工作手册》，规范了心理援助工作的目标、对象、流程等。至今，已对百余名未成年当事人、数十名家长引入了心理评估干预机制，帮助他们及时摆脱心理危机，改善亲子关系，重树生活信心。为落实修改后刑事诉讼法关于"审理未成年人刑事案件，应当由熟悉未成年人身心特点、善于做未成年人思想教育工作的审判人员进行"② 的规定，2013 年，市高级法院联合中科院心理研究所，组织全市少年法庭部分法官参加了心理咨询师相关知识培训，为逐步组建专业化法官心理咨询师队伍积蓄了力量，奠定了基础。此外，部分法院还深挖区域优势，不断充实心理专家队伍，扩大帮扶对象。例如，朝阳区法院与该区律协女工委合作成立"法律阳光工作室"，为未成年人搭建起心理咨询、疏导的新平台。

（七） 涉诉未成年人司法救助

涉诉未成年人司法救助③是本市少年法庭延伸审判职能、发挥少年司法能动性的一项创新举措。截至 2013 年底，共对 80 余名特困涉诉未成年人给予了总计人民币 60 余万元的救助。在资助复学的 19 名未成年人中，有 4 人考取大学，1 人考取技校，1 人考取重点高中；还有许多未成年人受助后深受感动，发愤图强，重新开始积极的人生。由于"未成年人司法救助基金"运行效果显著，2013 年 8 月，中国人权发展基金会及捐助人再次追加善款

---

① 涉诉未成年人心理评估干预是指聘请心理专家，对全市法院少年法庭审判中发现存在心理问题的未成年当事人进行一对一、面对面的专业疏导、矫正。
② 参见《最高人民法院关于适用〈中华人民共和国刑事诉讼法〉的解释》第四百六十一条。
③ 自 2008 年起，市高级法院先后与全国律协未成人保护专业委员会、中国人权发展基金会合作，设立了"未成年人司法救助基金"。该基金主要源于社会组织、团体和个人的捐助，用于解决涉诉未成年人基本生活、学习方面的迫切需求，适用于全市少年法庭审理的案件中涉及的未成年人，主要包括：（1）受到重大人身伤害、无法得到实际赔偿、家庭贫困的未成年人；（2）受到性侵害、急需心理治疗、家庭贫困的未成年人；（3）无法得到实际赔偿的已死亡被害人的贫困未成年子女；（4）监护人缺失、身体残疾或患有其他严重疾病，且家庭无力抚养、自身又不具备独立生活条件的非监禁刑未成年犯、刑满释放未成年人；（5）认罪态度好并有悔改表现、具备一定文化基础、愿意继续求学或接受技能培训、家庭贫困的非监禁刑未成年犯、刑满释放未成年人；（6）其他处于特殊困境的未成年人。

100 万元，为该项基金可持续发展提供了保障。在该项基金的示范影响下，本市部分法院也纷纷立足区域优势，积极拓宽救助渠道，创设新的救助项目。例如，海淀区法院先后获得中华儿慈会"童缘"项目资助以及区财政拨付的"未成年人司法保护专项基金"，成立"法官妈妈志愿者团队"，帮扶 460 余名涉诉未成年人；房山区法院与有关机构联合开展共建，针对重残、单亲、低保等生活困难家庭的涉诉未成年人，引入集物质帮扶、精神指导于一体的"泉计划"，先后帮扶 7 名未成年人，其中一人考取了重点大学。

四、未成年人保护及预防违法犯罪工作存在的主要问题

一个违法或犯罪行为的发生往往是由诸多因素引起的，从微观角度来看，是一种个体行为，固然有行为人自身的原因；但从宏观角度观察，则是一种复杂的社会现象，是反映社会问题的一面特殊镜子。在审判中，我们发现，本市在推进未成年人保护及预防违法犯罪工作中，还存在有待进一步解决和完善的问题。

（一）部分学校存在教育及管理漏洞

学校是学生接受系统教育的机构和场所，有义务保护、教育和管理学生，建立健全安全制度和管理措施，预防和消除教学环境中存在的安全隐患。但是从我们调研的情况看，仍然有部分学校在教育及管理方面存在漏洞和不足。主要表现在：

1. 教育教学设施、生活设施存在安全隐患，教学内容安排不合理。例如，小学生吴某在一次课间上厕所时，因厕所水龙头漏水造成地面积水，吴某不慎摔倒造成胫骨骨折，卧床病休 3 个月。又如，中学生郭某上体育课时，按照体育老师的要求进行单杠训练，训练过程中失手摔下，因杠下无人保护，致其身体多个部位骨折。

2. 管理制度不完善，安全防范意识不足。例如，中学生崔某在协助老师搬运体育器材时，因一时好奇将标枪随手掷出，枪尖击中正在跑步的某学生头部，经鉴定构成十级伤残。又如，某校学生王某，持刀将同学扎成重伤。经查，其案发前一直将作案用的弯刀放在书包里达半年之久，学生长期随身携带管制刀具，而学校却未能及时发现，反映出学校在安全检查工作方面存在疏漏。

3. 个别教师教育方式简单粗暴，存在体罚或变相体罚学生现象。例如，

某学校体育教师在课堂教学时，因学生李某不服从管理，遂对李某施以拳脚，导致李某阴部受伤。又如，某武术学校学生霍某偷玩武术教师张某的游戏机，张某发现后，遂在课上对霍某进行殴打，导致霍某全身多发软组织挫伤，脑外伤后神经反应、左耳鼓膜挫伤。

4. 片面强调学生专业知识、技术成绩，忽视品德和法制教育。以职业技术学校学生为例，近年来，虽然一些职业技术学校开设了专门的法制课，但从实践情况看，对法制教育的重视和投入程度仍显不足，且方式方法单一，难以让学生真正理解和接受。此外，个别重点中学出现学生犯罪的问题，也在一定程度上暴露出重智育轻德育，过度追求考试成绩及升学率，忽视对学生法制观念、品德素质的培养等教育弊端。

（二）部分家庭存在教育及监管问题

家长是孩子的第一任老师，家庭教育对于未成年人习惯的养成、道德品行的塑造、价值观的初步形成起着关键作用。调研发现，几乎每一个"问题少年"的背后都有一个"问题家庭"。

1. 监护不当。大部分未成年侵权人或未成年罪犯的家庭存在过分溺爱、姑息纵容的情况，有的监护人甚至与孩子共同实施侵权行为。也有部分监护人存在过于严厉粗暴的倾向，严重影响了正常亲子关系的建立，让孩子形成了孤僻、自卑、冷漠的性格，甚至因承受不了压力而辍学、离家出走。值得注意的是，单亲、离异重组等结构不稳定的家庭子女更容易出现偏激、矛盾、失望、仇恨等不良情绪，严重者甚至走上违法犯罪道路；这些家庭也往往是虐待儿童案的高发群体。此外，关注重心错位也是多数未成年侵权人或未成年罪犯的监护人经常出现的教育失误，例如：只关心孩子的衣食住行或学习成绩，却忽视和孩子心灵的沟通，对孩子成长中的精神和心理需求不了解，等等。

2. 监护缺失。监护缺失的群体主要有两类。一是外地来京务工人员的随行子女。调研发现，权益遭受侵害特别是遭受性侵害的未成年人大多是外地来京务工人员的子女，而外地来京务工人员子女也是违法犯罪行为的多发群体。一方面，来京务工人员平时往往忙于生计，无暇顾及子女，尤其对孩子缺乏必要的提醒和指引，孩子长期独自留守、玩耍或上下学，极易给犯罪分子留下可乘之机；另一方面，由于他们鲜有时间管教子女，子女难以感受到家庭的温暖，也容易出现逃课、打架、辍学等不良行为，一旦遇到不法分子的引诱，往往会发生违法犯罪。二是过早脱离监护人，独自来京谋生的外地未成年人。这些远离家乡、父母的外地未成年人，囿于自身文化知识及周遭环境的变迁，在巨大的经济落差和物质诱惑中极易迷失自我，走上犯罪的歧途。值得注意的是，由于这些未成年人的监护人本身也常年在外打工，或处于离异、分居状态，以及不愿承担监护责任等原因，法院审判期间经常无法与监护人取得联系，进而影响到未成年人相关诉讼权益的行使，以及对未成年人教育和矫治的效果。

（三）社会管理服务中的问题

1. 个别用人单位存在招工及管理漏洞

（1）招用童工。个别用人单位人事管理混乱，对工作人员年龄审查不严，甚至为降低生产成本，明知对方未满16周岁仍予招用。例如，市高级法院在审理李某故意杀人一案中发现，李某15岁时从吉林离家出走，到北京一家饺子馆应聘，老板查验其身份证后，明知其未满16周岁仍招用为传菜员，后李某因无法正确处理工作中的矛盾，为报复泄愤而将老板杀害。

（2）对保安等特殊岗位人员的招录条件过低。保安职业是一个担负保护人民群众生命、财产安全职责的职业，从业者需要有较高的道德素养和较强的行为控制力。但实践中，我们发现，个别单位招录保安门槛过低，在人员资质审查及录用程序方面存在疏漏，为日后发生违法犯罪行为埋下了隐患。例如，法院审理的一起强奸案中，被告人赵某利用其担任某小区保安员的身份，趁巡逻之机采用诱骗、胁迫等手段将一名正在小区玩耍的幼女奸淫。

（3）存在安全生产隐患。由于某些行业市场准入的审查管理部门不确定，部门之间管理职责不清，导致某些建设工程往往发包给没有相应资质的承包人，承包人随意招揽雇员，致使未成年雇工在未经培训且不具备安全生产及监督条件的情况下，从事具有危险性的作业，为发生安全生产事故埋下隐患。例如，二中院在审理一起人身损害赔偿纠纷案中发现，涉案劳务公司在未进行岗前培训的情况下，即安排未成年雇工刘某到建筑工地工作，刘某在工作中从楼梯摔下，造成终生残疾。

（4）存在教育管理疏漏。实践中，招用未成年人的单位多集中于餐饮、保安、维修等服务性行业以及建设工程领域，其中尤以餐饮行业为最，未成年雇工多从事厨师、服务员、清洁工等体力劳动。调研发现，餐饮行业未成年雇工犯罪行为的发生，大多与餐饮企业未尽到一定的管理责任有关。一是对未成年员工情绪易波动、自控能力较弱等特点未予足够重视，对员工普遍存在的"同乡"派别等观念缺乏正确引导；二是对厨房刀具管理措施不力，客观上为员工随意取刀行凶伤人提供了便利条件；三是对员工在单位日常工作、生活中发生的矛盾纠纷处理不及时，缺乏有效反馈、协调、疏导机制；四是对员工宿舍生活秩序的监督管理不到位，缺乏对未成年员工夜不归宿、酗酒赌博等不良生活习气的有效约束措施。

2. 部分文化娱乐服务场所违规接纳未成年人

（1）部分网吧违规接纳未成年人。例如，石景山区法院针对该区近年来10余起涉网吧未成年人犯罪案件进行调研后发现，涉案网吧在审查上网人员身份时存在敷衍塞责现象，如仅以身份证进行形式登记，并未仔细核查身份证上的头像是否确系上网者本人；未根据身份证上显示的出生日期进一步审核年龄是否已满18周岁等。

（2）部分宾馆违规留宿未成年人。例如，丰台区法院在审理潘某强奸一案中发现，涉案宾馆前台工作人员在潘某的登记信息显示其未满16周岁，且无监护人陪同的情况下，仍未加询问即为其办理了住宿登记；被害人王某随同潘某一起入住时没有进行身份登记，从其外貌特征看明显系少女，前台工作人员仍准许其与潘某共同入住房间；且潘某在入住期间曾向宾馆购买避孕用品，而工作人员亦未及时给予劝止。再如，一中院在审理未成年人陶某强奸一案中，发现其曾先后多次在丰台区、海淀区、西城区等多家宾馆内，强行与未成年少女发生性关系。上述宾馆均系在未征得有关监护人同意的情况下，即为两名未成年人办理入住手续，为刑事案件的发生提供了可乘之机。

（3）部分酒吧、歌舞娱乐类服务场所存在允许未成年人进入消费、向未成年人售酒等违法经营行为。《中华人民共和国未成年人保护法》第三十六条、第三十七条规定，营业性歌舞娱乐场所等不适宜未成年人活动的场所，不得允许未成年人进入，经营者应当在显著位置设置未成年人禁入标志；禁止向未成年人出售烟酒，经营者应当在显著位置设置不向未成年人出售烟酒的标志；对难以判明是否已成年的，应当要求其出示身份证件。商务部《酒类流通管理办法》第十九条规定，酒类经营者不得向未成年人销售酒类商品，并应当在经营场所显著位置予以明示。但在审判实践中，仍然发现有的经营者公然向未成年人出售烟酒，甚至存在提供异性陪酒服务等违法经营行为。

3. 部分媒体缺乏保护未成年人身份信息意识

新闻报道对于提高全社会保护未成年人的责任意识确实发挥了一定积极

作用，但是部分媒体在传播新闻事件的同时，却忽视了对未成年人身份信息及隐私的保护，给未成年人及其家庭的生活造成不良影响。我国未成年人保护法及预防未成年人犯罪法等法律法规均对涉案未成年人个人信息规定了严格的保密制度，修改后刑事诉讼法也对媒体报道未成年人案件进行了明确的规范与限制。然而，仍有一些媒体披露涉案未成年人的身份信息。例如，某校高中学生故意伤害致死同学一案发生后，部分报刊网站进行了报道，虽然犯罪嫌疑人与被害人均系未成年人，但上述媒体却曝光了他们的真实姓名及所在学校，给未成年人的成长造成极大的负面影响，家长也为此数度情绪失控。再如，某未成年犯被判处缓刑后，有关其犯罪的判决书在多个网站刊登，其个人真实信息、犯罪情况均被公开，对该未成年人的就业及生活产生了恶劣影响。

4. 缺乏对侵害未成年人行为的有效监督及规制

侵害未成年人的行为主要有三种类型：一是家庭暴力，主要包括亲生父母对子女极端暴力的不正确教养方式，以及继父母、看护人、其他家庭成员等对未成年人实施虐待等。二是校园暴力，主要包括教师对未成年人的过度体罚、侮辱贬损、性侵害，以及学生之间的暴力伤害等行为。三是社区暴力，主要包括社区内熟人对未成年人实施拐卖、猥亵、强奸等行为。但在司法实践中，往往针对胁迫、诱骗、利用未成年人乞讨，或者组织未成年人进行有害其身心健康的表演活动等严重违法犯罪行为，能够较为及时地采取行政处罚或刑事制裁，而对于家长、教师、熟人等相关侵害未成年人的行为，尚缺乏足够有效的监督及规制。尤其对于那些监护人虐待子女及教师体罚、侮辱学生案件，本来相关知情人的举报或报警可以使正在遭受侵害的未成年人得到及时的救济，但是实践中，即使有的邻居、旁观者或基层群众自治组织等发现或知情，大多也并没有及时报警，致使类似事件长期处于"私事私人管、家事公不管"的境况。这一方面反映出有关机构或知情人员法律意识及未成年人保护意识的淡薄，另一方面也暴露出我国在防止未成年人遭受侵害方面缺乏"强制报告"的相关法律规定。

5. 对外来流动未成年人缺乏有效管理及帮扶措施

外来流动未成年人通常具有工作、居住、生活不稳定的特征，一旦陷入就学、就业失败或者缺乏生活保障等不利境地，往往会增加违法犯罪的几率。调研发现，本市对于外来流动未成年人的信息管理尚未完全做到一口采集、多口使用、互通共享，仍存在一定程度的统计口径不一、底数不清等现象。特别对于已有不良行为记录、处于犯罪边缘的外来流动未成年人，尚缺乏及时有效的监督管控及早期干预措施；对于已被宣告非监禁刑或假释的外来流动未成年人，由于这类人员户籍地和经常居住地的分离，户籍地的矫正机构难以真正履行对他们的监管、帮教义务，导致这一群体成为社区矫正的"真空"地带，极易再次衍生违法犯罪。此外，对刑满释放的外来流动未成年人缺少必要的引导和帮扶救助措施，往往成为该群体再次犯罪的重要原因。调研发现，有的外来未成年人"二进宫"，是因为第一次犯罪刑满释放后无钱返乡，继续留滞北京，而一旦生活难以为继，很容易再次走上犯罪道路。

五、推进未成年人保护及预防违法犯罪工作的建议

（一）加强学校预防，做好校园安全管理和法制教育工作

建议学校积极与公安、文化、工商、卫生等综治部门建立长期联系，定期排查不稳定因素，共同维护校园安全，同时着力抓好以下几方面工作：一是结合学生天性及其特点进行安全教育，增强学生、教师的自救、互救知识技能，尤其应当通过真实发生的案例教育学生做到安全游戏、嬉闹有度。二是学校体育活动要适龄适度，教师应当做好预备性训练和动作要点讲解示范，及时警示、制止学生的危险动作。三是应当加强对校舍、体育设施、教具的维护和检修，针对管理薄弱环节，安排专人负责校园安全检查、巡视及设施维护，着力提升学校的医护水平。四是应当教育教师在教学中平等对待学生，关注学生的个体差异，不得实施体罚或其他侮辱人格尊严的行为。五是加大学校法制教育的投入，无论是犯罪率高的职业技术等学校，还是犯罪率低的重点学校，对法制教育的投入都要扎实到位，不能走过场。六是创新法制教育的方式方法，用学生喜闻乐见的教育形式，引导学生从被动学习向主动学习转变，从死记硬背到活学活用转变。例如，石景山区法院自2007年起与区教委联合启动校园预警机制，已连续六年定期举办未成年人权益保护及预防未成年人违法犯罪情况通报会，对于扎实做好预防在校生违法犯罪工作，推进平安校园建设发挥了积极的作用；房山区法院通过与学校共建"法制校本课程"，构建"三讲两课两教一庭一指数"① 的未成年人普法教

---

① "三讲"，即针对学生、教师和家长分别开设"法制讲堂"。"两课"，即在中学和小学各开设一门主题普法课程。"两教"，即为各学校培训一名"法制校本课"教师，统一编制一本"法制校本课"教材。"一庭"，即模拟法庭。"一指数"，即探索设立"在校中小学学生公民法治素养指数"。

育长效机制，将法制教育纳入学校的日常教学内容，有效解决了校园普法零散、不连贯的问题。

（二）突出家庭预防，改善家庭教育方法，强化监护责任

一是建议有关部门、儿童权益保护组织通过开办"家长学校"、"家长课堂"等形式，加强父母的责任感，改善家长的教育方式和技能，指导家长采取多种方式向子女传授良好的品行，以及必要的自救知识、法律常识等。例如，前文提到的海淀区法院专门针对失职父母开展的"亲职教育"活动，就收到了较好的效果。二是建议设立家庭监护能力与资格评估机构，对困境儿童家庭监护意愿与监护能力进行评估，落实困境儿童的生活保障，适时剥夺失职父母的监护权。三是建议有关部门加强对家庭教育制度的研究和探索，推动《家庭教育法》等相关立法的出台，以法律法规的形式督促监护人加强自身素质，强制其履行好教育监护职责。

（三）强化社会预防，加大社会管理综合治理力度

1. 强化未成年人用工管理，维护企业生产安全。建议相关政府管理部门不定期对辖区用人单位用工及管理情况进行核查、暗访，严格落实《禁止使用童工规定》《劳动法》《安全生产法》及《未成年工特殊保护规定》等法律法规，及时填补行业执法和监管空白，完善相关规定，维护行业秩序，保障生产安全；探索建立用工单位与有关部门的联动保护未成年人机制，教育用工单位提高对未成年人的特殊保护意识，发现未满 16 周岁未成年人前来求职时，不仅不予录用，还应及时与其监护人或公安、民政、共青团等部门、组织联系，确保未成年人脱离"失管境地"；招录保安等特殊职业人员时严把进口关，加强职前教育、职中培训，增强从业人员的职业道德水平及法律意识；对餐饮等服务行业及其未成年员工加强法制教育，督促建立员工纠纷快速反馈协调机制，健全员工宿舍管理制度，对厨房刀具实行专人管理，严禁随处乱放或随意借给他人。

2. 加大对网吧、酒吧、歌舞厅等特殊文化娱乐服务场所接纳未成年人现象的规制力度。一是加大日常执法查处力度，在寒暑假等易发时段开展专项治理，对违规接纳未成年人的文化娱乐服务场所给予严厉处罚。二是注重落实群众举报，对举报场所分时段多频次进行突击检查。三是多方拓展执法监管渠道，充分发挥文化市场监督员队伍的监管作用。同时，建议具体负责机构与公、检、法等司法机关应建立起长效信息沟通机制，由司法机关将日

常办案中发现的引发未成年人犯罪的网吧、酒吧、歌舞厅等线索及相关案例及时上报综治部门，综治部门要加强监督，及时将信息反馈结果及整改情况纳入量化考评体系，作为衡量、考核综治成员单位业绩的一项重要指标，并定期进行检查，使奖惩落实到位。

3. 探索建立防止虐童等侵害未成年人行为的"强制报告"制度。建议通过完善立法，规定有关知情人员及对儿童有监管责任的人员或组织，当知悉或有足够理由怀疑儿童受到父母、教师或其他人员的虐待、体罚等伤害行为时，负有"强制报告"的义务，即必须及时举报或报警；对于知情不报者，给予相应的惩罚措施。最高人民法院、最高人民检察院、公安部、司法部 2013 年 10 月 23 日联合印发的《关于依法惩治性侵害未成年人犯罪的意见》第九条规定，对未成年人负有监护、教育、训练、救助、看护、医疗等特殊职责的人员以及其他公民和单位，发现未成年人受到性侵害的，有权利也有义务向公安机关、人民检察院、人民法院报案或者举报。尽管该规定只对性侵害未成年人犯罪行为规定了"强制报告"义务，但从立法精神看，对虐童等其他侵害未成年人的犯罪行为的"强制报告"义务也是大势所趋。因此，对未成年人负有监护、教育、救助等特殊职责的单位和人员，应当进一步提高社会责任感和未成年人保护意识，比如医务人员等，一旦发现未成年人存在可能受暴力侵害、虐待等情况，应当及时向未成年人保护部门或公安机关报告，使犯罪嫌疑人及时受到应有的法律制裁，避免未成年被害人遭受进一步的侵害。例如，朝阳区法院审理的蔡某某虐待一案，该案之所以被侦破，即与医生及时报警的行为有关。年仅 5 岁的被害人陈某在与继母蔡某某共同居住期间，被蔡某某以掐、打、踹、烫等手段进行虐待，导致多次就诊和入院治疗，民航总医院医生发现被害人存在家庭暴力致伤的可能，随即报警，使公安机关及时将蔡某某抓获归案，避免了被害人继续遭受侵害。

4. 加强对媒体的监督制约，规范行业操守和行为。媒体工作人员对于涉及未成年人的新闻，要采取审慎的态度，掌握好报道的分寸和尺度。要尊重未成年被害人、犯罪嫌疑人、被告人的隐私权等人格权利，报道内容要符合法律的规定，比如不得报道性犯罪的具体细节，不得公布未成年人的姓名和图像；报道的用语更要谨慎、准确等。建议新闻管理、互联网管理等有关部门联合制定相关管理办法，通过有效指导培训和监督管控，对网络管理人员及媒体记者进行未成年人保护法、预防未成年人犯罪法等必要的法制培训教育，及时筛查、制止、删除披露未成年人身份信息及隐私的报道或有关网页，研究制定相应惩戒制度，营造维护未成年人权益的良好舆论氛围。

5. 加强对流动人口租住房屋及所在社区的监督管理，将外来流动未成年人纳入信息监管、早期干预和帮扶安置范围。一是加大"流入地"与"流出地"在流动人口管理方面的信息沟通和共享，对外来人口实施严格的登记管理制度，并建立区域联网数据库，统一流动人口信息平台，逐步实现对流动人口的无缝管理。二是以社区、街乡为单位，为外来流动未成年人登记建档，如实记录其就学、就业等具体情况。其中，对辍学、失业、权益遭受侵害等身处困境的未成年人，应及时联系有关组织提供帮扶救济；对已有不良行为记录、处于犯罪边缘的未成年人，应及早做出预警报告、制定早期干预措施。三是对已被宣告非监禁刑或假释的外来流动未成年人，要及时纳入跟踪安置体系，整合居委会、村委会、家庭、学校、单位、志愿者等良性资源，积极开展有效帮教。一方面，确保暂住地与户籍所在地的公安等部门之间畅通联系，动员社会力量创新参与帮扶教育工作。例如，通州区法院针对判处缓刑的非京籍未成年犯，采取联系"爱心企业"接收培训就业、成立缓刑犯帮教基地等方式，帮助他们顺利回归社会。另一方面，对于判处非监禁刑或释放后需要返乡的外地户籍未成年人，可斟酌具体情形，借鉴江苏等地先进经验①，尝试与外地相关组织建立异地社区矫正与安置帮教工作协作机制。例如，一中院为落实一名外地未成年人缓刑期间的社区矫正工作，避免脱管、漏管，承办法官亲自将该未成年人送回原籍河北省某县城，并与当地公安机关及社区矫正部门建立起稳定的联系，确保了对该未成年人教育、矫正的无缝衔接。故建议进一步发挥有关部门职能，推动本市与外省市安置帮教工作互助协作、有效衔接、发展共赢。

6. 科学运用财政拨款及慈善捐款等渠道，建立困境未成年人专项救助资金。设置该专项资金的目的，旨在为困境未成年人搭建一个物质层面及精神层面兼顾的"救助平台"。一是用于帮助因校园伤害、安全事故等导致身体伤残的未成年人，避免因无钱而延误救治。二是用于帮助处于贫困、失学等特殊困境的未成年人度过经济难关，继续学习知识技能，早日自食其力。三是用于帮助遭受家庭暴力、性侵害等身心伤害的未成年人摆脱心理困境，以及帮助未成年人戒除网瘾，引导他们自我激励，积极向上地生活。

---

① "2008年，江苏、浙江、上海司法行政部门成立'苏浙沪社区矫正与安置帮教工作协作机制'，经过多年的实践运行，这一机制现已延伸到华东地区7省市共同参与，签署社区服刑人员异地委托管理、安置帮教信息交流等多项具体协议，促成部分市、区司法局结成战略合作关系"。参见2011年12月7日"新华报业网－江苏法制报"，《苏浙沪交流社矫安置帮教经验》。

未成年罪犯量刑规范化样本分析

厦门市中级人民法院刑一庭课题组[*]

　　未成年人是祖国的未来和希望，关乎着社会的稳定和每个家庭的幸福。本课题试图以厦门两级法院未成年人刑事案件量刑的实证数据出发，结合厦门市未成年人刑事案件的具体特点，对如何实现未成年犯的刑罚个别化与量刑规范化的有机结合提出一些工作思路，以期建立一套更加科学的刑罚标准，达到预防重新犯罪的最大化。

一、厦门市未成年人犯罪及量刑的概况

（一）未成年人犯罪的基本状况

表一　　2008～2012年厦门市未成年犯罪总体情况表

	案件数	人数	年龄		性别		户籍		身份	
			14～15	16～17	男	女	本地	外地	在校生	闲散人员
总计	1212	1666	219	1447	1578	88	358	1308	152	1514
中院（一审）	79	135	22	113	127	8	32	103	12	123
思明	327	487	66	421	450	37	82	405	64	423
湖里	211	268	44	224	255	13	5	263	12	256
同安	136	154	21	133	150	4	47	107	17	137
集美	252	340	40	300	316	24	72	268	21	319
海沧	75	113	11	102	111	2	15	98	14	99
翔安	132	169	15	154	169	0	105	64	12	157

　　根据统计数据分析（表一），2008～2012年来厦门市未成年人犯罪呈现中院及各区院审理的未成年人犯罪案件总数和人数整体增加的态势，其中有

---

　　* 课题指导人：李志远；课题负责人：郭福全；课题组成员：王绮、彭亚奴、杨陆平。

如下几个显著特点。

1. 年龄分布变化不大

已满 14 周岁未满 16 周岁的未成年犯罪人数占比 13.1%，已满 16 周岁未满 18 周岁的占比 86.9%。从所占比例看，已满 16 周岁未满 18 周岁的未成年犯罪人数占绝大多数；从与往年数据比较，厦门市连续 10 年已满 14 周岁未满 16 周岁的未成年犯罪人数持续保持在 10 个百分点上，犯罪年龄低龄化比例没有明显下降。

2. 性别分布变化不大

男性占 94.72%，女性占 5.28%，未成年犯罪人数中女性占比持续保持在 5% 左右。

3. 籍贯分布略有所变化

非厦门籍的未成年犯罪人数为 1308 人，占比 78.5%，10 年来非厦门籍的未成年犯罪人数继续保持上升趋，递增了 17 个百分点。（表二）

表二　未成年罪犯籍贯分布变化表

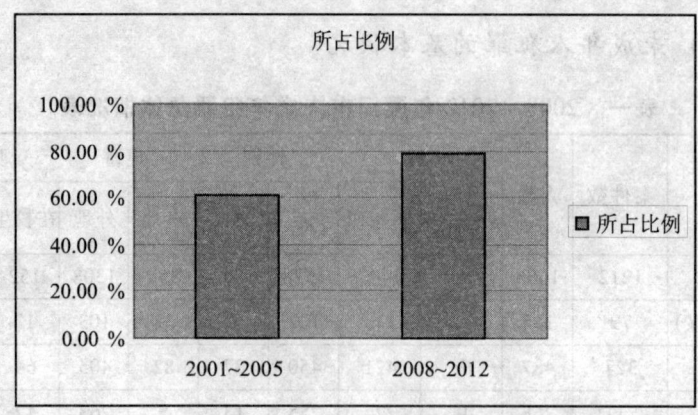

4. 在校生比例不大

2008～2012 年来，未成年罪犯中在校生共计 152 人，占总数的 9.1%。其中思明区的在校生犯罪的情况较突出，占该区未成年罪犯总数的 13.1%。

5. 罪名分布越来越广

仍然以抢劫罪、盗窃罪、故意伤害罪三种传统侵财型和暴力型犯罪为主，但是占比呈下降趋势；贩卖毒品罪、寻衅滋事罪、诈骗罪、交通肇事罪等上升为多发罪名，各自占比均有小幅增加。（表三、表四）

表三　2008～2012 年厦门市未成年人犯罪罪名分布图

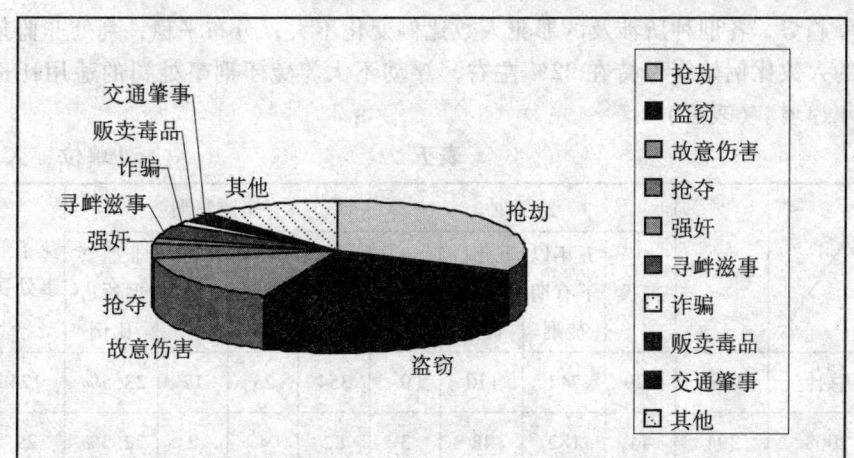

表四　2001～2005 年厦门市未成年人犯罪罪名分布图

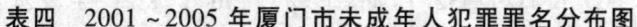

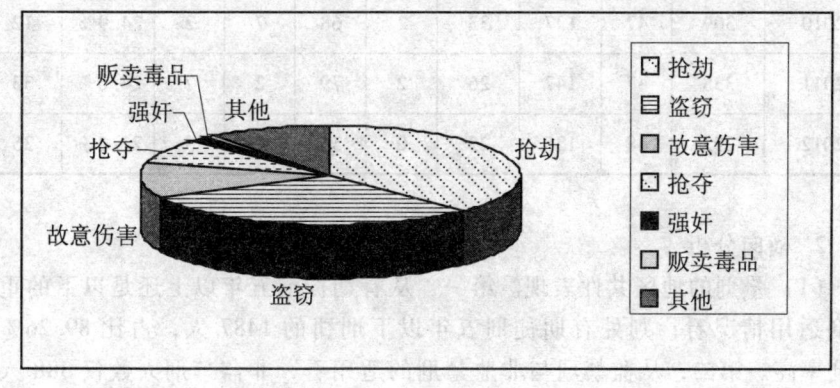

(二)　未成年人犯罪的量刑特点

1. 纵向变化

(1)　2008 年至 2012 年，厦门两级法院在对未成年罪犯适用非监禁刑、免予刑事处罚方面总体呈轻缓化趋势，2008 年计 117 人，占比 29.7%；2009 年计 96 人，占比 28.53%；2010 年 89 人，占比 28.80%；2011 年计 116 人，占比 34.32%；2011 年 97 人，占比 33.22%，呈现出轻缓化趋势。从 2000 年来的十年数据比较可以看出，对未成年罪犯适用非监禁刑、免予刑事处罚的人数占比从 20 个百分点递增了十几个百分点。(表五)

（2）2008 年至 2012 年，厦门两级法院判处的未成年罪犯人数整体呈现下降趋势，各刑种所涉及的罪犯人数比例变化不大，分布平稳，判处非监禁刑的人数比例始终保持在 22% 左右，浮动不大，免予刑事处罚的适用比例逐年递增。（表五）

表五 （单位：人）

	总人数	监禁刑				非监禁刑				免予刑事处罚
		拘役	五年以下有期徒刑	五年以上有期徒刑	无期徒刑	缓刑	管制	单处罚金	非监禁刑所占比例	
总计	1666	229	743	170	9	354	25	12	23.5%	124
2008	394	44	182	48	3	82	4	2	22.3%	29
2009	333	43	152	40	2	70	8	3	24.3%	15
2010	309	47	137	33	2	68	7	2	24.9%	12
2011	338	47	147	26	2	79	2	2	24.6%	33
2012	292	48	125	23	0	55	4	3	21.2%	35

2. 横向分析

（1）量刑的地区共性表现。第一，从有期徒刑五年以上还是以下的重、轻刑适用情况看，判处有期徒刑五年以下刑罚的 1487 人，占比 89.26%，轻刑率高。第二，从监禁刑与非监禁刑的适用看，非监禁刑人数仅 388 人，占比 25.1%，刑罚适用仍以监禁刑为主。第三，从非监禁刑适用的刑种看，区法院适用有期徒刑缓刑的 278 人，拘役缓刑的 59 人，分别占缓刑人数的 82.49%、17.51%，说明缓刑适用的刑种仍以传统的有期徒刑为主要选择（表六）。同时，拘役 229 人、管制 25 人、单处罚金 12 人，合计 226 人，占比仅 15.97%，适用率较低。（表七）

表六　缓刑类别图　　　（单位：人）

	思明	湖里	同安	集美	海沧	翔安
有期徒刑缓刑	109	43	38*	52	19	17
拘役缓刑	10	7	5	13	7	17

表七　2008~2012 年未成年犯量刑分布情况表　　（单位：人）

	总人数	监禁刑				非监禁刑				免予刑事处罚
		拘役	五年以下有期徒刑	五年以上有期徒刑	无期徒刑	缓刑	管制	单处罚金	非监禁刑所占比例	
总计	1666	229	743	170	9	354	25	12	23.5%	124
中院（一审）	135	0	28	78	9	17	0	0	12.6%	3
思明	487	47	206	26		119	0	3	25.1%	86
湖里	268	52	143	14		50	0	0	18.7%	9
同安	154	28	67	14		43	1	0	28.6%	1
集美	340	49	183	21		65	0	5	20.6%	17
海沧	113	27	51	9		26	0	0	23.0%	0
翔安	169	26	65	8		34	24	4	36.7%	8

（2）量刑的地区差异表现。各区院在监禁刑的适用上差异不大，在非监禁刑及免予刑事处罚的适用上存在不少差异：第一，适用免予刑事处罚比例地区差异大；第二，在非监禁刑的刑种适用上不均衡；第三，适用缓刑的比率不均衡；第四，对非厦门籍未成年罪犯适用缓刑情况存在一些差别。（表八）

表八　未成年缓刑罪犯籍贯分布图（单位：人）

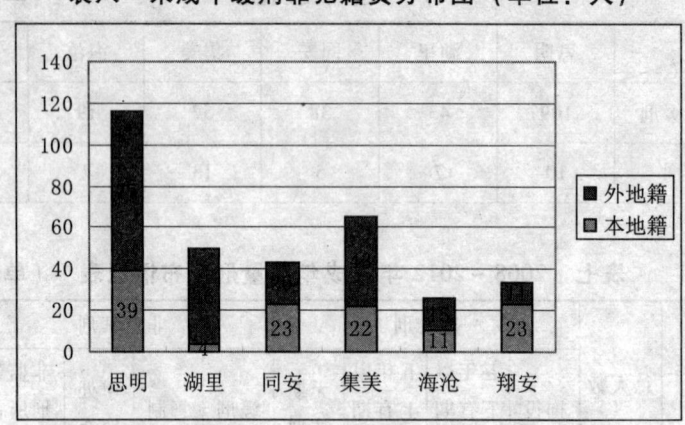

（三）未成年犯量刑规范情况分析

1. 关于量刑起点的适用①

（1）不同基层法院作法比较

其一，在选择确定具体的大小刑点作为量刑起点时存在地区差异。其二，在选择确定具体的刑点作为量刑起点时呈现出重罪地区差异小，轻罪地区差异大的情况，体现为法定刑为有期徒刑十年以上刑罚的抢劫罪地区差异不明显，只有 2.6 个月的差距；法定刑为三年以上十年以下有期徒刑的强奸罪、故意伤害罪则分别存在 12 个月、8.8 个月的差距；法定刑为有期徒刑三年以下刑罚的故意伤害罪也存在 5.4 个月差距。（表九）

表九　量刑起点平均值图　　　　　　　（单位：月）

	抢劫罪 （加重情节）	故意伤害罪		强奸罪 （3～10 年档）
		3 年以下	3～10 年	
量刑起点区间	120～126	6～18	36～48	36～60
思明	120	9.5	36	36

---

① 结合《人民法院量刑指导意见（试行）》的规定以及厦门的具体贯彻细则，关于量刑起点的确定，对数额型的侵财犯罪如盗窃罪、抢夺罪、诈骗罪以及犯罪情节一般的抢劫罪等规定的确定的刑点，对情节犯则规定为不确定的刑点即一定的区间，由法官在量刑时结合当地的治安形势等情况选择确定具体的刑点。故本文选取规定的量刑起点为不确定的刑点即区间型的常见犯罪如情节严重的抢劫罪、故意伤害罪、强奸罪的量刑作为比较对象。

	抢劫罪 （加重情节）	故意伤害罪		强奸罪 （3～10年档）
		3年以下	3～10年	
湖里	121	11.6	44.8	44
同安	121.2	14	44	36
集美	122	14.9	42.4	43.7
海沧	122.6	12	39.6	39
翔安	122	12	40.4	48

（2）不同犯罪类型的作法比较

其一，对抢劫罪加重情节犯罪、强奸罪，均选择以规定的量刑起点区间均值以下作为具体的刑点，地区差异不明显；对故意伤害罪，则选择以规定的区间均值以上作为具体的刑点。其二，量刑起点规定区间小，地区差异也小；规定区间大的，地区差异也大。（表十）

表十　量刑起点区间中线上下人数比较图　　（单位：人）

	抢劫罪 （加重情节）		故意伤害罪				强奸罪 （3～10年档）	
			3年以下		3～10年			
	线下	线上	线下	线上	线下	线上	线下	线上
总计	40	12	14	44	7	27	15	2
思明	8	0	5	3	2	0	4	0
湖里	10	2	2	9	1	9	2	0
同安	8	2	0	8	0	2	2	0
集美	8	4	0	7	0	10	4	2
海沧	4	3	0	2	2	3	2	0
翔安	2	1	7	15	2	3	1	0

2. 关于未成年犯量刑情节调节比例的适用①

(1) 对犯罪时已满 14 周岁未满 16 周岁的未成年人量刑情节减少基准刑的调节比例比较

表十一 （单位:%）

	抢劫罪		故意伤害罪 (3 - 10 年)	强奸罪	贩卖毒品罪
	3 - 10 年	10 年以上			
平均值	38.64	44.21	41	50	40
思明	26.65	29			40
湖里	38.12	50.7	44.25		
同安	40				
集美	47.5		45	50	
海沧	45	47	25		
翔安	40	50	40		

注: 强奸罪和贩卖毒品罪仅 1 名 14 ~ 16 周岁未成年罪犯

从统计数据看（表十一），厦门市对犯罪时年龄为已满 14 周岁未满 16 周岁的未成年犯量刑情节在考虑选择确定调节基准刑的具体比例时，一般选择确定的调节比例为 30 ~ 45% 间。从最常见的犯罪类型抢劫罪、故意伤害罪的具体调节比例看，平均值均低于规定区间的平均值 45%。各区院适用平均调节比例也明显存在地区差别，最高值为 55%，最低值为 26.65%，存在 28 个百分点的差异。

---

① 根据规定，对犯罪时已满 14 周岁未满 16 周岁的未成年人，量刑时减少基准刑的调节比例区间为 30% ~ 60%；已满 16 周岁未满 18 周岁的未成年人，量刑时减少基准刑的调节比例间区分两种情形；犯故意杀人、故意伤害致人重伤或者死亡、强奸、抢劫、贩卖毒品、放火、爆炸、投放危险物质罪的为 10% ~ 40%，犯上述八种犯罪行为以外的调节比例为 20% ~ 50%。我们采用与"量刑起点的适用"相同的研究方法，选择常见的未成年犯罪类型如抢劫罪、盗窃罪、故意伤害罪、抢夺罪、诈骗罪、强奸罪作为比较对象。

（2）对已满16周岁未满18周岁的未成年人量刑情节减少基准刑的调节比例比较

表十二 （单位:%）

	抢劫罪		盗窃罪			故意伤害罪		抢夺罪	
	3~10年	10年以上	3年以下	3~10年	10年以上	3年以下	3~10年	3年以下	3~10年
平均值	32.67	36.79	29.43	32.71	41.25	30.89	31.96	29.2	35
思明	30.28	30	29	31.25		41.25	40	28.6	40
湖里	35.12	37	33.3	30		33.50	33.33	27.9	30
同安	30.33	32	25	31.7	30	25	27.5	20	
集美	35.44	41.5	29.1	34	45	30	30	33.3	30
海沧	33.5	42.5	28.5	32.5		20	32.5	28.3	
翔安	26.67		31.8	33.75		29.54	32		

表十三 （单位:%）

	强奸罪		贩卖毒品罪		诈骗罪		交通肇事罪	
	3~10年	10年以上	3年以下	3~7年	3年以下	3~10年	3年以下	3~7年
平均值	34.41	37.5	25.6	39	26.33	22	30.83	30
思明	35	35	40		30	13		
湖里	27.5		20	38	24	29		
同安	42.5		25		20			30
集美	37.5	40		40	28	35	25	
海沧	30						30	
翔安	20		15				35	30

分析表十二和表十三的数据，具有两个特点。第一，重罪大调，轻罪小调。法定刑为有期徒刑十年以上刑罚的犯罪，犯罪时未成年这一量刑情节对基准刑的调节比例普遍大于规定的调节比例区间平均值 35%，而法定刑为有期徒刑十年以下刑罚的犯罪，则普遍低于规定的调节比例区间平均值 35%，法定刑为三年以上七年以下有期徒刑的贩卖毒品犯罪除外，并且呈现出法定刑越低的调节比例最小的态势。第二，未成年犯调节比例的大小与所犯罪行的轻重各区不呈现出比例关系；同一地区法定刑相同的犯罪，未成年犯的调节比例并不近似。

二、未成年犯罪量刑中存在的问题及其原因

根据数据分析以及司法审判实践，厦门法院审理未成年刑事案件量刑过程中存在以下几个方面的问题：

（一）非监禁刑适用中的问题

1. 适用比例较低

通过前述分析可见，近五年来厦门两级法院适用非监禁刑的未成年犯仅388 人，占总人数的 25.1%。这一数据与全国部分地区存在较大差距。[①] 在对未成年被告人适用非监禁刑问题上，厦门法院存在适用率明显偏低的问题。其中的原因包括如下几个方面。

（1）监管条件欠缺

作为外向型城市，厦门汇聚来自全国各地的外来人群。这些人为了谋生长期远离家乡，但在工作地又没有发展为常住居民。这种工作生活的游离状态也给刑罚执行特别是非监禁刑的执行带来困扰。如表八所示，非厦门籍未成年犯人数占比 78.5%，但根据厦门社区矫正的有关规定，外来人口在厦门实施社区矫正需要具备在厦办理了暂住证明、有长期固定的居住场所、社区或者家庭愿意协助监管等条件。其中，作为外来务工人员，多数经济条件一般，长期租住一地是一个难题，司法行政部门往往以没有长期固定的居住场所为由，拒绝提供愿意监管的意见。

[①] 根据有关资料，在 2006 年至 2008 年期间未成年犯非监禁刑适用率中，上海为 18.69%，天津为 28.88%，江苏为 35.43%，浙江为 20.87%，山东为 48.57%、河北为 41.20%，青海为36.37%，如果对未成年人单列做具体区分，上述省份将远远高于这一比例。参见最高人民法院2013 年量刑专题培训班罗智勇《非监禁刑的司法适用》授课内容。

（2）法律手续繁杂

对非监禁刑的适用，合议庭没有决定权，需要经过主管院长同意，需要听取被告人暂住地或者户籍地司法行政机关的评估意见，需要履行更为复杂的缓刑执行程序。这些复杂的程序致使承办法官依法适用非监禁刑的积极性下降，对一些本来可以适用非监禁刑的被告人改用了监禁刑。

（3）法律规定的适用标准不甚具体、明确

现行法律规定没有针对案件事实或适用对象的不同情况而设置的细化标准，对不同性质案件及未成年人、成年人的适用标准未予区分，从而造成实践中的可操作性差，不能很好地把握。如刑法第七十二条规定的"没有再犯罪的危险和宣告缓刑对所居住社区没有重大不良影响"情形。这里面的再犯罪和对居住社会造成何种影响，只能根据裁判当时的情况来进行预测，并不可能对于未来情况作出完全准确的判断。

2. 非监禁刑刑罚种类相对单一

通过表五可见，厦门两级法院在适用非监禁刑的刑种选择中，只对 37名未成年被告人适用管制和单处罚金，占比不足 10%。这种问题在全国也普遍存在，据相关调查，全国法院在 2005 年至 2009 年期间，被判处缓刑的占 82.57%，判处管制的占 3.81%，单处罚金的占 8.43%。① 说明在非监禁刑选择上普遍存在适用种类的单一的共性。出现这种非监禁刑适用种类单一的原因是多方面的，既有审判人员主观上的问题，也有配套制度上的问题。

（1）主观方面

对于未成年人适用罚金刑，虽然最高人民法院发布的《关于审理未成年人刑事案件具体应用法律若干问题的解释》以及《关于适用财产刑的若干规定》等司法解释均明确了相应的量刑依据，但是基于大多数未成年人没有自己独立财产或者未成年人的财产难以确定和查清，法院从尽量避免侵犯其家庭成员财产权益角度考虑，通常对未成年被告人单处罚金刑的适用非常谨慎。另外，依据之前有关法律法规，适用管制的罪犯应交由公安机关管束和群众监督改造，但是在传统量刑模式的影响下，实际执行中却缺乏相关组织机构保障，监管制约制度严重缺乏，这就导致管制刑在司法实践中无法受到重视，基本上处于"不管不制"的状态，对不需要监禁的未成年罪犯，法院更愿意对其适用缓刑。因此，管制作为一种更为轻缓化的刑罚方式，几

① 孙红卫：《我国未成年人犯罪刑罚设置问题研究》，载《青少年犯罪问题》2008 年第 6 期，第 41 页。

乎在司法实践中被忽略。当然，虽然新刑事诉讼法对缓刑、管制等均明确了相同的社区矫正的执行方式，但是固有模式思维不是短时间可以改变的。

（3）客观方面

目前非监禁刑特别是专门针对未成年人的刑罚种类还比较单一，刑罚措施过于严厉。这一点上国外一些做法比较人性，比如广泛实施的"照顾、监护、社区服务、中间待遇等，其具体表现形式有家长监管令、保护观察令、社区服务令等，并进行分级分类"。① 还有一种原因则是司法实践中的技术处理考量。对于可能判处拘役缓刑的情况，由于未成年被告人事先已经关押数月，与可能判处拘役刑期的时间基本相当，如果再行判处拘役缓刑，反而变相延长了未成年被告人的刑期，在这种情况下，法院一般会根据已羁押的时间选择判处相应的拘役实体刑，实质上也是保障了未成年被告人的合法权益。

3. 适用率与罪名分布失衡

表十四

罪名	未成年总人数	缓刑人数	缓刑率	其中
交通肇事	8	4	50%	逃逸 2 人
故意伤害	95	32	33.7%	重伤以上 36 人
强奸	20	4	20%	情节严重 3 人
抢劫	166	41	24.7%	情节严重 48 人
盗窃	186	21	11.3%	数额巨大以上 28 人
诈骗	12	1	8.3%	数额巨大以上 6 人
抢夺	28	2	7.1%	数额巨大以上 4 人
贩毒	12	1	8.3%	情节严重 2 人

---

① 卢建平：《未成年人犯罪刑事政策的整体完善》，载《青少年犯罪问题》2009 年第 4 期，第 67 页。

从表十四中，可以发现 2008 年至 2012 年五年间，从非监禁刑适用的案件类型看，呈现出适用罪名相对集中的问题。交通肇事罪中缓刑适用率最高达 50%，故意伤害罪、强奸罪和抢劫罪也维持相对较高水平。盗窃、诈骗、抢夺明显低于前面几种罪名，未成年人的非监禁刑适用与罪名的社会危害性不能完全一致。交通肇事罪作为一种过失犯罪，反映的主观恶性较小，缓刑适用比例高不难理解，而盗窃、诈骗、抢夺三种罪名社会危害性程度明显低于抢劫、强奸等罪名，常理上让人难以理解。如果细细剖析，还是有其内在合理性。

除交通肇事犯罪外，其他各种犯罪多是以共同犯罪形式出现。[①] 而未成年参与的共同犯罪中，未成年罪犯在其中的地位作用有较大的区别。故意伤害、强奸、抢劫是暴力程度较大的犯罪，限于身体限制，未成年人一般不会在里面起主要组织、领导、策划作用，多是受成年人主犯纠集、诱骗参与，犯罪地位作用较轻。而盗窃、抢夺、诈骗行为则不同，未成年罪犯在犯罪中的地位作用往往与成年人无异，甚至很多时候系主要实行犯，作用地位积极，甚至有些还是惯犯，这也就不难理解上述表格所体现出的差异性。

（二）量刑规范化过程中的问题

1. 量刑起点方面

虽然量刑规范化目的是解决量刑随意性和不确定性，但量刑规范化无论是量刑起点的确定还是其他情节的增减有给出了一定自由裁量的幅度，如在法定刑较轻的罪名中，基本同样的犯罪事实，各法院确定的量刑起点存在差异，且总体呈现出经济较为发达所在地法院低于经济相对落后所在地法院，而与之匹配的是经济相对落后地区外籍未成年被告人占比较多。比如故意伤害罪中三年以下量刑档中，量刑平均值为 11.8 个月，其中均值以上 44 人，均以下为 16 人。除了思明法院量刑起点在均值以上人数占比较少外，其他法院量刑起点在均值以上数占绝对多数，反映出多数法院选择量刑起点时"内外有别"，这种差别化量刑将会进一步增强非厦门籍未成年被告人的"被剥夺感"，需要引起注意。

这种差异在法定刑为十年以上有期徒刑的情形中则完全不同，多数法院基本上都会在法定刑最低值确定量刑起点，比如故意伤害情节严重的情形

---

① 根据厦门中院立案受理的 83 起案件统计，有 77 起系未成年被告人伙同其他成年被告人共同作案，占案件总数的 92.8%。

中，各法院均值在十年至十年六个月之间，差异较小，体现了在重刑情况下对未成年人的特别保护。

2. 量刑情节的调节方面

一是共性情节差异性不足。在审理中，除了未成年人特殊情节外，对于其它诸如自首、认罪等共性的量刑情节，在决定增减幅度上一般都会做较宽幅度处理，与未成年被告人量刑过程中的幅度差异不够明显，没有体现出对未成年的保护特殊之处。这其中一方面是受宽严相济刑事政策影响，对于成年被告人，只要不是主观恶性极深，一般当轻则轻；另一方面，不管是关于量刑的刑法典还是规范量刑的量刑规范化，未成年被告人都没有形成一套有别于成年被告人的量刑准则和体系，导致难以体现二者的差异性。

二是未成年情节差异明显。据相关统计数据，依照未成年人情节的减轻比例标准（表十五），在最低法定刑一档情形中，未成年犯情节的调节比例均值多数集中在 25～32% 之间。具体到各罪中，均值最低为 20%，最高取极限值即 50%。但何种情况下取极限上值，何种情况下取极限下值则主要还是法官的决断，没有稳定的模式，存在较大不确定性，这一处也是最易导致量刑差异性之处。已满 14 周岁不满 16 周岁的构成犯罪的情况下，减轻幅度平均比已满 16 周岁不满 18 周岁的减轻幅度多 10% 左右，较好体现了未成年人犯罪年龄差异原则。而在有加重情节的情形下，均值均有较大幅度的提高，达到 32～45%，且加重情节对应的法定刑越高，减轻的幅度越大，反映了法官量刑中尽量避免出现对未成年被告人过重量刑结果的考虑，体现了对青少年犯罪量刑轻缓化的思路。

表十五

14～16 周岁，犯故意杀人、故意伤害致人重伤或者死亡、强奸、抢劫、贩卖毒品、放火、爆炸、投放危险物质罪的	可以减少 30%～60%
16～18 周岁，犯上述 8 种罪的	可以减少 10%～40%
16～18 周岁，犯上述 8 种罪外的	可以减少 20～50%
《未成年人刑事案件司法解释》第 16 条规定情形的	宣告缓刑
《未成年人刑事案件司法解释》第 17 条规定情形的	免予刑事处罚

3. 量刑规范化适用方面

量刑规范化本身要解决的是量刑过程的内在合理性与公平性,有些案件没有准确适用该原则,较为机械化。比如厦门中院审理的一起聚众斗殴的二审案件中,斗殴双方只有一方人员受轻伤,但是一审法院在量化过程中不加区分,在"其他影响犯罪构成的事实"对除受伤人员外的其他己方人员均增加基准刑,明显与量刑规范化所要追求的量刑内在公平合理性不符。此外,在一些案件中,一审严格准确依照量刑规范化指导意见,作出了对未成年被告人有期徒刑或者拘役、缓刑的判罚,但是往往容易忽视一个重要的关于未成年人专门性的司法解释规定而做出不当的判决,即符合《最高人民法院关于审理未成年人刑事案件具体应用法律若干问题的解释》十七条规定的情形,应当判处被告人免予刑事处罚。究其原因,还是涉少刑事法官对涉及未成年刑事案件专门性法律解释规定掌握不足,人员配备专业化不足所致。而这种不足背后是厦门市少年审判力量专业化建设相对滞后的困境。[①]这种滞后一定程度上影响了少年刑事审判的案件质量。

(三) 未成年犯人身危险程度评价机制不健全

对实施犯罪行为的未成年人,其人身危险程度直接影响着对其如何定罪量刑,包括是否适用非监禁刑。对于未成年被告人的人身危险性调查主要集中在审判阶段,在侦查阶段和审查起诉阶段难有涉及。这样一来,使得已经较短的审限就更加急促,调查无法深入,调查得出的结论很难做到全面具体。同时,在多数涉及未成年案件的庭审中,对于量刑的法庭调查与法庭辩论没有分别展开,与犯罪事实混为一体,无法有效对未成年人的人身危险性作出客观全面的评价。现行这种模式影响了法庭对未成年犯人身危险性的准确判断。

目前的司法实践中对于犯罪的未成年人人身危险程度的具体表现基本上已形成了一些共识。例如,未成年人的年龄、心理、生存环境与经历、性格、悔罪表现等。在这些方面,厦门两级法院在积极探索,比如对未成年被告人及其法定代理人开展审前社会调查,了解未成年被告人的生活背景、犯罪成因等情况。但是由于目前尚未建立科学、系统的评价机制,这种调查所能够获取的信息仍然相对有限。很多情况下,未成年人所在的基层组织、学

---

① 在全国法院陆续成立独立少年法庭的大背景下,厦门市少年审判专业化建设推进工作还有待强化,除中院设立的少年合议庭之外,其他基层法院至多只是指定一名法官兼审少年刑事案件,专业化明显不足。

校不能配合法院出具该未成年人日常表现、家庭环境等情况证明，特别是像外来人口居多的厦门这种城市，即使出具了证明，往往也存在内容不详尽、调查对象范围窄、事实缺乏依据等问题。因此，很大程度上影响了审判人员对未成年犯人身危险性的客观、准确判断。

三、未成年犯罪量刑规范化的建议

当前，新刑事诉讼法及其司法解释进一步加大了对未成年人的司法保护力度，进一步强调要加强对未成年人的特殊保护。为更好地在刑事审判中切实贯彻教育、感化、挽救的方针，坚持教育为主，惩罚为辅的原则，我们认为要做好三个坚持，即：要坚持定性分析与定量分析相结合，将具体案情具体分析的工作方法贯穿于量刑全过程；要坚持量刑规范化与刑罚个别化相结合，将区别于成年人的处理原则落实于量刑各环节中；要坚持一般预防与特殊预防相结合，将最有利于未成年人的教育改造作为最优处理方案，让量刑活动张弛有度，惩教结合，促进预防犯罪的最大化。

（一）准确适用法律

量刑适当的前提是适用法律正确，这就要求法院在查明案件事实，正确适用法律的基础上进行量刑分析。

1. 坚持主客观相统一原则对犯罪的未成年人正确定罪已满14周岁不满16周岁的小未成年犯、已满16周岁不满18周岁的大未成年犯、已满18周岁的成年犯，在认识与控制自己行为能力方面呈现出刑事责任年龄较大，认识控制能力越强；刑事责任年龄越小，认识与控制能力越弱的关系。《最高人民法院关于审理未成年人刑事案件具体应用法律若干问题的解释》强调了坚持主客观相统一原则对犯罪的未成年人定罪的原则，如第六条、第七条、第九条规定的五种"不认为是犯罪"、一种"可不按犯罪处理"的情形，第八条规定的"以寻衅滋事罪定罪处罚"的情形，实践中要在准确界定犯罪未成年人的刑事责任年龄的基础上，注意正确适用，避免忽视刑事责任年龄客观归罪情形的发生。

2. 注意分析未成年人犯罪情节的轻重程度

如情节严重、情节恶劣、情节较轻、情节轻微等可能影响具体法定刑或者应该免予刑事处罚的情节。特别是对于《最高人民法院关于审理未成年人刑事案件具体应用法律若干问题的解释》第十七条规定的应当依照刑法

第三十七条的规定对未成年罪犯免予刑事处罚的六种情形①，要注意准确理解并适用好。实践中存在两方面的模糊认识集中表现在：一是"可能被判处拘役、三年以下有期徒刑"的理解适用，二是"悔罪表现好"的认定把握。

关于"可能被判处拘役、三年以下有期徒刑"，包括三种情况：一是法定刑为有期徒刑三年以下刑罚的，二是法定刑为有期徒刑五年以下刑罚，且不考虑犯罪时未成年及规定的六种情形之一的情节外，还具有其他酌定从轻量刑情节，具有可能判处有期徒刑三年以下刑罚现实可能性的；三是法定最低刑为有期徒刑三年或者五年的，除具有犯罪时未成年情节外，还具有规定的六种情形中的两种以上减轻处罚情节的。

关于"悔罪表现好"的把握，需要区别情况分析。一般情况下，侵财犯罪的案件，没有造成被害人伤害的，如果未成年人罪犯有自首或者坦白、认罪，赃款物被大部分追缴到案或者能退出、退赔大部分赃款，被害人的经济损失得以挽回或者补救的，可以认定为"悔罪表现好"；侵犯人身权利或者具体犯罪行为造成被害人伤害后果的案件，除有自首或者坦白、认罪外，还要综合考虑犯罪未成年人赔偿被害人经济损失获得谅解的情况进行综合分析评定。

对于经审查，犯罪情节不属于"轻微"或者"显著轻微"的，再依照相关规定正确认定犯罪情节属于"一般"还是"严重"还是"特别严重"，或者"恶劣"等等，正确适用法律，找准法定刑幅度。

（二）全面分析量刑情节

所谓"量刑情节"，包括了《人民法院量刑指导意见（试行）》的规定的作为确定量刑起点时考虑的加重量刑情节、作为增加刑罚量确定基准刑时考虑的事实情节，以及调节基准刑的从重、从轻量刑情节三大部分。《人民法院量刑指导意见（试行）》第三部分规定的"量刑情节"，仅指上述第三种情形，不包括前两种情形。因此在量刑分析中，需要对通说的量刑情节所涵摄的三部分事实情节进行分析梳理，并在量刑分析中归类，正确适用，对

---

① 《最高人民法院关于审理未成年人刑事案件具体应用法律若干问题的解释》第十七条规定：未成年罪犯根据其所犯罪行，可能被判处拘役、三年以下有期徒刑，如果悔罪表现好，并具有下列情形之一的，应当依照刑法第三十七条的规定免予刑事处罚：（一）系又聋又哑的人或者盲人；（二）防卫过当或者避险过当；（三）犯罪预备、中止或者未遂；（四）共同犯罪中从犯、胁从犯；（五）犯罪后自首或者有立功表现；（六）其他犯罪情节轻微不需要判处刑罚的。

号入座。量刑分析，不管是定性分析还是定量分析，都以量刑情节为事实基础。

1. 全面审查提练具体案件中的量刑情节

既要注意审查法定量刑情节，也要注意审查酌定量刑情节；既要注意审查常见量刑情节，也要注意非常见量刑情节。基于未成年人犯罪的特殊性，在审查过程中，还要注意结合未成年罪犯的具体年龄和身心特点，调查其性格特点、家庭情况、社会交往、成长经历、犯罪原因、犯罪前后的表现、监护教育等情况走上犯罪的成长历程、家庭监护条件等情况，分析其主观恶性和人身危险性，依照刑事诉讼法的相关规定，将这些情况作为量刑的参考。也可以说，未成年罪犯成长历程、平时表现等事实也属于广义的量刑情节。

2. 正确分析认定具体量刑情节在定罪处罚中的地位

不同罪名的构罪要件以及加重量刑情节的事实要件不尽相同。如持械情节，在故意伤害案件中属于酌定量刑情节，不属于定罪情节或者加重量刑情节；在聚众斗殴案件中，属于加重量刑情节；在抢劫案件中，如果所持之械为枪械，则属于加重量刑情节，其他情形则属于酌定量刑情节。因此，具体量刑情节在定罪处罚中的地位需要具体分析。作为犯罪构成要件的事实情节和加重量刑情节，属于在规定的法定刑幅度内确定量刑起点考虑的事实情节，就不能再作为增加刑罚量确定基准刑或者调节基准刑的从重量刑情节考虑，否则，即是违反了禁止重复评价原则。

（三）紧密结合具体案情科学量化分析

对量刑情节的定量分析要依照刑法的规定，结合犯罪未成年人的主观认知情况和手段、情节、后果的严重程度进行量化分析。

1. 要区分"应当型"还是"可以型"的法定量刑情节

对于"应当型"的法定量刑情节，都应当依照刑法及其司法解释的规定，从重量刑或者从轻量刑；对于"可以型"的法定量刑情节，则需要具体案情具体分析，需要考虑的，进行量化分析，不需要考虑的，不再量化分析。

2. 审查非"应当型"量刑情节的量刑调节作用

"非应当型"的量刑情节，包括"可以型"的法定量刑情节和酌定量刑情节。在对未成年罪犯量刑时，一般情况下，对于有规定的从轻、减轻处罚的量刑情节在具体量刑时要给予考虑，对于从重处罚情节特别是酌定的从重处罚情节，则需要慎重，理由不够充分的，可以不考虑从重。那么，不是规定的所有量刑情节都需要量刑时予以考虑，但对于规定的常见量刑情节在具体量刑时未考虑的，裁判时要注意说理。

3. 就低确定未成年犯罪案件的量刑起点

我国没有制定专门的少年刑法，未成年人、成年人均适用同一部刑法典。根据罪刑法定的原则，因犯罪主体为未成年人或者成年人而确定不同的量刑起点没有相应的法律依据。但是，这不意味案情相似的两个案件，因为犯罪主体一个未成年人，一个成年人，选择确定相同的量刑起点就具有充分的合理性。应该注意到，未成年人认知、控制能力有别于成年人，主观恶性、社会危害程度和人身危险性程度都有别于成年人，因此，如果不是与成年人共同犯罪的未成年人，一般选择起点刑作为量刑起点为宜。如果是同一案件作为共同犯罪的人员，在确定同一的量刑起点后，也应当按照规定根据其在共同犯罪中的地位作用确定从宽处罚的具体调节比例，与其他先适用的量刑情节一起对基准刑进行调节确定修正后的基准刑，以视区别。这样可以体现对犯罪的未成年人区别于成年人处理的原则。

4. 合理确定未成年人犯罪量刑情节的调节比例

依照刑法规定，犯罪时未满 18 周岁的人犯罪，应当从轻或者减轻处罚。年龄越小，认知和控制能力较差，理应获得的从轻减轻处罚的幅度就应当越大，犯罪年龄与由此获得从宽处罚的幅度应当呈现出反比关系，即年龄越小，从宽比例相对越大；年龄越大，从宽比例相对越小，这才是科学的量化方法，统计数字体现出的在调节比例区间均值左右选择确定调节比例、已满 14 周岁未满 16 周岁的未成年犯罪从宽调节比例小于已满 16 周岁未满 18 周岁的未成年罪犯的从宽调节比例的作法不科学。在具体量化时应当充分注意未成年人犯罪的刑事责任年龄及具体的年龄大小、心智成熟程度，进行综合评定，在规定的调节比例幅度内确定具体的调节比例，并按规定作为先适用的量刑情节对基准刑进行调节。

（四）全面统筹综合作出刑罚裁量

量刑的过程不应当是一个纯粹的数学计算过程，而应当是一个结合具体案情进行具体分析的统筹裁量过程，允许估堆，允许推敲，允许反复地估堆，反复地推敲，然后综合评判，它应当是一个慎之又慎的过程。

1. 不要遗漏对一些无法量化的事实情节的量刑评价

在综合裁量的过程中，要加强对犯罪情节轻重的具体程度的审查，对数额犯不要遗漏对因为未能追缴到案等原因而不具备条件估价的赃物客观损失情况的量刑评价；对结果犯不要遗漏对反映伤情严重程度的伤残等级情况的量刑评价；对情节犯，不要遗漏那些在前面的量刑步骤中未评价的、反映未成年罪犯社会危害性和人身危险性的事实情节的评价，仍然要将他们纳入统筹分析的量刑事实情节范围进行估堆，在规定的自由裁量空间内综合裁量。

2. 不要简单地以成年罪犯的量刑标准适用于未成年罪犯的量刑

对本市籍与非本市籍的未成年罪犯，均应同等对待，采用同一刑罚适用标准。要切实贯彻"教育、感化、挽救"的方针，坚持"教育为主，惩罚为辅"的原则，立足教育，体现对未成年人罪犯刑罚个别化的处理原则。要落实好社会调查制度，采用灵活多样的庭审教育方式，剖析其走上犯罪的主、客观原因，帮助未成年罪犯树立正确的世界观、人生观、价值观，坚定重新做人的决心。在统筹量刑中，要将惩罚机制融入教育机制之中，对于有悔罪表现的未成年罪犯，量刑时尽量从宽，对罪轻的可以尽量采用非刑罚的处理方法。对于拟宣告刑期与实际羁押期相近的，量刑时不要受强制措施时间的羁绊，要着远于未成年人的未来，对适用非监禁刑对未成年罪犯的教育挽救更具意义的，以适用非监禁刑为优先原则。要用足用好非监禁刑，通过一定的强制约束促使未成年罪犯自新自律自强。

3. 不要忽视各种刑罚手段的综合作用

对于贪利型犯罪的未成年人，可以依法并处一定的罚金刑，通过剥夺其一定的金钱，起到惩罚、警戒和威慑的作用，特别是对于短期自由刑的案件；对于适用非监禁刑的未成年人，可以根据其走上犯罪道路的具体原因、犯罪情况，禁止其在执行期间从事特定活动，进入特定区域、场所，接触特定的人员，以减少其再犯可能性，起到犯罪预防的目的。同时，我们还通过司法建议手段，促进有关职能部门加强对黑网吧和娱乐场所等的管理，堵塞管理漏洞，为未成年人的健康成长创造良好环境。

（五）建立和完善相应工作机制

未成年罪犯的量刑，是一种惩罚，更是一种教育，是建立在惩罚基础上的再教育活动，是一项复杂的社会系统工程。为了能对"症"下药，治"病"救人，让法官掌握全面信息资料对未成年人的人身危险性、社会危害性、可改造性作出正确的分析与预测，根据厦门市未成年人犯罪的具体特点，建议逐步建立和完善如下制度。

1. 社会调查制度

首先，要组建一只熟悉青少年工作的具有教育背景、心理咨询背景、法律背景的，由专家、学者或者法律工作者组成的社会调查员队伍，制订相应的社会调查制度，在少年法庭的指导下，高效开展工作。其次，要根据不同情况，采用行之有效的调查路径，取得未成年人成长历程、性格特征、监护环境、犯罪原因分析等的详实资料。统计数字表明，厦门市未成年罪犯中非本市籍的占比逐年上升，其中一部分是自小随父母离开老家，长期暂住在厦门学习生活的民工二代子弟；一部分是脱离父母，跟随年长的亲戚、老乡、朋友到处颠沛，辗转来到厦门打工生活的；还有一部分是在厦门周边生活，流窜作案来到厦门的，情况各有不同。如果采用以户籍地或者常住地、学校作为主要调查环境的传统调查模式开展调查工作，事倍功半，无法满足特殊需要。第三，要设计科学、切合可操作的调查方案。针对不同的性格类型，采用不同的调查方案，获取相应的信息资料。

2. 心理矫治制度

要将心理矫治对象扩大到未成年被告人、未成年被害人、证人以及与案件有关的未成年人员。要将心理短矫治的时间扩大到庭审前、庭审中、庭审后，包括回访帮教的过程之中。要制订未成年人心理咨询辅导的工作机制和提请心理咨询师介入的工作章程。要建立与心理咨询机构的工作伙伴关系，委托他们适时对未成年的被告人、被害人或者在因案件受到刺激产生心理疾患的受众，进行心理咨询、辅导、矫治，消除负面心理，增加社会和谐因素。特别是对未成年罪犯，要通过心理辅育，坚定其自新的决心。

3. 家长学校制度

要分析未成年罪犯走上犯罪道路的主、客观原因。对于未成年罪犯的家长监护、教育不当或者自身监护能力低下的，督促其参加家长学校的学习，提高其教育子女的质量。要将正确的人生观和价值观思想、良性的亲子关系的培养、以身作则的行为规范纳入家长学校培训的内容，帮助家长用亲情感化、温暖、唤醒失足的浪子，从而使未成年罪犯感受家庭的温暖，自觉地改过自新。

4. 帮教回访制度

要进一步完善帮教回访考察机制。要将非监禁刑的未成年罪犯或者刑满释放的未成年罪犯的回访帮教工作日常化，建立起链接，及时了解掌握他们的学习思想动态，引导他们积极向上，自新自强。对于那些尚在福建省未成年人管教所服刑的未成年罪犯，要定时回访考察，送去温暖。要善于利用"凤凰花"平台，聘请专家、学者加入，动员青年法官参与，实行平台管理值班制度，拓宽服务的渠道，提高服务的质量，散播正能量。要实施跟踪管理制度，对于一些身份特殊、犯罪原因特殊、监护教育特殊的人员，要建档管理，定期跟踪回访考察。

四、结语

对犯罪未成年人的量刑，是未成年人刑事案件处理的一个重要内容。惩罚是为了教育，也是一种教育，但不是教育的全部，只是阶段性的教育。为了更好地教育好未成年人，法院需要付出更多的关爱，开展更多的调查，进行更多的沟通，采取更多的互动，实施更多的引导，创新更多的手段。因此，提高少年刑事法官的素质和加强未成年刑事审判的制度建设就尤为重要。

【会议综述】

少年司法与预防青少年犯罪交流会综述

韩 鹏[*]

2014 年 5 月 17 日，少年司法与预防青少年犯罪交流会在山西大同召开。此次会议由《中国少年司法》编辑部，《民主与法制》《预防青少年犯罪研究》杂志社和大同市中级人民法院共同举办。最高人民法院、山西省高级人民法院、大同市委、市人大、市政府、市政协有关同志，国内知名高校、科研机构的专家学者、法律实务工作者以及媒体记者 30 余人参加会议。

山西省大同市中级人民法院院长袁振民主持开幕式，最高人民法院审判委员会副部级专职委员胡云腾作了重要讲话。胡云腾指出，党的十八届三中全会对全面深化改革做出了系统部署，少年司法的创新与改革也随之面临新的机遇，进入新的起点。我们要抓紧良机，敢于担当，努力推动少年司法理论研究与少年审判工作再上新的台阶。胡云腾就少年审判制度建设并结合少年司法理论与实践中的热点难点问题提出了三点要求：第一，创新审判模式，探索构建"大少审"工作格局。第二，优化资源配置，探索建立少年家事审判特殊工作机制。第三，加强调查研究，努力解决少年家事审判工作中的问题。胡云腾强调，要依照科学的标准打造一支真正符合少年家事审判的专业化法官队伍，这样才能完成我们的任务和使命。

山西省高级人民法院党组副书记、副院长朱明介绍了山西省近年来在未成年人审判、帮教等方面取得的成绩和积累的经验。他指出，大同市中级人民法院以少年司法改革为支撑，探索创新少年司法工作方法，全力打造法律守护、绿色关爱、能动司法、和谐司法，加强对未成年人合法权益的全面保

---

* 中国青年政治学院法学院研究生。

护和关怀，初步建立了具有大同特色的未成年人保护机制，走在了全省法院的前列。朱明强调，要认真贯彻落实胡云腾专委提出的工作要求，在实践中以建立健全未成年人审判机构为重点，推进完善未成年人的审判工作机制、绿色通道机制、圆桌审判制、法庭教育与心理干预制、社会调查制，努力开创全省未成年人综合审判新局面。

大同市委副书记刘国庆向与会人员介绍了大同市的历史文化底蕴和现代发展目标。他指出，大同市两级法院坚持司法为民，公正司法，让人民群众在每一个司法案件中都感受到公平正义；在未成年人审判领域紧紧围绕打造一流少年审判队伍，争创一流少年审判法庭的目标，经过一年多的发展，走出了一条惩治性侵未成年人刑事和解双赢和庭前调解为内容的富有大同法院特色的未成年人综合审判之路，为未成年人审判工作实现新的跨越奠定了坚实的基础。

大同市市委常委、副市长操学诚介绍了大同市重要的地理位置、丰富的能源资源以及近几年经济发展的成就。他指出，大同市在加强经济建设的同时，大力推动法制建设和社会建设，不断探索少年司法新的工作方式。他强调，大同市两级人民法院把少年法庭的审判工作和社会教育、专家学者有机结合，希望将专家学者的思想和理论成果在大同能够实践，并且形成制度和机制。大同法院将全力以赴，政府也将全力支持探索完整的少年司法制度体系。

北京大学赵国玲教授认为，新刑事诉讼法修改后有五个方面的问题值得关注：第一，未成年人刑罚轻缓化各地情况不同且差别较大。第二，社会调查启动主体不一，调查报告大多流于形式。第三，合适成年人参与制度不完善，需要进一步规范和细化。第四，犯罪记录封存、查询主体不一。第五，案卷分流机制不足。她指出，刑事诉讼法的修订总体上推动了我国少年司法制度的改成和完善。

广西大学张洪巍教授认为，胡云腾专委关于少年法庭扩容、案件容量、案件审理类型的扩容等问题的提出是非常及时的。他从少年司法改革谈起，并结合现实中司法改革的现状，认为目前的少年司法改革在顶层设计越走越艰难，设计立法、司法和执法的改革，以及社会保障机制的建立都是举步维艰，现实中各地做法不一，而且悬殊较大。社会保障机制的建立与司法制度的改革是相辅相成的，社会保障机制跟不上，司法体制改革将面临非常大的瓶颈。他指出，尊重未成年人特殊利益的同时，考虑保护社会和保护被害人的利益是国际上的一种潮流。

最高人民法院少年法庭指导小组办公室主任蒋明认为，经过三十多年的发展，我们国家的少年审判已经走向深入，各项制度发展的非常完备，而且还形成了一些具有中国特色的少年司法制度。因此，可以说我国的未成年人刑事审判制度已经比较成熟，接下来我国少年司法制度将面临着完善规范和细化的问题。他强调，少年法庭下一步发展的根本问题是要扩容，少年法庭未来的发展方向是少年和涉少家事的并轨审理，未来涉少家事案件的审判要走专业化道路，打造专业化审判队伍。

《预防青少年犯罪研究》主编牛凯认为，三十年的少年法庭改革风雨兼程，既有探索、创新，也有徘徊、停顿。但是，这一改革始终引领着中国特色少年司法制度的发展方向。同时，他指出，我国少年法庭改革也面临着一些严峻的挑战，如少年司法理念还需要更新、立法基础尚待完善、区域发展不平衡、功能定位需要进一步明确、指导机构的作用还需要进一步发挥等等。针对这些问题，他提出了六点建议：第一，更新少年司法理念。第二，及时总结改革经验，单独制定少年法。第三，确立少年法庭对未成年人案件的独占管辖权原则。第四，拓宽少年法庭的受案范围。第五，着力解决不平衡问题，实现均衡发展。第六，充分发挥少年法庭指导机构的作用。

中国政法大学王顺安教授认为，少年司法应结合中国的国情，大少审是一个发展方向。在解决未成年人案源不足的问题上，他认为有三点需要认真把握：第一，未成年人犯罪是否真的减少。第二，是否真正审判的案件就表明未成年人犯罪的真实情况。第三，少年审判的案源必须立足于真实的违法犯罪的事实犯罪和法定犯罪的现状与科学认定，再结合我国目前犯罪体系的多元，对未成年人犯罪处理体制进行相应的改革和跟进。他认为，对青少年犯罪以及审判等问题一定要考虑到多种利益，强调综合治理，才能开创大同共治的局面。

上海政法学院姚建龙教授长期从事少年司法工作，关心、关注少年司法改革和青少年权益保护工作。他从少年法庭的历史沿革出发，指出少年法庭的少事和涉少家事合一是改革的趋势，少年审判和涉少家事审判是理念共通、专业相容的，可以将少年审判和涉少家事审判中的资源共享，也可以保持相互独立。中国的少年法庭，包括少年法院的未来发展将走出一条不同于西方国家的第三条道路。

最高人民法院少年法庭指导小组办公室副主任方芳非常赞同王顺安教授提出的把工读学校纳入少年法庭受案范围，进入少年司法程序的观点。她认为，少年审判和涉少家事审判合一是世界性趋势，但是，并轨审理带来的问题应该谨慎考虑。关于案源问题，她认为，少年司法是一个非常宽泛的领域，除了未成年被告人、涉少的民事案件、未成年被害人需要特别关注外，也可以把未成年被害人案件全部纳入少年法庭，把特殊的审判制度运用到被害人身上。

北京市海淀区人民法院少年法庭庭长游涛结合本职工作提出，新刑事诉讼法实施以后，海淀法院少年法庭扩大了受案范围，很好地保障了少年法庭的受案数量和少年法庭持续发展。海淀法院少年法庭的审判模式和审判理念都在积极探索之中，探索的侧重点不仅关注未成年人刑事、民事案件中未成年人的法律责任，也关注未成年人家长在这些案件所应承担的责任。这些做法积极推动了少年司法工作，但还必须有一定独立的资金支持和行政人员上保障，以及公、检、法、司之间的协作配合，才能保证这些制度长期持续发展。

北京师范大学刑事司法学院吴宗宪教授就进一步加强法庭教育的效果提出三点建议：一是应该继续法院判决书的说理性；二是在审判工作中坚持法庭教育，并将其列入考核目标；三是法庭教育文字应当书面化，作为判决文书的一个组成部分，可以产生新的教育效果。

与会领导、专家学者还实地参观了大同市中级人民法院"教育、感化、帮扶中心"，观摩并点评了由大同市中级人民法院、大同市教育局、大同日报社共同举办的"北方电器大同市首届中学生模拟法庭大赛"决赛，并为获奖中学生颁奖。